Cosas que nunca hablé con mi madre

Cosas que nunca hablé con mi madre

17 historias que revelan cómo la relación
con nuestras madres nos marca para siempre

Editado por **Michele Filgate**

DIANA

Título original: *What my Mother and I Don't Talk About*

© 2019, Michele Filgate

Derechos reservados

Publicado por acuerdo con el editor original, Simon & Schuster, Inc.

Los permisos y créditos de las páginas 331 y 332, se consideran parte de esta página legal.

Traducción: Claudia Patricia Pérez Esparza

Diseño de portada: © 2019 Simon & Schuster / Alison Forner y Grace Han
Fotografía de la autora: © Sylvie Rosokoff
Diseño de interiores: María Alejandra Romero Ibáñez

© 2021, Editorial Planeta Mexicana, S.A. de C.V.
Bajo el sello editorial DIANA M.R.
Avenida Presidente Masarik núm. 111,
Piso 2, Polanco V Sección, Miguel Hidalgo
C.P. 11560, Ciudad de México
www.planetadelibros.com.mx

Primera edición en formato epub: febrero de 2021
ISBN: 978-607-07-7213-9

Primera edición impresa en México: febrero de 2021
Quinta reimpresión en México: noviembre de 2023
ISBN: 978-607-07-7158-3

Impreso en los talleres de Litográfica Ingramex, S.A. de C.V.
Centeno núm. 162-1, colonia Granjas Esmeralda, Ciudad de México
Impreso y hecho en México – *Printed and made in Mexico*

Elogios para *Cosas que nunca hablé con mi madre*

Una de las lecturas más esperadas de la Selección 2019 de *Publishers Weekly*, *BuzzFeed*, *The Rumpus*, *Lit Hub* y *The Week*.

«Un fascinante conjunto de reflexiones sobre lo que significa ser hijo o hija… La variedad de historias y estilos representados en esta colección hace de ella una lectura rica y gratificante».

—*Publishers Weekly*

«Estas son las historias más difíciles de contar en el mundo, pero se cuentan con una gracia absoluta. Devorarás estas historias, hermosamente narradas y de inmensa relevancia, sobre honestidad, dolor y resiliencia».

—Elizabeth Gilbert, autora de *Comer, rezar, amar*, *bestseller* en *The New York Times*

«Los ensayos en esta antología te llevarán por momentos crudos, tiernos, audaces y sabios, para explorar las relaciones de los escritores con sus madres. Felicitaciones a Michele Filgate por esta fascinante contribución a una conversación vital».

—Claire Messud, autora del *bestseller*
La niña en llamas

«Estas luminarias literarias, incluida la propia Filgate, prueban cómo el silencio nunca es ni remotamente valioso sino hasta que se extrae de las inquietantes verdades que se encuentran dentro de nuestras relaciones más primarias: las que establecemos con nuestras madres. Estremecedores, valientes, a veces hilarantes y en ocasiones tan abrasadores que podrían destrozar tu corazón, estos ensayos sobre el amor, o la aterradora carencia de él, no solo rompen el silencio, sino que dejan entrar la luz y dan testimonio con gracia, comprensión y una escritura tan hermosa que te encontrarás memorizando sus líneas».

—Caroline Leavitt, autora de *Is This Tomorrow*
(¿Esto es mañana?) y *Pictures of You* (Fotos de ti),
bestsellers en *The New York Times*

«Esta colección de relatos que giran en torno a las madres y el silencio nos rompe el corazón y luego nos lo devuelve cuidadosamente cosido, junto con aquello que cargamos en nuestros cuerpos durante toda nuestra vida».

—Lidia Yuknavitch, autora del *bestseller The Misfit's Manifesto* (El manifiesto de los inadaptados)

«Esta es una rara colección que tiene el poder de romper silencios. Estoy asombrado del talento que Filgate ha reunido aquí; cada uno de estos escritores ofrece un argumento realmente profundo sobre por qué las palabras son importantes y por qué las palabras no enunciadas pueden ser más importantes aún».

—Garrard Conley, autor de *Boy Erased (Identidad borrada)*, *bestseller* en *The New York Times*

«¿Quién mejor para discutir una de nuestras verdades surrealistas más compartidas —que todos somos, por siempre, para bien o para mal, hijos de alguien— que esta impresionante lista de escritores? Las madres en esta colección son terribles, maravillosas, imperfectas, humanas, trágicas, triunfantes, complejas, simples, incomprensibles, comprensivas, desquiciadas, desgarradoras y desgarradas. A veces, todo al mismo tiempo. Estaré pensando en este libro, ponderándolo y dando clases a partir de él, durante mucho tiempo».

—Rebecca Makkai, autora de *The Great Believers* (Los grandes creyentes)

Para Mimo y Nana

«Porque es una lástima muy grande
no decir nunca lo que uno siente...»

—Virginia Woolf, *La señora Dalloway*

Índice

Introducción

POR MICHELE FILGATE

En el primer día frío de noviembre, cuando el clima era tan helado que finalmente tuve que reconocer que había llegado el momento de sacar mi abrigo de invierno del clóset, se me antojó algo cálido y sabroso. Me detuve en la carnicería local, en mi vecindario en Brooklyn, y compré un cuarto de kilo de tocino y un kilo de carne de res.

En casa, lavé y piqué los champiñones, les quité los tallos y sentí cierta satisfacción al observar cómo la tierra se arremolinaba en el desagüe. Puse música navideña, aunque ni siquiera estaba cerca el Día de Acción de Gracias, y mi pequeño departamento se impregnó de un olor reconfortante: cebolla, zanahoria, ajo y grasa de tocino cociéndose a fuego lento en la estufa.

Cocinar la ternera a la *bourguignon* de Ina Garten es una manera de sentirme cerca de mi madre. Revolver el fragante estofado me hace volver a la cocina de mi infancia, donde mi madre pasaba una buena parte de su tiempo cuando no estaba en el trabajo. En la temporada de fiestas decembrinas, ella solía hornear galletas de semillas de amapola rellenas de mermelada de frambuesa o flores de mantequilla de cacahuate, y yo la ayudaba con la masa.

Mientras preparo la comida, siento la presencia de mi madre en la habitación. No puedo cocinar sin pensar en ella, porque la cocina es donde ella se siente más como en casa. Al agregar el caldo de carne y el tomillo fresco, me reconforta el simple acto de la creación. Si usas los ingredientes correctos y sigues las instrucciones, emerge algo que agrada a tu paladar. Aun así, para el final de la noche, a pesar de mi estómago lleno, me queda un dolor punzante en las entrañas.

Mi madre y yo no hablamos tan a menudo. Hacer una receta es un acuerdo conmigo misma que puedo ejecutar con facilidad; hablar con mi madre no es tan simple, tampoco lo fue escribir mi ensayo para este libro.

Me llevó doce años escribir el ensayo que condujo a esta antología. Cuando comencé a escribir *Cosas que nunca hablé con mi madre* era una estudiante en la Universidad de New Hampshire, impresionada por la influyente colección de ensayos de Jo Ann Beard, *The Boys of My Youth* (Los niños de mi juventud). Leer ese libro fue el primer acontecimiento que me mostró lo que en verdad es un ensayo personal: un lugar donde un escritor puede asumir el control de su propia historia. En ese momento estaba llena de rabia hacia mi padrastro abusivo, me perseguían recuerdos todavía demasiado recientes.

Su dominio sobre mi casa era tal que yo anhelaba desaparecer, hasta que, por fin, lo hice.

De lo que no me di cuenta en ese entonces fue de que este ensayo no era *realmente* sobre mi padrastro; la verdad era mucho más complicada y difícil de enfrentar. Me tomó años confrontar y articular las verdades centrales detrás de mi ensayo: de lo que yo quería (y necesitaba) escribir era sobre mi fracturada relación con mi madre.

Longreads publicó mi ensayo en octubre de 2017, justo después de que estallara la historia de Weinstein y el movimiento #MeToo se hiciera famoso. Era el momento perfecto para romper mi silencio, pero la mañana en que se publicó desperté temprano en la casa de un amigo en Sausalito, incapaz de dormir, temblando a causa de cómo me sentía por lanzar al mundo un texto sobre un tema tan sensible. El sol apenas salía cuando me senté afuera y abrí mi computadora portátil. El aire estaba lleno de humo debido a incendios forestales cercanos y llovía ceniza sobre mi teclado. Sentía como si todo el mundo estuviera ardiendo; como si hubiera prendido fuego a mi propia vida. Vivir con el dolor de mi tensa relación con mi madre es una cosa, inmortalizarlo en palabras es un nivel por completo distinto.

Hay algo profundamente solitario en confesar tu verdad. La cuestión era que en realidad no estaba sola… Incluso por un breve instante, todo ser humano tiene una madre. Esa conexión madre-hijo es complicada. Sin embargo, vivimos en una sociedad con días festivos que presuponen una relación feliz. Cada año, cuando se acerca el Día de la Madre, me preparo para la avalancha de publicaciones en Facebook que rinden homenaje a esas mujeres fuertes y amorosas que criaron a su descendencia. Siempre me alegra ver cómo celebran a las madres, aunque para una parte de mí también es doloroso. Hay una gran cantidad de personas a quienes este día les recuerda lo que falta en sus vidas: para algunos, es el intenso dolor que conlleva perder a una madre demasiado pronto o incluso nunca haberla conocido. Para otros, es darse cuenta de que su madre, aunque viva, no sabe cómo cuidarlos.

Las madres están idealizadas como protectoras: personas que cuidan y dan; que edifican a un individuo en lugar de derribarlo. Pero muy pocos de nosotros podemos decir que nuestras madres cumplen con todos estos requisitos. En muchos sentidos, una madre está configurada para fallar. «Quizá todos nosotros tenemos un gran vacío en el que nuestra madre no coincide con esa "madre" que creemos que debería ser y con lo que se supone que debería darnos», escribe Lynn Steger Strong en este libro.

Ese vacío puede ser una experiencia normal y necesaria de la realidad a medida que crecemos… pero también puede ocasionar un efecto duradero. Así como todo ser humano tiene una madre, todos compartimos el instinto de evitar el dolor a toda costa. Intentamos enterrarlo en lo más profundo de nuestro interior hasta que ya no podemos sentirlo, hasta que olvidamos que existe. Así sobrevivimos. Pero esa no es la única manera.

Hay un alivio en romper el silencio. Así es como crecemos, además. Por alguna razón, reconocer lo que no pudimos decir por tanto tiempo es una forma de sanar nuestras relaciones con los demás y, quizá lo más importante, con nosotros mismos. Pero hacer esto como comunidad es mucho más fácil que pararse solos sobre un escenario.

Mientras que algunos de los escritores que participaron en este libro están separados de sus madres, otros tienen una relación extremadamente cercana con ellas. Leslie Jamison escribe: «Hablar de su amor por mí, o del mío por ella, se sentiría casi como una tautología; ella siempre ha definido mi noción de lo que es el amor». A través de la lectura de la novela inédita que escribió el exmarido de su madre, Leslie intenta entender quién era su madre antes de convertirse en tal. En el divertido texto de Cathi Hanauer, ella por fin tiene la oportunidad de entablar una conversación con su madre sin interrupciones por parte de su dominante (pero adorable) padre. Dylan Landis se pregunta si la amistad entre su madre y el pintor Haywood Bill Rivers fue más profunda de lo que ella le reveló. André Aciman escribe sobre cómo fue tener una madre sorda. Melissa Febos utiliza la mitología como lente para mirar su estrecha relación con su madre psicoterapeuta. Y Julianna Baggott habla de tener una madre que le cuenta *todo*. Sari Botton escribe acerca de cómo su madre se convirtió en una «traidora de clase» después de que su situación económica cambió, y las formas en que el acto de dar y recibir se complicó entre ellas.

A lo largo de las páginas de este libro corre, también, un río sólido de dolor profundo. Brandon Taylor escribe con asombrosa ternura sobre una madre que abusó verbal y físicamente de él. Nayomi Munaweera comparte lo que significa crecer en un hogar caótico teñido por la inmigración, las enfermedades mentales y el abuso doméstico. Carmen María Machado examina su propia ambivalencia sobre la maternidad debido a la relación tan lejana con su madre. Alexander Chee examina la responsabilidad equivocada que sintió de proteger a su madre del abuso sexual que vivió cuando era niño. Kiese Laymon le cuenta a su madre por qué escribió su memoria para ella: «Sé, después de haber terminado este proyecto, que el problema en este país no es que no seamos capaces de "llevarnos bien" con las personas, los partidos y las políticas con los que no estamos de acuerdo. El problema es que somos pésimos para amar como es debido a las personas, los lugares y las políticas que pretendemos amar. Te escribí *Heavy* (Pesado) porque quería que mejoráramos en el amor». Y Bernice L. McFadden escribe acerca de cómo las falsas acusaciones pueden perdurar dentro de las familias durante décadas.

Tengo esperanzas de que este libro sirva como un faro para cualquiera que alguna vez se haya sentido incapaz de decir su verdad o la verdad de su madre. Cuanto más nos enfrentamos a lo que no podemos, no queremos o no sabemos, más nos entendemos unos a otros.

Añoro a la madre que tuve antes de que conociera a mi padrastro, pero también a la madre que seguía siendo incluso después de casarse con él. Algunas veces me imagino cómo sería darle este libro a mi madre, entregárselo como un valioso regalo durante una comida preparada para ella, decirle: «Aquí está todo aquello que nos impide hablar de verdad. Aquí está mi corazón. Aquí están mis palabras. Escribí esto para ti».

Cosas que nunca hablé con mi madre

—❧—

POR MICHELE FILGATE

«Laguna: un espacio o intervalo sin llenar, un hueco».

Nuestras madres son nuestros primeros hogares y esa es la razón por la que siempre intentamos regresar a ellas: saber cómo era tener un lugar al que pertenecíamos, donde encajábamos.

Es difícil conocer a mi madre. O, más bien, la conozco y no la conozco al mismo tiempo. Puedo imaginar su largo cabello castaño y grisáceo que se niega a cortar, y el vodka con hielo en la mano. Pero si intento evocar su rostro me encuentro con su risa, una risa falsa, el tipo de risa que trata de demostrar algo, una felicidad forzada.

Varias veces a la semana publica tentadoras fotos de comida en su página de Facebook. Tacos de cerdo en achiote con cebolla roja en escabeche, tiras de cecina recién sacadas del horno, trozos de carne que sirve con verduras al vapor. Estas son las comidas de mi infancia, en ocasiones ambiciosas y otras veces prácticas. Pero a mí estas comidas me recuerdan a mi padrastro: el rojo de su rostro, el rojo de la sangre acumulada en el plato. Él usa un trapo de cocina para limpiar el sudor de sus mejillas; sus botas de trabajo están cubiertas de aserrín. Sus palabras me pinchan, dientes de un tenedor atrapado en un balón medio desinflado.

—Tú eres la que causa problemas en mi matrimonio —dice—. Maldita perra —dice—. Te golpearé.

Y me temo que lo hará; me temo que presionará su cuerpo contra el mío, sobre mi cama, hasta que el colchón se abra y me trague entera. Ahora mi madre consagra todas sus habilidades culinarias para su esposo. Ahora le sirve a él la comida en la granja que tienen en el campo y en su condominio en la ciudad. Ahora mi madre ya no cocina para mí.

Mi habitación de adolescente está cubierta de las páginas centrales de *Teen Beat* y de las descoloridas imágenes en inyección de tinta de Leonardo DiCaprio y Jakob Dylan. Las pelusas de pelaje de perro flotan alrededor cuando una brisa entra por mi ventana del frente. Por más que mi madre pase la aspiradora, se multiplican.

Mi escritorio está cubierto por un desorden de libros de texto y cartas a medio escribir, bolígrafos sin tapa, marcadores secos y lápices afilados hasta ser meras astillas. Escribo sentada en el piso de madera, recargada contra las duras perillas rojas de mi tocador. No es cómodo, pero algo en esa presión constante me ayuda a tener los pies en la tierra.

Escribo terribles poemas que, en un momento de vanidad adolescente, creo que son bastante brillantes. Poemas sobre el desamor y ser malentendida y estar inspirada. Los imprimo en papel con una escena de atardecer en la playa en el fondo y nombro la colección *Summer's Snow* (Nieve de verano).

Mientras escribo mi padrastro se sienta en su escritorio, justo afuera de mi habitación. Trabaja en su computadora portátil, pero cada vez que su silla rechina o hace algún tipo de movimiento, el miedo sube desde mi estómago hasta el fondo de mi garganta. Mantengo la puerta cerrada, pero eso es inútil, ya que no tengo permitido asegurarla con llave.

Poco después de que mi padrastro se casó con mi madre él me hizo un joyero simple, que se encuentra encima de mi tocador. La madera es lisa y brillante. No hay cortes ni ranuras en la superficie. Guardo ahí los collares rotos y las pulseras de mal gusto. Cosas que quiero olvidar.

Tal como esas baratijas en la caja, puedo jugar a existir y no existir dentro de mi habitación; mi recámara es un lugar para ser yo misma y no yo misma. Desaparezco dentro de los libros como si fueran agujeros negros. Cuando no puedo concentrarme, me acuesto durante horas en la cama inferior de la litera, esperando que mi novio llame y me salve de mis pensamientos. Que me salve del esposo de mi madre. El teléfono no suena. El silencio me corta. Mi mal humor aumenta. Me encojo dentro de mí misma, mientras acumulo la tristeza por encima de la ansiedad, por encima de las ensoñaciones y fantasías.

—¿Cuáles son las dos cosas que hacen girar al mundo?

Mi padrastro me hace la misma pregunta de siempre. Estamos en su taller de carpintería en el sótano, lleva sus botas y un viejo par de jeans con una playera raída. Huele a whisky.

Sé cuál es la respuesta. La conozco, pero no quiero decirla. Me mira expectante, con su piel arrugada alrededor de los ojos a medio cerrar y su caliente aliento alcohólico sobre mi rostro.

—Sexo y dinero —murmuro. Las palabras se sienten como brasas en mi boca, pesadas y cargadas de vergüenza.

—Así es —dice—. Ahora, si eres mucho, mucho más amable conmigo, tal vez pueda inscribirte en la escuela a la que quieres ir.

Él sabe que mi sueño es ir a SUNY Purchase, la universidad estatal de Harrison, en Nueva York, para estudiar actuación. Cuando estoy en el escenario, me transformo y me transporto a una vida que no es la mía. Soy alguien con problemas incluso mayores, pero problemas que se podrán resolver al final de una tarde.

Quiero salir del sótano, pero no puedo alejarme de mi padrastro. No tengo permitido hacerlo.

El foco expuesto me hace sentir como un personaje en una película de cine negro. El aire se siente más frío y pesado aquí abajo. Pienso en un año antes, cuando estacionó su camioneta frente al océano y puso su mano en el interior de mi muslo interno, probándome, viendo qué tan lejos podía llegar. Insistí en que me llevara a casa. Tardó en hacerlo al menos una larga e insoportable media hora. Cuando se lo conté a mi madre, no me creyó.

Presiona su cuerpo contra el mío y me rodea con sus brazos. Los dientes del tenedor regresan, pero esta vez dejan salir todo el aire. Me habla suavemente al oído.

—Esto es solo entre tú y yo. Tu madre no tiene por qué enterarse. ¿Entiendes?

No entiendo. Me pellizca el trasero. Me abraza de una manera en que los padrastros no deberían abrazar a sus hijastras. Sus manos son gusanos, mi cuerpo está sucio.

Me libero de él y corro escaleras arriba. Mamá está en la cocina. Ella siempre está en la cocina.

—Tu marido me agarró el trasero —espeto. En silencio, deja la cuchara de madera que usa para revolver y baja las escaleras. La cuchara está teñida de rojo por la salsa de espagueti.

Más tarde, me encuentra acurrucada en posición fetal en mi habitación.

—No te preocupes —dice—. Él solo estaba jugando.

Una tarde, varios años antes, bajo del autobús escolar. La caminata desde el final de mi cuadra hasta la entrada a mi casa siempre está llena de tensión: si la camioneta rojo jitomate de mi padrastro está estacionada a la entrada, significa que tengo que estar en la casa con él. Pero hoy la camioneta no está. Estoy sola. Deliciosamente sola. Y en el mostrador hay un pastel de café que mi madre horneó. El azúcar moreno me hace agua la boca. Lo corto y devoro la mitad del postre en un par de bocados. Mi lengua comienza a hormiguear, el primer signo de una reacción anafiláctica. Estoy acostumbrada a eso. Sé qué hacer: tomar Benadryl líquido de inmediato y dejar que el jarabe de cereza artificial cubra mi lengua mientras se hincha como un pez, bloqueando mis vías respiratorias. Mi garganta comienza a cerrarse.

Pero solo tenemos pastillas. Tardan mucho más en disolverse. Me las trago e inmediatamente vomito. Mi respiración solo llega en jadeos chirriantes. Corro hacia el teléfono beige en la pared. Marco 911. Los minutos que tarda en llegar la ambulancia son tan largos como mis trece años en la Tierra. Miro fijamente en el espejo mi rostro manchado de lágrimas; intento dejar de llorar porque eso hace que respirar me resulte aún más difícil. De todas formas, las lágrimas vienen.

En la ambulancia, camino a la sala de urgencias, me dan un osito de peluche. Lo sostengo cerca de mí como si fuera un bebé recién nacido.

Más tarde, mi madre abre la cortina y camina hasta mi cama de hospital. Tiene el ceño fruncido, pero también parece aliviada.

—Había nueces trituradas en la parte de arriba del pastel. Lo horneé para un compañero del trabajo —dice. Mira el oso de peluche todavía acunado entre mis brazos—. Olvidé dejarte una nota.

He pasado suficiente tiempo en las iglesias católicas para saber lo que significa barrer las cosas debajo de la alfombra. Mi familia es buena para eso, hasta que ya no. A veces, nuestros secretos se mantienen parcialmente visibles. Es fácil tropezar con ellos.

El silencio en la iglesia no siempre es pacífico. Es más estremecedor cuando el más leve ruido, una tos apagada o una rodilla que cruje resuena en el santuario entero. Allí no puedes ser tú misma por completo. Tienes que vaciarte, como una cáscara.

En el bachillerato soy todo lo contrario. Soy demasiado yo misma, porque el exceso es una forma de decir: «Todavía estoy aquí, el yo mío, y no el yo que él quiere que yo sea». Cualquier cosa puede hacerme estallar. Salgo corriendo de las clases de Biología varias veces en la semana y mi maestra me sigue hasta el baño de las chicas, presionando pañuelos que se sienten como papel de lija en mi mejilla. Cada vez que no puedo soportar estar cerca de otras personas, huyo a la enfermería.

Así es como suena el silencio después de que él pierde los estribos. Después de que yo, en un momento de valentía, le grito: «¡Tú NO eres mi padre!».

Suena como un huevo roto contra un tazón de porcelana. Suena como la cáscara de una naranja al pelar la fruta. Suena como un estornudo ahogado en la iglesia.

Las chicas buenas son calladas.

Las chicas malas se arrodillan sobre arroz crudo, mientras los duros granos se entierran en sus rodillas expuestas. O al menos eso es lo que me dijo una excompañera de trabajo que asistió a una escuela católica para niñas en Brooklyn. Las monjas preferían este tipo de castigo corporal.

Las chicas buenas no interrumpen la clase.

Las chicas malas visitan a la consejera con tanta frecuencia que tiene un suministro extra de pañuelos solo para ellas. Las chicas malas hablan con el oficial de policía asignado a su escuela. Enrollan los pañuelos entre sus manos hasta que se desmoronan como un panquecillo.

Las chicas buenas miran a cualquier lado menos a los ojos del oficial de policía. Miran fijamente el segundero del reloj montado en la pared. Le dicen al oficial: «No, está bien. Usted no necesita hablar con mi padrastro y mi madre. Eso solo empeoraría las cosas».

El silencio es lo que llena la brecha entre mi madre y yo. Todas las cosas que no nos hemos dicho una a la otra, porque resulta demasiado doloroso articularlas.

Lo que quiero decir es: «Necesito que me creas. Necesito que me escuches. Te necesito a ti».

Lo que digo: nada.

Nada, hasta que lo digo todo. Pero articular lo que sucedió no es suficiente. Ella todavía está casada con él. La brecha se ensancha.

Mi madre ve fantasmas. Siempre ha sido así. Estamos en Martha's Vineyard, y estoy atrapada en casa con mi hermano menor; soy la niñera *de facto* mientras los adultos salen a beber y comer almejas fritas. Es una noche de agosto inusualmente fresca y el aire está tan quieto, que parece como si estuviera conteniendo la respiración. Estoy al lado de mi hermano en la cama, tratando de que se duerma. De repente escucho a alguien, *algo*, exhalar en mi oreja, la oreja que está apartada de mi hermano. Las ventanas están cerradas. Nadie más está ahí. Grito y salto de la cama.

Cuando mi madre entra por la puerta se lo cuento enseguida.

—Siempre has tenido una imaginación hiperactiva, Mish —dice y se ríe, como una ola que cubre por un momento las irregulares conchas en la playa.

Pero algunas noches después de que nos vamos de la isla, me confía:

—Me desperté una noche y alguien estaba sentado en mi pecho —dice—. No quería decírtelo mientras estuviéramos allí. No quería asustarte.

Esa noche me siento en mi lugar de escritura en el piso de mi habitación; las perillas rojas del tocador presionan mi espalda y pienso en los fantasmas de mi madre, en su rostro, en nuestro hogar. Donde la televisión siempre está encendida y siempre hay comida sobre la mesa. Donde las cenas se arruinan cuando yo estoy a la mesa, y entonces mi padrastro dice que tengo que comer sola. Donde se arroja un jarrón que se hace añicos en el piso de madera como música suave pero aguda. Donde las armas de mi padrastro se exhiben detrás de una vitrina y su pistola se esconde bajo una pila de camisas en el armario. Donde me arrastro sobre las rodillas en medio de los pinos para recoger mierda de perro. Donde hay una piscina, pero ni mi madre ni yo sabemos hacer nada, más que nadar de perrito.

Donde mi padrastro me hace una caja y mi madre me enseña cómo guardar mis secretos dentro.

Ahora compro mi propio Benadryl y lo mantengo cerca todo el tiempo. En estos días mi madre y yo nos comunicamos sobre todo a través de mensajes de texto en grupo junto con mi hermana mayor; mi madre y yo le respondemos a mi hermana, que comparte fotos de mis sobrinos. En su carrito de juguete, Joey sonríe a la cámara mientras se aferra al volante.

Un día intenté acercarme:

—Iré con Nana este fin de semana. ¿Tal vez podrías venir a visitarme mientras estoy allí?

Ella no respondió.

Prefiero enviarle un mensaje de texto en lugar de llamarla porque podría estar en la misma habitación que él. Me gusta fingir que él no existe. Y soy buena en eso. Ella me enseñó. Al igual que con las baratijas rotas en mi viejo joyero, solo cierro la tapa.

Espero su mensaje de respuesta, alguna excusa sobre por qué no puede ir. Cuando Nana me recoge en la estación de tren, tengo la esperanza secreta de que mi madre esté en el auto con ella, porque quiere sorprenderme.

Reviso mis mensajes y pienso en los *collages* desarticulados que solía armar con revistas viejas de *National Geographic*, *Family Circles* y catálogos de Sears; un anuncio de la sopa de jitomate de Campbell's pegado junto a un leopardo y unidos a la mitad de un encabezado de esos que dicen: «Diez consejos para...». Incluso cuando era niña, me reconfortaba la no-finalización, la falta de sentido de los *collages*. Me hacían sentir que todo era posible; todo lo que tenías que hacer era comenzar.

Su auto nunca apareció frente a la casa. Nunca llegó su mensaje de texto a mi teléfono.

La granja de mi madre, a dos horas de mi ciudad natal, fue construida por un soldado de la guerra de Independencia, con sus propias manos. Está embrujada, por supuesto. Hace varios años, ella publicó en Facebook una foto del patio trasero, exuberante y verde, con pequeños orbes que aparecían como luz de estrellas.

«Te amo más allá del sol, la luna y las estrellas», me decía siempre cuando era pequeña. Pero solo quiero que me ame aquí. Ahora. En la Tierra.

El cuidador (y celador)
de mi madre

POR CATHI HANAUER

En cierto modo, esta es una historia de amor. En cualquier caso, una versión del amor. Para bien y para mal.

Primero, el prólogo.

Mi madre y mi padre se conocieron en 1953, en una fiesta en South Orange, Nueva Jersey, en la casa de alguien llamada Merle Ann Beck. Mi madre, una estudiante del penúltimo año de bachillerato, apenas la conocía, y mi padre ni siquiera la conocía, pero, en resumidas cuentas, ambos formaban parte de la lista de invitados. Al escuchar esa lista, a mi madre le gustó el nombre de mi padre, Lonnie Hanauer… algo sobre cómo sonaban todas esas *n* suaves. Preguntó por él y se enteró de que, aunque solo tenía diecisiete meses más que ella —ella tenía dieciséis años y medio y él acababa de cumplir dieciocho—, ya era estudiante de Medicina de segundo año en Cornell. Se sintió intrigada y, aunque era una «buena chica», callada y estudiosa, que ayudaba con el periódico escolar y a veces trabajaba en la mercería de su padre, lo buscó en la fiesta. Hablaron y bailaron; ella lo encontró sofisticado y divertido. Más tarde esa noche, le dijo a su madre que había conocido al hombre con el que se casaría.

Tres años y ocho meses después, en el club campestre de la familia de él —con una prístina piscina azul y un campo de golf que rivalizaba con los de los clubes de blancos anglosajones protestantes cercanos—, ella hizo exactamente eso. Él tenía veintiún años y medio. Ella acababa de cumplir veinte.

Eso fue hace sesenta y un años, cuatro hijos y seis nietos. Soy la mayor de esos hijos y la que, al parecer, siempre está buscando respuestas, especialmente sobre mi madre.

Hace alrededor de diez años, cuando yo tenía unos cuarenta años y mis padres poco más de setenta, mi madre tuvo su propia dirección de correo electrónico. Tal vez parecería poca cosa, pero en su caso fue un gran evento. Porque, antes de eso, desde los días de AOL y «¡Tienes un correo!», mis padres habían compartido una misma dirección de correo electrónico. Lo mismo hacían muchos de sus amigos, parejas que no tuvieron internet o correo electrónico sino hasta los sesenta años y tal vez pensaron, al menos en un principio, que era similar a compartir una dirección de correo convencional o una línea telefónica fija. Pero, a diferencia de lo que pasaba con la mayoría de las otras parejas, cuando la gente le enviaba un correo electrónico a mi madre —sus hijas, su mejor amiga, sus hermanos—, mi padre no solo lo leía, sino que a menudo lo contestaba. Algunas veces mi madre contestaba también, y otras no. Al parecer, ella creía que así funcionaba.

La misma dinámica tenía lugar con las llamadas telefónicas. Cuando llamabas a la casa, mi padre respondía. Mientras tú saludabas, él gritaba: «¡Bette! ¡Toma el teléfono!» y entonces escuchabas el clic, y ya estaba ella ahí también. Hace mucho tiempo aprendí que si le pedía hablar con mi madre, él decía: «Te está escuchando. Adelante»; si le decía que me refería a hablar con ella *en privado*, él decía algo como: «Lo que sea que tengas que decirle a ella puedes decírmelo a mí también». No importaba si suplicaba, intentaba razonar o enfurecía, él se mantenía en la línea. Y, entonces, a menudo hablaba por ella. Si preguntabas: «¿Cómo te sientes, mamá?» después de que había estado enferma, él podría decir: «Se siente bien. Su fiebre ya desapareció y acaba de comer un poco de pan tostado». Si luego decías: «Le pregunté a *mamá* cómo se siente. Mamá, ¿cómo te sientes?», ella respondía algo inocuo y optimista: «Estoy mucho mejor» o «Estoy bien».

Si le preguntabas sobre algo específicamente femenino que una hija podría preguntarle a su madre —cómo supo por primera vez que estaba embarazada, qué regalarle a alguien para su boda, cómo hacer su famosa tarta de moras azules—, a menudo era él quien respondía, incluso si no sabía la respuesta. «Lo hace con albaricoques en conserva. ¿Verdad, Bette?». O: «Dar dinero es una grosería; compra algo, para que te recuerden cada vez que lo usen». Si en verdad no tenía nada que decir —si le preguntabas, por ejemplo, sobre un libro que ella estaba leyendo—, entonces tal vez le subía el volumen al juego de beisbol que estaba viendo en la televisión y comenzaba a comentarlo en voz alta: «¡Maldita sea, Martínez! ¡Atrapa la maldita pelota!». O te contaba lo que él y mi madre habían hecho en los últimos días: cenas, películas, y luego te daba su opinión sobre esos eventos. «¿Ya viste X?», preguntaba, y si yo respondía que no, él decía: «Le di tres estrellas». (Su calificación más alta es cuatro estrellas.) Luego te hablaba sobre lo linda que era la protagonista adolescente y, por último, algún dato que te arruinaba el desenlace. Cuando me quejaba, él decía: «Hamlet también muere al final, ¿sabes?».

Esto, su comportamiento en el teléfono y el correo electrónico para empezar —combinado con el hecho de que mi madre soportaba todo sin decir ni pío—, era un frustrante misterio para mí. ¿No consideraba ella todo esto como una invasión a su privacidad? ¿Se daba cuenta de lo irritante que era para los demás? Si era así, ¿por qué no decía nada? También había otras cosas atroces. Cuando, con un auto lleno de gente, él conducía como si estuviera en medio de una fuga en el juego *Grand Theft Auto*: no frenaba en los topes, pasaba volando junto a las señales de alto y tocaba el claxon enérgicamente a cualquiera que se atravesara en su camino. O cuando hizo un escándalo en su viaje a un parque nacional porque no le gustó el recorrido —demasiado tiempo observando a las aves, no hubo senderismo suficiente—, hasta que finalmente lo tuvieron que escoltar de regreso a las oficinas centrales, con mi madre a cuestas, mientras todos los demás esperaban.

Si él le gritaba a ella por alimentar al perro cuando él quería hacerlo o, siempre ahorrativa, comía las sobras mientras a él le servía una comida fresca que acababa de preparar (a él no le gustaba que ella se privara). A veces, sobre todo por teléfono, su acto era tan increíble, tan cómicamente desagradable, como una parodia sobre sí mismo, que de hecho yo me reía. Le decía: «Gracias por decirme cómo se siente / piensa / hace su tarta de arándanos *mamá*». Entonces él se reía, y ella también se reía, de esa manera en que ríe cada vez que alguien se burla de ella, justo la manera en que muestras tu cariño en mi familia. Él se reirá cuando lea esto, y sí lo leerá, ya que lee todo lo que escribo, con generosidad y orgullo. Dejar que lo critiquen, incluso que se burlen de él, es una de sus cualidades más admirables. Sin embargo, tampoco se avergüenza por ninguna de estas acciones. «¿Por qué debería hacerlo?», diría él. «Soy un conductor seguro y ese guía turístico era un imbécil. Y tu madre no debería comer tantas sobras».

Pasé décadas tratando de luchar contra el comportamiento de mi padre, primero hacia mí, luego hacia mí y mi madre —su temperamento y volatilidad, su narcisismo, su necesidad de controlar y dominar—, pero también tratando de tener acceso a mi madre, estar con ella o incluso hablarle sin que él se interpusiera. Esto no era solo porque quería entenderla, y entender su relación con él, sino también, lo admito, porque quería un pedazo suyo. ¡Era mi madre, después de todo! Mi madre de ochenta y un años, pequeña, gentil, con su cabello plateado, quien se encarga de la jardinería, cocina, pasea perros y hace el compost; quien tiene letreros de ¡BIENVENIDO! en su jardín y fotos de sus nietos cubriendo cada centímetro del refrigerador; quien lee y critica todos mis escritos; quien nunca olvida un cumpleaños o aniversario, y envía una tarjeta con una foto que alguna vez tomó del destinatario; quien dedicó su vida a enseñar a niños con discapacidades y a criar a sus cuatro hijos; quien siempre recuerda preguntar por *ti*. ¿Quién no querría un poco de esto? De niña la compartí con mi primera hermana, junto con mi padre, hasta que tuve diecinueve meses. Para cuando llegó mi segunda hermana, y luego mi hermano, ella nunca estaba sin una manada de niños y perros mientras se movía afanosamente por todos lados, compraba la comida, compartía viajes en el auto, preparaba macarrones con queso y wafles, lideraba a las tropas brownie de las niñas exploradoras y nos cosía disfraces de Halloween o largas faldas de cuadros rosas y blancos a juego. No holgazaneaba, no tomaba el «almuerzo» ni café, no fumaba cigarrillos ni bebía cocteles al mediodía. Ella corría por doquier, atendiendo las necesidades de todos, hasta que mi padre llegaba a casa, y entonces lo atendía a él.

Durante mucho tiempo después de crecer, no tuve más acceso a mi madre que cuando era niña, e incluso menos, quizá. Me había mudado a Manhattan después de la universidad, y cuando visitaba Nueva Jersey para ver a mis padres —una tarde después del trabajo, un fin de semana cada dos meses—, mi padre siempre estaba allí o de camino a casa. A veces mi madre y yo teníamos unos cuantos minutos antes de que él llegara, pero entonces la puerta del garaje se abría, el Mercedes blanco de mi padre entraba, la radio emitía el estruendo de una ópera o las noticias, y mi madre se levantaba para estar lista. O más tarde, en la cocina, ella y yo podíamos estar limpiando juntas mientras él leía o veía la televisión en el estudio. Pero, pronto ya había venido a leerle un artículo, o la había llamado para que viera algo en la televisión. Él parecía incapaz de estar sin ella, o tal vez tan solo no quería dejarla conmigo, una feminista luchadora y autosuficiente que decía cosas que él tal vez sentía que amenazaban el *statu quo* en su casa.

¿Le habrá molestado a ella que él escogiera todas las películas de los viernes por la noche o la televisión dominical, y le exigiera que las viera con él? Soy una mujer que siempre ha necesitado autonomía en sus propias relaciones y matrimonio, por lo que no podría imaginar sentirme, siempre, tan *necesaria*. (Pensaría en esa canción de *Oliver!*: «As long as he needs me / I know where I must be» [Mientras él me necesite / sé dónde debo estar]). Me frustraban esas constantes demandas sobre su tiempo. Yo pensaba: «¿Y qué hay de mí?», aunque a veces también: «Tal vez ella no quiere pasar más tiempo conmigo». Después de todo, puedo ser tan intensa, parlanchina y obstinada como mi padre, aunque, como una mujer y madre razonablemente consciente de mí misma, también soy muy diferente. Me gusta hacer preguntas, profundizar. «¿Eres feliz con tu vida? Si pudieras cambiar una cosa, ¿cuál sería?». Pero mi hermana menor, que es menos parlanchina e inquisitiva, a veces también se sentía así respecto de mi madre: insegura de lo que ella quería. ¿Éramos nosotras? ¿Ella? ¿Él? Mi madre era un misterio.

Para cuando mi madre obtuvo su dirección de correo electrónico privada, yo ya llevaba mucho tiempo comunicándome con mis padres por ese medio, desde que descubrí que esa era la mejor manera de hablar con mi padre. Cuando el correo electrónico se hizo popular, yo tenía alrededor de treinta años, dos hijos pequeños y comida que llevar a la mesa; les escribía a mis padres cuando tenía tiempo y privacidad. Además, el correo electrónico sustituyó el estrés de escuchar a mi padre por teléfono por la relativa facilidad de leer lo que decía, lo que a menudo me gustaba: es inteligente, a veces divertido, y está al tanto de todo: noticias, política, entretenimiento. Si sabe que algo te interesa, encuentra artículos y te los envía. Lo mismo hace, no obstante, cuando sabe que algo te irrita. «Esa perra "*Mattress Girl*" solo estaba buscando atención. Si no fuera así, ella no habría…». ¡Eliminar! Hecho, sin tener que poner a mi madre entre nosotros.

Esto, que yo hubiera cambiado las llamadas telefónicas por los correos electrónicos, le molestaba: con eso le había quitado su capacidad de hablar largo y tendido en voz alta, con la atención de mi madre y la mía. Protestó durante años, pero para entonces, gracias a todos los terapeutas que he tenido, no me importó ni di marcha atrás. Sin embargo, cuando mi madre obtuvo su propia dirección, algo ante lo cual él también protestó una vez que se enteró (y no lo supo de inmediato), sorprendentemente se mantuvo firme… Bueno, eso sí que propició, al parecer, un cambio de juego.

Aunque hacía tiempo que ya había entendido a mi padre, mi madre todavía me desconcertaba. ¿Quién era ella, más allá de la enérgica maestra de ojos verdes, tutora, vecina amigable que, a pesar de tener apenas un poco más de metro y medio de altura y pesar cuarenta kilos cuando mucho, vivía de café negro, delgados sándwiches de queso y una cucharada de yogurt cada mañana con exactamente dos nueces en la parte superior? ¿Quién era, más allá de la mujer que obedientemente se iba a la cama cada noche junto con mi padre, pero horas después se metía en la habitación de mi difunto hermano para leer novela tras novela? ¿Cuáles eran sus sueños, o acaso no tenía ninguno, más allá de la vida cómoda, práctica y admirable que estaba viviendo? Con hijos y nietos que la amaban, un vivaz perro rescatado de un refugio, una casa y un jardín ordenados y bien mantenidos, un puesto en el consejo de la escuela que ella había ayudado a construir desde sus cimientos. Un matrimonio que había durado más de seis décadas, suficiente dinero para envejecer cómodamente. ¿Pensaba en mi hermano, al que habían adoptado cuando tenía seis semanas de edad porque mis padres (¿o más bien mi padre?) habían querido tener un cuarto hijo, un varón, y que había muerto a los treinta años, después de una juventud problemática, como consecuencia de un horrible accidente debido al consumo de drogas y a estar alcoholizado? ¿Tenía ella remordimientos? ¿Qué cambiaría de su vida si pudiera cambiar algo?

Podría preguntárselo ahora, junto con esto: ¿por qué no protestaba por el mal comportamiento de mi padre con ella, con sus hijos y con los demás? ¿O pensaba que en realidad no había problema alguno y que simplemente yo era demasiado sensible? (Sé cómo respondería mi padre a eso). Cuando él me abofeteó, fuerte, en cuarto grado, porque me escuchó usar una palabra que yo ni siquiera sabía que estaba prohibida; cuando empujó a mi hermana adolescente un poco demasiado fuerte y ella se desplomó (¡ups!) por las escaleras (¡No le pasó nada, teníamos alfombra!); cuando me ridiculizó por mi puntaje en habilidades verbales en la prueba de aptitudes escolares (algo que todavía sigue haciendo, a pesar de mi larga carrera como editora y escritora), ¿debí tan solo ignorarlo y seguir adelante, como lo hizo mi madre?

Mi padre tenía reglas arbitrarias para una chica que sacaba buenas calificaciones, que no se emborrachaba hasta el vómito y la inconsciencia, e incluso lo ayudaba a dirigir su consultorio médico (él no me permitía tener otro trabajo): podía ir al cine con mis amigos o mi novio, pero solo para ver las películas que él consideraba lo suficientemente intelectuales, así que si un grupo de mis amigos de quince años iba a ver, por ejemplo, *Halloween* o *Tiburón 2*, yo tenía que hacer que vieran *El cazador*, o no podía ir con ellos. ¿Mi madre, mi otra tutora, estaba de acuerdo con este estilo de crianza? Él no me golpeaba, no me mataba de hambre, no me había echado de la casa a patadas, pero aun así: ¿por qué demonios ella no decía nada? Cuando era adolescente, estaba demasiado enojada para preguntarle al respecto con calma, pero cuando me lamentaba: «¡¿Por qué no le dices que deje de hacerlo?!», ella o no quería o no podía, tampoco decía una sola palabra sobre el asunto, sin importar cuánto le suplicara yo. ¿Ella era su cómplice? ¿Tenía miedo? Ahora que soy adulta y que —por fin— tengo acceso directo a ella, podría obtener respuestas.

Pronto descubrí que ese acceso no me daba mucha más información de la que ya tenía, al menos no de inmediato. A veces, ella simplemente no respondía cuando le preguntaba por mi padre; otras veces contestaba los correos electrónicos de manera breve, respuestas cortas, sin revelar nada, al menos en mi opinión.

—Yo no puedo controlarlo —me dijo cuando le pregunté por qué le permitía hacer un ruidoso berrinche el Día de Acción de Gracias solo porque alguien se había comido los últimos camarones de la bandeja, a pesar de que había más en la cocina—. Lo que le diga, no importa —decía ella, o—: Si le pido que se detenga, solo se enoja más.

Todo esto era y es cierto, pero ¿tú podrías ignorar ese comportamiento de tu esposo? Sus nietos se quedaron boquiabiertos, antes de alejarse para empezar a susurrar y reír (para ser justos, a ellos el abuelo les parecía muy gracioso). ¿Por qué ella no hablaba? ¿Por qué no le ponía un ultimátum? Honestamente, no puedo imaginar lo que sería eso.

Lo que sí hizo mi relación de correo electrónico con mi madre fue proporcionar una forma de hablar con ella que era divertida.

Ahora bien, si le hacía una pregunta sobre la crianza de mis hijos o le pedía una receta, ella podía responderme. Me contaba sobre un nuevo niño al que le estaba dando clases particulares o sobre su visita a un museo en la ciudad con su más antigua amiga. Ir sola a Nueva York era algo que había comenzado a hacer apenas en la última década, más o menos. Me contó la historia de su familia. Y hablamos de libros sin que nadie en la otra extensión preguntara dónde demonios estaba el abre-cartas. Mi madre ama casi cualquier novela, a menos que haya «demasiado» fumar, beber, maldecir o adulterios. Comenzó a seguir las carreras de mis amigos escritores e invitar a algunos de ellos, como lo hizo conmigo, a sus clubes de lectura. «¡Amo a tu mamá!», me decían ellos después de haber ido a su casa a comer ensalada de huevo y beber café con sus compañeros del club en la mesa decorada con hortensias recién cortadas de su jardín. También les agradaba mi padre, que los recogía en la parada del autobús, amigable y bromista, mostrando el encan-to y la caballerosidad que puede convocar cuando quiere. Él también lee libros, y no solo de autores masculinos. Entre sus favoritos están *Orgullo y prejuicio* y *Middlemarch*. Ambos tie-nen cuatro estrellas.

Pero lo que mi madre todavía no había hecho en nuestra nueva correspondencia por correo electrónico, al menos no a menudo o con profundidad, era autoanalizar o discutir el com-portamiento de mi padre hacia ella, hacia mí o hacia el mundo, de una manera que me hiciera entender lo que ella pensaba al respecto. A veces se reía o se burlaba sutilmente de mí por preguntarle («¡Oh, Cathi, no lo sé!»). Y finalmente, ahora que sabía que era *su* elección no hablar de todo esto, o tal vez debido a que nunca logré llegar muy lejos, di marcha atrás… un poco, al menos. Cuando visitaba a mis padres, trataba de man-tenerme fuera de su relación, aunque a veces fallaba. «¡Deja de gritarle!», vociferaba cuando mi padre explotaba por algún maldito camarón o por los kilos de nueces de la India que él compraba en Costco y que alguien se había atrevido a tomar; ahora, a veces, él realmente escuchaba. Claro que nos benefició que de repente hubiera cuatro nietas maduras junto con tres hijas adultas para subirse al barco del *Poder Femenino*, así como dos afables nietos con madres feministas, animando a sus hermanas y primas. Lo superábamos en número. A veces, hasta sentía pena por él; otro hombre blanco heterosexual que debe ser parte de #MeToo en su propia mesa. Después de todo, si no hubiera sido por él, ninguna de nosotras estaría aquí, en esta habitación ni en ningún otro lugar.

Y por encima de todo, estábamos bien, ¡bien!, en parte gracias a él. Teníamos buenas vidas, no nos habíamos distanciado, nos juntábamos varias veces al año, una familia sana y privilegiada de trece o catorce... Nada mal, después de cincuenta y cinco años. Yo había sobrevivido a mi infancia con él al timón, y seguía eligiendo relacionarme y pasar tiempo con él, no solo para estar cerca de mi madre, sino porque a veces lo disfrutaba y sabía que él también. Y porque él no se hacía más joven, y porque, como siempre, era generoso de muchas maneras: daba consejos médicos, llevaba a mis hijos a cenar o incluso de vacaciones y, ahora, ayudaba a sus nietos a pagar la universidad (siempre y cuando fueran a las escuelas que él aprobaba: Cornell era la ideal, porque él había ido allí, pero Brown no lo era, le parecía «pretenciosa»). Él siempre había apoyado los aspectos positivos de mi vida, sobre todo mi trabajo, tanto como había criticado lo que había percibido como negativo. Él y mi madre, la pareja de cabello oscuro, luego gris y luego blanco, en el crucero a Helsinki, Venecia o Juneau, repartían tarjetas de mi último libro y alardeaban de la columna periodística de mi esposo. Yo no lo daba por sentado.

Al día siguiente, sin embargo, incluía a alguien en copia dentro de un largo intercambio personal de correos electrónicos entre nosotros dos (le he rogado que no haga eso) o hacía algún inquietante comentario sobre el atractivo o la falta de este de alguna joven (también le he rogado que no lo haga), y allí estábamos de nuevo. Y mi madre —mi madre, de quien se supone que trata este ensayo (¿ven lo que sucede aquí?)—, mi madre se quedaba en silencio, casi como si ella también me estuviera condenando. ¿Me *condenaba*? Si es así, ¡está bien, entonces! Pero quería escucharlo.

Y así, para escribir este ensayo, decidí averiguarlo de una vez por todas. Mis padres tienen ochenta y dos y ochenta y un años ahora. Los dos son fuertes como robles, pero nunca se sabe cuándo es tu última oportunidad de obtener respuestas a las preguntas que has cargado toda tu vida. Entonces le envié un correo electrónico a mi madre, diciéndole que estaba escribiendo sobre esas cosas de las que no hablamos y preguntando si ella estaría dispuesta a, bueno, hablar conmigo sobre ellas. Dijo que sí. Establecimos un horario en el que mi padre estaría en el hospital, donde todavía atiende pacientes algunas mañanas a la semana. Y nos comunicamos por teléfono.

Mi madre, me parece, ha cambiado en los últimos veinte años, pero sobre todo en los últimos diez. Después del incesante ajetreo de tantas décadas de su vida —la maternidad, su papel como esposa, la enseñanza, la contabilidad para el consultorio de mi padre—, ha tenido tiempo de reducir la velocidad y diversificarse. Los grupos de mujeres, los clubes de lectura, los comités a los que pertenece… A los ochenta y un años, su vida social es activa. Casi sentí que estaba emocionada de hablar conmigo; de cualquier manera, no creo que le haya molestado.

Después de un poco de conversación trivial, me fui directo al grano.

—Cuando se conocieron —le dije—, ¿tenía el mismo temperamento que tiene ahora? Si no es así, ¿cuándo lo notaste por primera vez?

—No lo tenía —dijo—. A medida que su vida se volvió más complicada, estableció muchas reglas sobre cómo quería que fueran las cosas. Y cuando no eran así, se enojaba. —Hizo una pausa. —Pero no, su temperamento no llegó hasta mucho después, creo. *Creo*. Y eso es parte de por qué hemos seguido casados todos estos años, Cathi: porque olvido las cosas rápidamente. Me enojo mucho con él, pero luego me olvido de todo. Y, además, yo no analizaba, y sigo sin hacerlo, el matrimonio o las relaciones como lo hace tu generación. Estábamos en una época más ingenua, supongo.

Sí, quizá ese sea un buen punto, aunque grandes pensadoras, desde Gloria Steinem hasta Betty Friedan, desde Germaine Greer hasta la brillante Vivian Gornick (quien tiene casi exactamente la edad de mi madre), provienen también de su generación. Aun así, tres de esas cuatro no tuvieron hijos y, sí, creo que eso cambiaba las cosas en ese entonces: su visión del mundo, sus prioridades, el poder que tenían, si es que tenían alguno, para ser independientes y, por lo tanto, honestas.

—¿Estás de acuerdo en que era tu celador? —pregunté—. ¿Que se ponía frente a ti como un escudo que te aislaba de los demás? ¿De mí, de tus amigos, del resto de la familia?

—Creo que definitivamente lo hizo, y aún lo hace, alejarme de… por ejemplo, los profesores de mi escuela. El director siempre estaba tratando de organizar eventos extracurriculares, como encuentros en un bar o salidas a cenar. Y yo nunca quise hacer esas cosas. —Aquí no pude evitar darme cuenta de que el cambio de lo que él quería a lo que ella quería era, al parecer, lo mismo—. Primero, porque tenía cuatro hijos y una vida ocupada, y como todos esos años me encargué de su contabilidad, y después de la cena siempre subía corriendo las escaleras para escribir algo que él me había dicho, o para llamar a la compañía de seguros por un paciente. —Menciona que su amiga de Nueva York, que está divorciada, siempre le decía: «¡Vente a dormir a mi casa!», y agregó—: Pero yo no hago cosas así.

—¿Por qué? —le pregunto.

—Bueno, creo que sí me guardó para sí mismo. Lo que dices es correcto. Él era, y es, una persona muy demandante, y siempre me hizo sentir que mi primera obligación era con él. Y supongo que yo lo alenté, hasta cierto punto. Siempre le dejaba algo para comer. Nunca tuvo que ir a comprar algo a la tienda, tampoco resolver ciertas cosas, porque yo me encargaba de eso. Él nunca habría comprado un departamento en Nueva York ni habría estado lejos de mí como todas esas noches que Dan está fuera.

Aquí se refería a mi esposo y al pequeño departamento que compramos juntos en Nueva York hace unos años, cuando él necesitaba estar más tiempo allí para trabajar. A veces voy con él —tengo trabajo, amigos y colegas allí—, y a veces me quedo en nuestra casa de Massachusetts, con nuestros perros. Vivir así es un acuerdo que ambos elegimos y ambos amamos; después de casi tres décadas de ser madre y esposa, he recuperado la soledad que anhelo y al mismo tiempo mantengo una familia amorosa. Pero creo que es interesante que mi madre lo vea como si Dan tuviera un departamento y estuviera lejos de mí, como si fueran decisiones solamente suyas. Decidí no tratar de explicar esto.

—¿Y qué pasa —pregunté— cuando nos grita o habla por ti al teléfono? ¿Cómo te sientes acerca de eso?

—Él es muy desagradable al teléfono —admitió—, pero cree que debería ser parte de cualquier cosa que yo haga con nuestros hijos. No estoy de acuerdo, sobre todo porque tenemos tres hijas, y yo soy su madre, y creo que debería poder hablar con ellas sin que él me escuche, pero… no vale la pena pelear. Si le menciono algo de lo que me dijiste en tu correo electrónico, me dirá: «¿Cómo lo sabes?», o también: «¿Por qué le envías un correo electrónico a Cathi por tu cuenta? ¿Por qué mantienes las cosas en secreto?». No le gusta que le oculten nada.

Asentí. No es nada que no supiera. Pero ella admitió que «no vale la pena» pelear contra él para tener acceso a sus hijas o a cualquier otra persona; que, sin rodeos, ella elige aplacarlo antes de hablar con nosotras. Lo sabía, por supuesto. Pero me ayudó escucharla decirlo ahora, oficialmente.

—Y cuando él decide cuáles serán tus viajes o qué películas verás —le dije—, ¿te sientes de alguna manera aliviada? ¿Es mejor para ti no tener que tomar todas esas decisiones?

—Prefiero no pelear con él —respondió de nuevo—. Es difícil, y un desafío, tener que cumplir siempre con sus decisiones, pero es mucho más fácil cumplir que luchar. En realidad, para mí esas cosas no hacen mucha diferencia.

Entonces pensé en su familia, sobre todo en su padre: un hombre pequeño de cara redonda y cabello castaño claro, cálido y gentil durante toda su vida. Cercano a mi madre, a sus dos hermanos y a todos sus nietos. Recuerdo, cuando dormíamos allí, que lo despertábamos a las cinco o seis de la mañana para que viera las caricaturas conmigo y con mi hermana, algo que no se nos permitía hacer en casa. Él siempre estaba dispuesto. A diferencia de los padres de mi padre, los padres de mi madre, Mac y Sylvia, nunca se enojaban, ni con nosotros ni, que yo haya visto, con nadie. Una vez, cuando tenía mucha comezón por una picadura de mosquito, Mac me dijo que debía tratar de no rascarme, que tan solo debía aceptar que me daría comezón. Eso me pareció alucinante. Estudió para abogado, pero cuando su padre murió, en lugar de ejercer, él y sus hermanos se hicieron cargo de la tienda familiar, la mercería, que les dio empleo a las tres familias durante mucho tiempo.

—¿Recuerdas tu primera pelea con él? —le pregunté a mi madre.

—No.

—¿Recuerdas cuando te envió a que me sacaras a rastras de la competencia deportiva de la secundaria, frente a todos, porque estaba furioso de que no hubiera estado en casa cuando él llegó a cenar? ¿Te molestó eso?

—No recuerdo eso, pero estoy segura de que estaba molesta. —La imaginé caminando alrededor mientras hablaba conmigo, limpiando el mostrador de la cocina, enderezando las pilas interminables de periódicos y revistas que mi padre insiste en guardar. —No había duda de que él era quien establecía las reglas y tomaba las decisiones, el que se encargaba de la disciplina y el proveedor —dijo—, pero asumí todas las cosas que yo hacía como lo que se *suponía* que debía hacer, y no cuestioné esta situación. Sentí que no tenía otra opción.

—Tal vez —sugerí—, de alguna manera era un alivio que él se encargara de nuestra disciplina.

—Bueno, yo creía que él sabía cómo debía ser. Confiaba en él. No siempre estuve de acuerdo con la forma en que los disciplinaba, siempre pensé que era demasiado duro, que sonaba demasiado enojado. Y se lo decía, pero él replicaba: «Oh, en realidad no estaba enojado por eso». Y yo respondía: «Pero suenas enojado, y así es como la gente te percibe, así que… eso es un problema para ti». —Hizo una pausa. —Pero, ¿sabes, Cathi?, él también estuvo muy involucrado en las actividades deportivas de todos ustedes cuando eran niños. —Esto es verdad. Cuando yo era joven, lanzaba la pelota de beisbol conmigo y, tiempo después, con mi hermano. Jugaba al tenis conmigo casi tanto como se lo pedía, lo cual sucedía bastante a menudo. Me enseñó a ser dura. —Y es extraordinariamente amable con… —mencionó entonces a una amiga cercana de ellos cuyo esposo había muerto recientemente—. Pasó por ella y la llevó a cenar con nosotros el fin de semana pasado y luego la llevó a su casa, y ella estaba en verdad muy agradecida. Es muy fiel a los viejos amigos.

De nuevo, tenía razón en eso.

—¿Y qué tal cuando peleó con la guía turística en ese parque nacional? —pregunté.

—Yo estaba muy enojada —dijo—. Me sentí atrapada, humillada y enojada. Y le dije algo al respecto, pero él no lo vio en absoluto como yo... y sigue sin hacerlo. Hasta el día de hoy. Una amiga hizo ese viaje hace poco y él estaba hablando con ella al respecto y describiéndole ese paseo. Está de acuerdo en que él fue ofensivo, pero siente que la guía lo merecía, pues no estaba teniendo el viaje por el que había pagado y, por lo tanto, había tenido derecho a quejarse. Me sentí... vaya, es que él le dijo «vete a la mierda» a ella (a la guía). En verdad no creo que esa sea la manera de congraciarse con otros viajeros. —Hizo una pausa. —Pero, honestamente, ¡no recuerdo todas estas pequeñas cosas! No hasta que vuelven a aparecer. Y creo que es una negación saludable que permite que mi matrimonio continúe.

Asentí. Me he dado cuenta de que en muchos, si no es que en todos los matrimonios que duran muchos años, hay tanto pragmatismo como negación (¿saludable?).

—¿Y qué tal cuando P (mi hija) dejó el primer año de universidad? —dije—. ¿Recuerdas la forma en que reaccionó? —Refresqué su memoria—: Desestimó la opinión de los terapeutas de P, tanto en casa como en la escuela, quienes aconsejaron que ella debía tomarse un tiempo antes de reingresar; escribió correos electrónicos iracundos y condenatorios tanto a ella como a mí, diciéndole que era una mocosa mimada y exigiéndome que la obligara a quedarse. «¿Vas a dejar que ella te controle para siempre?», me gritó, y a ella: «¿Alguna vez dejarás que tu hermano tenga su oportunidad para obtener la atención?». Como si dejar la universidad fuera una estratagema para convertirse en la reina de nuestra casa... así como él era el rey de la suya.

—Creo que él piensa que algunas veces deberías disciplinar más a tus hijos —fue la respuesta de mi madre— de la manera que él lo hizo contigo. No te apoyó cuando la dejaste que abandonara la universidad, pero está muy contento con el resultado.

Por supuesto que lo está. Después de un año de trabajar y resolver algunas cosas, mi hija regresó a la escuela y destacó, se graduó hace poco, un año tarde, con amigos, reconocimientos y la experiencia laboral que no habría tenido si no se hubiera tomado ese año. Mi padre vino a su graduación; estaba radiante. Todo regresó a la normalidad.

—¿Y tú? —le pregunté a mi madre—. ¿Cómo te sentiste en ese momento?

—Yo estaba preocupada por ella —respondió—, y me di cuenta de que para ti era necesario que ella tomara un tiempo libre, así que pensé... quiero decir... ella es tu hija. Pensé que lo que tú pensaras era la mejor manera de lidiar con eso y que era lo que debíamos apoyar. Estoy segura de que le dije eso. —Yo recuerdo que ella permaneció completamente en silencio sobre el tema, aunque ¿quién sabe lo que dijo tras bastidores?

Le pregunté acerca de mi hermana menor, Amy, una ejecutiva exitosa que fundó y dirige un *think tank* de trece personas, y con quien mi padre también pelea... creo que, de un tiempo para acá, incluso más que conmigo.

—Está muy orgulloso de Amy y de su trabajo —dijo mi madre—. Piensa que ella es muy inteligente. —Me reí. Más inteligente que yo, por supuesto, dado que sus puntajes de la prueba de evaluación escolar fueron más altos y asistió a Cornell—. Y piensa que ella es una buena madre y esposa —agregó—. Creo que lamenta cuando tiene peleas con Amy. —Hizo una pausa. —¡Y con todas! Pero no quiere asumir su culpa.

Esto es verdad. Mi padre casi nunca se disculpa. Lo único por lo que lo escuché expresar un verdadero remordimiento fue por haber «dejado» que mi hermano se mudara a San Diego para la escuela de posgrado cuando tenía veintitantos, porque en San Diego es donde ocurrió el accidente. Es probable que mi padre pensara que, si hubiera estado cerca de casa, él habría podido vigilarlo mejor.

Bueno, miren. No puedo imaginar cómo sería perder a un hijo, no puedo imaginar cómo alguien puede continuar después de eso. Él puede pensar lo que quiera al respecto. Mientras yo contemplaba todo esto, mi madre dijo:

—Pero sabes, Cathi, quieres confrontarlo acerca de todo. Y creo que es mejor dejar pasar algunas cosas. Es como si tú siempre estuvieras buscando corregirlo... o sospecharas de él. Amy se pone más gritona y agresiva a veces, pero también se involucra mucho con él sobre asuntos políticos y otras cosas, por lo que tienen una conexión profunda. Contigo es más antagonista.

Una vez más, ese es un buen punto… y útil, de alguna manera. Como la primogénita y la hermana posiblemente más afectada, en aquel entonces, por su narcisismo y su autoritarismo, no le dejo pasar muchas.

—Cuando entra a Facebook como si fueras tú —seguí—, ¿eso te ha molestado alguna vez? —Él no tiene su propia página de Facebook, por lo que usa la de ella. Y allí, comenta sobre las publicaciones de sus «amigos» (yo, por ejemplo), a veces con un tono humorístico, a veces antagónico, para que lo vean mis propios amigos y lectores (muchos de los cuales no conozco). Entro, lo veo y sacudo la cabeza. Eliminar, eliminar, eliminar.

—Él no entra como si fuera yo —dijo—. Siempre firma con sus iniciales. —No importa que sea la cara y el nombre de ella, o que a veces él se olvide de las iniciales, o que solo pocos (si es que hay alguno) de aquellos que ven sus comentarios entienden que L. B. H. y no B. F. H. al final de la publicación significa que es él, no ella. Una vez le dije a mi madre que si no lo controlaba, tendría que borrarla de mi lista de amigos. Funcionó alrededor de una semana.

Por último, dije:

—¿Alguna vez te llegó a asustar? ¿Alguna vez tuvieron una pelea que hiciera que desearas irte?

—Creo que algunas veces —dijo, como si no pudiera recordarlo—. Me molesta cuando grita. Pero nunca me habría ido. Tenemos una vida juntos. Fuera lo que fuese, se arreglaría. —Hizo una pausa. —Y creo que ya no grita tanto.

Me reí. Si el amor es ciego, al parecer también es sordo. Mi padre es la misma persona que siempre fue, al menos durante los cincuenta y cinco años que llevo de conocerlo. Y también mi madre.

Le agradecí a mi encantadora y dulce madre por su tiempo y su honestidad, y colgamos el teléfono.

Así que aquí está el final de mi historia... El epílogo, tal vez. En 1953, mi madre conoció al hombre de sus sueños y en 1957 se casaron. Con un vestido blanco de cuello redondo y apenas diecinueve años, ella se comprometió a estar con él en las buenas y en las malas, hasta que la muerte los separara. En sus diligentes ojos verdes, y como la hija de un hombre gentil y amoroso que creía que aceptas lo que la vida te da con una sonrisa y asintiendo, ella entró en un acuerdo de por vida donde mi padre la cuidaría y tomaría las decisiones, y ella las aceptaría. Y eso ha hecho. A cambio, tiene un esposo fiel y leal, que grita como loco y pierde los estribos y la humilla de vez en cuando, que a veces azotaba y reprendía a sus hijos, pero que también la mantenía a ella y a esos niños, que enriquecía su vida con cultura, y que confiaba en ella con tanta fuerza y seguridad como ella en él. ¿Era abusivo, o simplemente inflexible y carente de empatía? ¿Importa, en realidad? Una etiqueta es solo eso. Y como dijo Elie Wiesel, lo opuesto al amor no es el odio, sino la indiferencia... y una cosa de la que nunca se podría acusar a mi padre es de que haya sido indiferente. Él estaba ahí. Al frente y al centro, frente a nosotros, todo el tiempo. Y a lo largo de seis décadas, cuatro hijos, seis nietos, muchos perros y muchos viajes, mi madre ha estado de acuerdo con eso. Ella ha estado a su lado y siempre lo ha puesto primero que cualquier otra cosa.

El misterio de mi madre está resuelto entonces, y helo aquí: no hay misterio. Y, de hecho, es solo mi deseo de que fuera lo contrario lo que ha evitado que sea algo francamente banal. Al igual que su propio padre, mi madre por lo general lidia con las frustraciones y devastaciones de la vida, esperando a que lleguen y sin analizarlas demasiado; se mantiene ocupada, se hace de la vista gorda si es necesario, ayuda a los verdaderamente desfavorecidos cuando puede y no deja que la mierda la deprima. A diferencia de mí, ella no necesitó (ni necesita) respuestas para todas las preguntas de la vida. Ella tomó una decisión a los dieciséis años, y ahora, sesenta y cinco años después, sigue ahí, optimista y satisfecha. Ella es exactamente lo que veo, y exactamente lo que quiere ser; lo que ella quiere, la mayor parte del tiempo, es justo lo que tiene, y el resto del tiempo resiste hasta que las cosas mejoran. Como me dijo mi padre hace poco, cuando se dio cuenta de que yo insistía en abrir la caja de Pandora: «Ella es feliz. No la hagas pensar que no lo es».

Tiene razón. Y entonces, ya no lo hago. Después de todo, la historia de ella es suya: una historia de amor, con su propio final feliz.

Y mi historia —una historia de amor, sí, pero también de perdón— es la mía.

Las Tesmoforias

—◦—

POR MELISSA FEBOS

I. *Kathodos*

El vapor parecía surgir y elevarse desde las aceras de Roma. Era julio de 2015, el aire estaba espeso por el calor, el humo de los cigarrillos y el gas de los escapes. Había estado despierta durante casi veinticuatro horas, tres de las cuales habían transcurrido mientras esperaba en el aeropuerto a que algún auto de alquiler estuviera disponible. Había conducido a la ciudad entre los bocinazos y el gruñido de ciclomotores que se lanzaban como avispas alrededor de los automóviles. Estacioné el auto en un lugar cuestionable y recorrí las aceras llenas de gente hasta que encontré la dirección del lugar que había rentado. En el pequeño departamento, corrí las cortinas y me metí en la extraña cama con sus gruesas sábanas blancas. Publiqué una foto en Facebook de mi cara brillante y exhausta, ¡Italia! Y me quedé dormida al instante.

Tres horas después, me despertó el sonido de mi teléfono. Tenía tres mensajes de texto de mi madre. Meses antes, había despejado su horario de pacientes de psicoterapia y comprado su boleto a Nápoles, donde la recogería en el aeropuerto en cuatro días. Desde allí iríamos en auto al pequeño pueblo de pescadores en la costa de Sorrento, donde había nacido su abuela y donde yo había alquilado otro departamento por una semana.

¿¿Estás en Italia??
¡Mi boleto es para el próximo mes!
¿¿¿Melly???

Una lanza de terror atravesó la niebla de mi desfase horario y me revolvió el estómago. Rezando para que no hubiera cometido tan colosal error, me desplacé frenéticamente por nuestros correos electrónicos, revisando fechas. Era verdad. Yo había escrito el mes equivocado en nuestra correspondencia inicial sobre el viaje. Semanas después, habíamos enviado cada una las confirmaciones de nuestros boletos, que obviamente ninguna leyó con atención. Mi cabeza zumbaba de ansiedad.

El pánico que sentí fue mayor que mi decepción por haber arruinado nuestras vacaciones compartidas, que tanto había esperado. Fue más que la pena que me inundó por lo que debieron haber sido sus horas de terror mientras yo dormía, o su inminente decepción. Fue más que el miedo de que ella se enojara conmigo. ¿Quién no se enojaría conmigo por algo así? La ira de mi madre nunca duraba.

Imagina unos cimientos tan delicados e intrincados como un panal, una estructura que fácilmente podría ser aplastada por la mano descuidada del error. No, imagina una estructura que haya resistido muchos golpes, algunos más descuidados que otros. El temor que sentí no surgía de mis pensamientos sino de mi intuición y mis entrañas, de alguna lógica corpórea que había mantenido un seguimiento meticuloso de cada error anterior a este, que creía que había un número finito de veces que uno podía romper el corazón de alguien antes de que se endureciera para ti.

Durante el primer año solo fuimos nosotras dos. Mi madre, que había sido una niña muy solitaria, quería una hija. Entonces me tuvo. Fue la primera historia que entendí como mía. Melissa, que significa «abeja melífera», era el nombre de las sacerdotisas de Deméter. Melissa, de *meli*, que significa «miel», como Melindia o Melinoia, esos seudónimos de Perséfone. Todos conocemos la historia: Hades, rey del inframundo, se enamora de Perséfone y la secuestra. Deméter, su madre y diosa de la agricultura, se vuelve loca de dolor. Durante su búsqueda implacable de Perséfone, los campos quedan en barbecho. Persuadido por Deméter y las súplicas de las personas hambrientas, Zeus le ordena a Hades que regrese a Perséfone. Hades obedece, pero primero convence a Perséfone de comer cuatro semillas de granada; de esta manera la condena a regresar al Hades durante cuatro meses de cada año: el invierno.

No sé cómo se siente crear un cuerpo con el tuyo. Quizá nunca lo sepa. Sin embargo, recuerdo cómo se sentía ser hija de una hija, la distancia entre nuestros cuerpos era nula al principio, luego se ensanchó. Ella me amamantó hasta que tuve casi dos años, cuando ya formulaba oraciones completas. Luego me dio de comer plátanos y kéfir, cuya acidez todavía necesito. Me cantó para dormir contra su pecho pecoso. Me leyó, cocinó para mí y me llevó con ella a todas partes.

Qué regalo era ser tan amada. Más aún, confiar en mi propia seguridad. Todos los niños están hechos para esto, pero no todos los padres para satisfacerlo. Ella sí. Mi primer padre no, así que ella lo dejó. Primero vivimos con su madre y luego en una casa llena de mujeres que habían decidido vivir sin hombres. Un día en la playa encontramos a nuestro capitán de navío tocando la guitarra, mi verdadero padre. Desde el día en que se conocieron él nunca relacionó a una de nosotras sin la otra. Hoy, cuando lo veo, lo primero o lo segundo que me dice siempre es: «¡Ah! Justo ahora te ves exactamente igual que tu madre».

Ambos adoran recordarme cuando era niña. Gorda y feliz, siempre hablando. «Eras tan linda», dicen. «Teníamos que vigilarte. Te habrías ido con cualquiera».

Cuando él estaba en el mar éramos solo nosotras otra vez. Después de que nació mi hermano fue a mí a quien ella le confió lo difícil que era su ausencia. Sus lágrimas olían a niebla marina, frescas contra mi mejilla. Así como ellos me habían mimado, yo mimaba a mi hermano, nuestro bebé.

Después de que mis padres se separaron, llegaron a un acuerdo en el que los niños se quedaban en la casa familiar mientras los padres se rotaban las entradas y salidas. La primera vez que mi padre regresó del mar y mi madre durmió en una habitación que alquiló al otro lado de la ciudad, la extrañé con una fuerza tan terrible que me enfermó. Mi nostalgia se sentía como una desintegración del yo, o una destilación del yo, todo concentrado en una sola obsesión de pánico. Mis juguetes habían sido despojados de su placer. Ninguna historia podría rescatarme. Para proteger a mi padre, cuyo corazón también estaba roto, escondí mi desesperación. En secreto, la llamé por teléfono y le dije en un susurro: «Por favor, ven por mí». Nunca me había separado de ella. No había sabido, hasta entonces, que ella era mi hogar.

Mi cumpleaños cae en el cuarto mes del antiguo calendario griego; también es el mes del secuestro de Perséfone, en el cual la desesperación de Deméter arrasó toda la tierra. Durante ese mes, las mujeres de Atenas celebraban las Tesmoforias. Los ritos de este festival de fertilidad de tres días estaban vedados para los hombres. Incluían la sepultura de los sacrificios —a menudo los cuerpos de cerdos inmolados— y la recuperación de los sacrificios del año anterior, cuyos restos eran ofrecidos en altares a las diosas y esparcidos después en los campos con las semillas de ese año.

Cuando tuve mi primera menstruación, a los trece años, mi madre quería hacer una fiesta. «Algo pequeño, todas mujeres», dijo. «Quiero celebrarte». Era demasiado tarde. Yo hervía con algo más grande que el advenimiento de mi propia fertilidad, las hormonas catapultadas a través de mi cuerpo, nuestra familia dividida, el final de mis formas de niña o el cataclismo de orgasmos cada noche, cuando me masturbaba. Estos cambios no eran del todo malos. Ella me había enseñado a honrar a la mayoría de ellos, pero había cosas para las que no me había preparado, para las que no podría haberlo hecho. La suma de todo era indescriptible. Preferiría haber muerto antes que celebrarlo con ella.

A veces es tan doloroso ser amada. Intolerable, incluso. Tuve que rechazarla.

Los psicólogos tienen muchas explicaciones para esto. Los filósofos también. He leído sobre separación, diferenciación e individuación. Es una alteración muy común, nos dicen, necesariamente dolorosa. En especial para madres e hijas. En su opinión, cuanto más estrecha es la relación entre la madre y la hija, más violento es el trabajo de la hija para liberarse. Esas explicaciones ofrecen algo, aunque no estoy buscando ni permiso, ni una explicación minuciosa, ni certeza de que nuestra separación fuera normal. En cualquier caso, no solo eso. También me interesa un tipo diferente de entendimiento. Para eso necesito volver a contar nuestra historia.

Imagino a una persona amada. Una amante con quien comparto doce años de intimidad ininterrumpida e indiferenciada. Una historia de amor en la que la carga de responsabilidad, de cuidado, recae exclusivamente sobre mí. Imagino, también, responsabilidades simultáneas; en el caso de Deméter: la fertilidad de la tierra, el alimento de todas las personas y el ciclo de la vida y la muerte. Después de doce años, mi amada me rechaza. Ella no se va, no deja de depender de mí: todavía debo vestirla y alimentarla, transportarla todos los días, cuidar su salud y, en ocasiones, ofrecerle consuelo. La mayor parte del tiempo, sin embargo, ella no está dispuesta a aceptar mi ternura. Me exilia de su mundo interior casi por completo. Está furiosa. Es claro que le duele y tal vez está en peligro. A cada paso que doy hacia ella, retrocede y se aleja.

Por supuesto, esta es una analogía defectuosa. Recurro a ella porque tenemos muchas narrativas para dar sentido al amor romántico, al amor sexual, al matrimonio, pero ninguna que se sienta adecuada para el desamor que mi madre debió de sentir. La única forma en que puedo imaginarlo es a través de estas narraciones conocidas y los tipos de amor que he conocido. Los tipos de apego que definen nuestras relaciones adultas se determinan según esa primera relación, ¿no? Más de un par de veces he sentido la conmoción de perder contacto con un amante, sin importar quién se vaya. Se siente como un delito contra la naturaleza. Seguir viviendo en presencia de ese cuerpo sería una especie de tortura. Debe de haberlo sido para ella. Así debió de sentirse Deméter cuando vio que Perséfone era llevada en ese carruaje negro, con la tierra abierta para tragársela.

II. *Nesteia*

Había pasado ese sábado en la biblioteca con Tracy. Eso fue lo que le dije a ella. Cuando subí al auto esa tarde, el sol estaba hundiéndose detrás de los edificios de la ciudad. La calidez de la tarde de primavera se había convertido en frescura y una brisa del puerto cercano traía el suave sonido de la campana de una boya. Me deslicé en el asiento del pasajero, me abroché el cinturón de seguridad y me despedí de Tracy con un gesto de la mano. Ella se dio la vuelta para caminar de regreso a su casa. Mi madre y yo la vimos alejarse, el borde de su playera ondeaba en el viento. Su espalda estaba tan recta. Caminaba un poco como un robot, como Josh había mencionado mientras manoseaba por debajo de mi ropa interior, con el aliento caliente contra mi cuello. La atención de mi madre se centró en mí.

—Hueles a sexo, Melissa —dijo. En su voz no había enojo, sorpresa o crueldad, solo cansancio. Había una súplica—. Por favor —decía—, solo dime la verdad. Yo ya lo sé. Podemos estar juntas en esto.

Fue fácil hacer pasar la conmoción de mi humillación como la conmoción de la incredulidad. Lo había hecho antes y ambas lo sabíamos.

—Nunca he tenido sexo —dije. Yo lo creía así.

Mi madre puso el auto en marcha y giró hacia la salida del estacionamiento.

—El sexo no es solo el coito —dijo. Nos fuimos a casa en silencio.

No sé si esa noche tuvimos una conversación sobre la confianza. Las habíamos tenido tantas veces antes…, mi madre trataba de negociar un entendimiento, de lanzar una sola cuerda que atravesara la distancia entre nosotras. Si se rompe la confianza, explicaba mi madre, hay que reconstruirla. Pero la santidad de nuestra confianza no tenía valor alguno para mí, por lo que la confianza rota comenzó a significar la pérdida de ciertas libertades. No funcionó. Ella no quería revocar mis libertades, solo quería que volviera a casa con ella. Tal vez yo lo sabía. Si a ella no le gustaba la distancia que creaban mis mentiras, entonces le gustarían todavía menos mi silencio y mi mal humor, la puerta de mi habitación cerrada de golpe. Por supuesto, gané. Cada una tenía algo que la otra quería, pero solo yo tenía convicción.

¿Cuántas veces podría llamarme mentirosa o asegurar que lo era? Fui implacable al rehusarme a reconocer lo que ambas sabíamos. Dormía en las casas de amigos donde los hermanos mayores me persuadían para entrar en los armarios o me encontraban en la cocina a la medianoche con un vaso de agua. Hacía entregas de drogas para la madre de un amigo que las distribuía. Metía chicos en nuestra casa o me encontraba con ellos detrás de los cines. Hombres adultos me toquetearon en patios traseros y sótanos, en muelles y portales, y no había nada que ella pudiera hacer al respecto.

El rapto de Perséfone ha sido representado por cientos de artistas a lo largo de cientos de años. La palabra *rapto* es sinónimo de *secuestro*. En la mayoría de las representaciones, Perséfone se retuerce entre los brazos de Hades, apartando su suave cuerpo de su abrazo musculoso y sus enormes muslos abultados. En la famosa escultura barroca de Gian Lorenzo Bernini, los dedos de Hades presionan sus muslos y cintura, la piedra blanca cede como si fuera carne. Las manos de ella empujan el rostro y la cabeza de él, un movimiento que evoca la respuesta de una víctima en una violación real. Algunas de estas obras representan esa violación mejor que otras. En el *Rapto de Proserpina* de Rembrandt, mientras su carruaje se hunde en la oscuridad a través del agua espumosa y los Oceánidas se aferran a sus faldas de satén, Hades envuelve su pelvis en la pierna de Perséfone, aunque su vestido oculta el resto.

Mi madre seguramente temía que me violaran. Era un peligro legítimo. En retrospectiva, me sorprende que nunca haya sucedido. Quizá porque yo lo temía tanto como ella. O porque muchas veces me rendí ante aquellos que me habrían forzado.

Debe de haberse sentido como un secuestro para ella, como si alguien le hubiera robado a su hija y la hubiera reemplazado por una ménade. Elegí abandonarla, mentir, perseguir esos lugares donde los hombres con muslos musculosos podrían ponerme las manos encima, pero todavía era una niña. ¿Quién, entonces, era mi secuestrador? ¿Podemos llamarlo Hades, el deseo que me llenó de humo, que expulsó todo lo demás? Estaba asustada, sí, pero lo seguí. Quizás esa fue la parte más aterradora.

Una costumbre en las bodas espartanas, ampliamente adoptada en toda Grecia, consistía en que el novio agarrara a su novia, que no dejaba de retorcerse, y la «secuestrara» en un carro, en un simulacro aparentemente perfecto del rapto de Perséfone.

Todos conocemos el poderoso encanto del amante reticente. Pero ¿qué hay de la división de nuestro propio corazón? Mi ambivalencia me atormentaba y me compelía. Ese eros, un motor que resonaba en mí, me impulsaba lejos de nuestra casa, hacia la oscuridad. Yo sabía que era peligroso. No podía distinguir la diferencia entre mi miedo y mi deseo: ambos emocionaban mi cuerpo, que en sí mismo ya era un extraño. Y se suponía que las hijas debían dejar a sus madres, buscar a tientas en la oscuridad las formas abultadas de los hombres y luego resistirse a ellas. Mi madre debe de haber anticipado esto, debe de haber tenido la esperanza de que no tendría que pasar por ello.

Pero ¿no era mi madre también mi amada, mi captora? ¿No era contra sus brazos cuando yo peleaba con más brutalidad? Al igual que la novia espartana, mi corazón se habría roto si ella en verdad me hubiera dejado ir. Una hija está casada con su madre primero.

En el *Himno a Deméter* de Homero, el autor dice que «durante nueve días la Dama Deméter vagó por el mundo entero, con antorchas encendidas en las manos». Después de eso, ella toma forma humana y se convierte en la cuidadora de un niño eleusino, a quien intenta, sin éxito, hacer inmortal.

Mi madre se volvió psicoterapeuta. Se volvió amante de una mujer de cabello largo y rubio que nos amaba mientras nuestra madre viajaba en un autobús Greyhound a la ciudad y regresaba con un procesador de texto apoyado en su regazo. El trabajo de un terapeuta es comprender exactamente este tipo de cosas. El trabajo de un terapeuta no es tan diferente del de una madre, aunque es más seguro. Es colaboración y cuidado, pero no simbiosis. No es recíproco en su necesidad. Los pacientes de mi madre podrían haber sido los niños eleusinos que nunca se volverían inmortales, pero los ayudaba tanto como yo no permitía que me ayudaran.

Cuando le dije, apenas unos meses antes de cumplir diecisiete años, que me iba a mudar, no trató de detenerme. Sabía que ella no quería que me fuera. «Tal vez debí tratar de detenerte», me ha dicho más de una vez desde entonces. «Pero tenía miedo de perderte para siempre».

Intento recordarlo. Conocía esa tensión entre nosotras y cómo pudo romperse. Cuando me mudé, yo ya la había suavizado un poco. Si ella hubiera puesto alguna objeción, ¿me habría ido? No creo, aunque tal vez ese es tan solo el deseo de mi yo adulto para esa chica. De cualquier manera, habría encontrado los inframundos que siguieron.

Hades había aceptado devolver a Perséfone con su madre. Zeus insistió y él claudicó, con una condición: si Perséfone había probado algún alimento del inframundo, sería enviada a regresar a Hades la mitad de cada año. ¿Perséfone lo sabía? Sí y no. En algunas versiones, cree que es lo suficientemente inteligente para evadirlo, probarlo y aun así volver a casa. Hay tantos agujeros en los mitos, tantas iteraciones y mutaciones, la mayoría sin la marca de la cronología. Un mito es el recuerdo de una historia pasada a través del tiempo. Como cualquier recuerdo, cambia. A veces por voluntad, por necesidad o por olvido, o incluso con fines estéticos.

Las semillas de granada eran tan hermosas como los rubíes, y tan dulces. En cada versión de la historia ella las prueba.

No comencé con heroína. Comencé con metanfetamina, aunque nosotros la llamábamos *cristal*, lo cual sonaba mucho más bonito que los montones de papel de aluminio quemados que cubrían nuestro departamento o el olor a chamuscado en el aire, como si un horno hubiera estado encendido durante demasiado tiempo.

Imagina la primera temporada de Perséfone en el infierno. Las llamadas a casa. «Lamento no haber llamado. He estado ocupada con las clases. Estoy haciendo muy buenos amigos».

Mis mentiras eran verdades a medias. Iba a mis clases. Había hecho amigos. Tenía un trabajo, tareas y un colchón en una bodega, empapado de orina de gato, que solo costaba ciento cincuenta dólares al mes. Mi madre habría pagado por más y con eso se habría sentido con más derecho para reclamar que le dijera la verdad.

Cuando tomé el autobús Greyhound para ir a casa, comí su comida caliente y contemplé la tierra de mi infancia, exuberante de vida; fue como si me elevara desde algún inframundo hacia la luz dorada de la tierra. Lo extrañaba mucho. Estaba desesperada por irme de ahí. Esa comezón dentro de mí que me picaba como un deseo, como hambre, como ciertos tipos de amor.

Imagina que Perséfone lo ama. ¿Es tan imposible? A menudo amamos las cosas que nos raptan. A menudo tememos a quienes amamos. Me imagino que encontraría una manera, si estuviera atada a alguien la mitad del resto de mi vida. No, por la mitad de la eternidad. Ella era inmortal. Además, ni siquiera al morir podría escapar de él.

Era Navidad o Acción de Gracias. Mi madre, mi hermano y yo juntamos las manos alrededor de la mesa, y la comida humeante quedó en medio del círculo que formaban nuestros brazos. Nos apretamos los dedos, presionamos los pulgares en las palmas de las manos del otro. Esa pequeña tríada, que había sido tan triste y tan fuerte en ausencia de mi padre, que había amado tan ferozmente a cada uno de nosotros y aún lo hacía.

Después de lavar los platos, mi madre se hundió en el sofá y nos sonrió. Estaba tan feliz de que yo estuviera en casa.

—¿Podríamos jugar algo? ¿Ver una película?

—Necesito que me prestes tu auto —dije.

Apenas puedo soportar el recuerdo de su rostro. Como si hubiera estrujado su corazón y lo hubiera tirado.

—¿Cómo es posible que tengas un lugar adonde ir esta noche?

No recuerdo lo que respondí, solo que ella me dio permiso y cuánto me dolió dejarlos. Cerré la puerta principal detrás de mí y algo se desgarró por dentro, como un paño que todavía no se ha remendado. Aun así, ahí estaba la emoción de prisa cuando encendí un cigarrillo en la oscuridad y salí de nuestra calle hacia la autopista. Me imagino que así es como se siente un hombre al dejar a su familia por su amante. De hecho me sentía en parte padre, en parte esposo. Tal vez todas las hijas lo hacen. O solo aquellas cuyos padres se han ido.

No le avisé cuando dejé de inyectarme, cuando detuve todo. De hecho, ella nunca se había enterado de que había empezado siquiera. Sabía lo que veía y eso ya era suficientemente malo. No puedes arrastrarte hasta tu madre desde el infierno y disimular. Si le decía por qué ya no tenía que preocuparse, tendría que haberle dicho por qué se preocupaba en un principio. Tendría que dejarlo para siempre. ¿Qué pasaría si Perséfone le hubiera contado a Deméter no solo lo que sucedió en el infierno, sino que *quizá* regresaría a casa para siempre? ¿Qué hija haría eso? Además, había mucho más en el Hades que heroína.

A un año de que empecé mi trabajo como dominatriz, mi madre vino a visitarme a Nueva York. Ella sabía de mi trabajo. Era un proyecto feminista sin sexo. Activismo, en realidad. O, al menos, actuación. Como tantas veces antes, ella no me desafió.

Una noche, cuando estábamos por salir a cenar, vio un arnés y un dildo colgando de la puerta de mi habitación. No creo haber querido que ella lo viera; en realidad yo era bastante descuidada.

—Sé lo que te hacen hacer con eso —dijo mi madre con su voz valiente.

No dije nada. Para evitar el dolor, ahora pienso cuán fácil podría haber sido decirle que eso era para mi uso personal, solo unos años más tarde. Habría sido vergonzoso, pero mucho menos doloroso. Sin embargo, no sucedió unos años después y no era para mi uso personal. ¿Ella sabía lo que me «hacían» hacer con eso? Tal vez. No me imagino cómo aprendió al respecto.

No era que no habláramos de sexo, sí lo hicimos en algunas ocasiones. De lo que no hablábamos era de las cosas que yo había demarcado. Las partes de mí que ella podría encontrar ilegibles. Las cosas que ella podría haber desaprobado, por las que simplemente podría haber salido lastimada o aquellas que yo no podía nombrar con palabras.

«No es tan malo, madre», podría haber dicho Perséfone. «Es difícil de explicar. Es un mundo completamente diferente aquí abajo. Es la mitad de mi hogar». Aunque puedo entender por qué ella no lo habría dicho.

Otra fiesta familiar. Después de la cena, nos tumbamos sobre el sofá, somnolientos por la comida.

—Necesito que me prestes tu auto —dije.

Su rostro suplicante, tan hermoso y tan triste.

—¿Adónde podrías ir?

Suspiré.

—Tengo que ir a una *reunión* —dije.

Luego tuve que explicar.

—Está mal.

Ella quería saber qué tan mal, o creía que quería saberlo.

—Mal —dije.

Le dije muy poco y, aun así, me dolió mucho.

—Todo tiene mucho más sentido ahora —dijo. Su rostro se veía tan cansado. Yo quería retractarme de todo.

¿Cuánto se supone que debes decirle a alguien que te ama tanto y a quien quieres proteger? ¿Acaso es peor para ellos enterarse después, cuando ya estás a salvo del otro lado? Odiaba ver a mi madre revisar el pasado, armar el rompecabezas de mis inconsistencias con las piezas que yo había ocultado. Las mentiras toman por tontas a las personas que amamos. Protegerlas a costa de tu traición es una ecuación delicada, como hipotecar la casa de nuevo para pagar el auto. Yo estaba también, siempre, protegiéndome. Había cosas que ya no era capaz de creer si tenía que decirlas en voz alta. Solo podía decirle la verdad cuando yo la enfrentaba.

Tres años después, le envié el libro que escribí.

«No puedes llamarme hasta que hayas terminado de leerlo», dije. Ahí estaban todas esas cosas que nunca le había dicho sobre la heroína y las partes de ese trabajo que no se habían sentido como activismo feminista o incluso actuación. «Tómate todo el tiempo que necesites», le dije, esperando que se tomara tanto tiempo como fuera necesario para no tener que hablar conmigo sobre cómo se sentía al leer mi relato.

Estuvo de acuerdo.

A las 7:00 a. m. del día siguiente, sonó el teléfono.

—¿Mamá? Se suponía que me llamarías hasta que terminaras de leer el libro.

—Ya lo leí.

—¿Ya lo terminaste?

—No pude parar. Dejaba el libro a un lado y apagaba la luz, pero enseguida volvía a encenderla y lo tomaba otra vez.

—¿Por qué?

—Tenía que saber que ibas a estar bien.

Dijo que era lo más difícil que había leído en su vida. Que era una obra maestra.

En los años que siguieron, algunas veces me habló de las cosas incómodas que sus colegas le decían sobre el libro, las formas en que tenía que explicar mi pasado y las formas en que no podía.

«He tenido mi propia experiencia al respecto», dijo alguna vez. Sabía que se refería a que quería que yo también dejara espacio para lo difícil que había sido para ella. La vida y la narración. Había decidido decirle al mundo las cosas de las que no podía hablar. Al hacerlo me había obligado a hablar sobre estas, aunque todavía no podía hablarlo con ella. Mi elección le reveló esas cosas y al mismo tiempo la obligó a tener una conversación con el mundo. Y lo más injusto era que yo no quería saber. Ni siquiera podía soportar escucharlo.

Diez años después, tuve una amante que me prodigaba regalos y grandes gestos de afecto. Quería que yo siempre estuviera enfocada en ella. Cuando lo estaba, me recompensaba. Cuando no lo estaba, me castigaba, sobre todo tomando distancia. Cuando se alejaba, yo sentía un toque de esa vieja desintegración, ese anhelo enfermizo. Era un tormento. Era un ciclo apremiante y que yo aceptaba.

La primera vez que traje a esta amante a casa, ella no miró a mi madre. Solo me miraba a mí. En la cena, respondió preguntas, pero no formuló ninguna. Sus ojos buscaban los míos como si estuvieran cuidando algo allí. Fue difícil para mí mirar a otro lado.

—Está tan concentrada en ti —dijo mi madre—. Es extraño.

Mi amante había traído un regalo para mi madre, un collar hecho de cuentas color lavanda, liso como el interior de una concha de mejillón. En la recámara sacó la pequeña caja de su maleta y me la entregó.

—Dáselo —dijo.

—Pero tú se lo trajiste —dije.

—Es mejor si se lo das tú —contestó.

Sabía que mi madre también encontraría esto extraño. Tan extraño como la manera en que solo me miraba a mí. Tan extraño como la forma en que mi amante necesitaba estar a solas conmigo durante una visita tan corta.

—Se lo daremos juntas —propuse.

En los meses después de dejar a mi amante tuve la tentación de interpretar este comportamiento como que se sentía culpable. Pero no creo que ella supiera lo suficiente sobre sí misma para sentirse culpable frente a mi madre. Lo más probable es que haya visto a mi madre como una rival. Sospecho que temía que mi madre viera en ella algo que yo no podía ver aún. Mi madre lo hizo de cualquier forma. Aun así, amé a esa mujer dos años. Dos años durante los cuales me alejé de mi madre casi por completo. Yo no podía ver lo que me estaba pasando y no quería verlo. Tal como mi amante, me negué a mirar a mi madre. No quería ver lo que ella veía.

Algunas veces la llamé sollozando. Había hecho esto también cuando consumía heroína.

—¿Crees que soy buena persona? —pregunté.

—Por supuesto —respondió ella. Podía sentir cuánto quería ayudarme todavía. Colgué el teléfono. La extrañaba mucho, más que nunca.

La mañana en que por fin decidí dejar a esa amante llamé a mi madre. Esta vez no esperé tres años para escribir un libro al respecto y luego enviárselo.

—La voy a dejar —le dije—. Ha sido mucho peor de lo que te he contado.

—¿Qué tanto? —me preguntó, y entonces le conté—. ¿Por qué no me lo dijiste? —preguntó.

—No lo sé —dije. Yo estaba llorando—. ¿Y si te lo hubiera dicho y luego no la dejaba?

Se quedó en silencio por un momento.

—¿Creíste que te lo reprocharía? —Lloré más fuerte y cubrí mis ojos con una mano—. Escúchame —dijo con voz fuerte y firme, como una mano debajo de mi barbilla—. Nunca podrías perderme. Te amaré todos los días de tu vida. No hay nada que puedas hacer para que deje de amarte. —No respondí. —¿Me estás escuchando?

III. *Kalligeneia*

Cuando le envié mi segundo libro a mi madre, tuvimos una larga conversación. Le expliqué cómo mi escritura creaba un lugar desde donde podía mirar y hablar con esas partes de mí misma en las que de otra manera no era capaz. Ella me explicó que eso mismo era lo que su modo de terapia permitía hacer a sus pacientes. Habíamos hablado de esto antes, pero nunca con tanta profundidad.

Unos meses más tarde, nos encontrábamos paradas frente a una habitación llena de terapeutas, en una conferencia a la que mi madre asiste todos los años. Ella comenzó el taller guiándolos a través de una explicación del modelo clínico principal que utiliza en su práctica, gracias al cual viaja por todo el mundo, para capacitar a otros médicos. Era imposible no observarla. Era cálida, divertida, experta y carismática. Era fácil darse cuenta de por qué nuestro buzón se llenaba de sentidas tarjetas de pacientes que había dejado de ver hacía décadas. Cuando terminó, me puse de pie. Hablé un rato sobre cómo la escritura me permite volver a leer las partes más dolorosas del pasado y encontrar un nuevo significado allí, encontrar la sanación en ese espacio. Luego los conduje a todos a través de un ejercicio de escritura que ejemplificaba esto y recurrí al modelo de terapia de mi madre. Los terapeutas garabatearon en sus cuadernos y luego invité a algunos a compartir su trabajo. Mientras leían, el grupo asentía y se reía. Unos cuantos lloraron.

Todo ese fin de semana, la gente nos estrechó la mano y alabó nuestro trabajo juntas. Estaban maravillados ante el milagro de nuestra colaboración. «¡Qué especial! ¿De quién fue esta idea?», preguntaron. «De ella», respondí.

Hay una versión anterior de la historia de Deméter. Así como los recuerdos de las historias van cambiando con cada narración, cambian de manera todavía más irrevocable con cada conquista, cada colonizador, cada asimilación de un pueblo en otro. Esta existía antes de las versiones griegas o romanas que conocemos tan bien y se cree que surgió de un sistema de mitología *matrifocalizada*, y tal vez de una sociedad cuyos valores reflejaba.

No hubo violación ni secuestro. La madre, diosa del ciclo de la vida y la muerte, pasaba libremente del inframundo a la tierra, recibiendo a aquellos que morían en su paso de uno al siguiente. Su hija, según dicen algunas versiones, era tan solo la versión inaugural de esa diosa, imbuida de los mismos poderes. Otros sugieren que Phesephatta era la antigua diosa del inframundo, y siempre lo había sido.

Solía asustarme la posibilidad de querer cosas que mi madre no entendería. Creo que ambas temíamos nuestras diferencias. Pero al esconderlo de ella, a menudo creaba justo lo que deseaba evitar. No es que debiera haberle contado todo, pues esto habría supuesto su propio tipo de crueldad. Pero podría haber confiado más en ella. Esa versión más joven de nuestra historia, la que he llevado durante la mayor parte de mi vida, la que más he contado aquí, también es cierta: me lastimé y la lastimé una y otra vez. Pero, como en el viejo mito, hay otra versión, una más sabia.

No es que Perséfone alguna vez regrese a casa. Ella ya está en casa. La historia se usa para explicar el ciclo de las estaciones, de la vida. El tiempo que pasa en la oscuridad no es una aberración de la naturaleza, sino su representación. He llegado a considerar mi propio ciclo de la misma manera. Como Perséfone, mi oscuridad se ha convertido en mi trabajo en esta tierra. Vuelvo a mi madre una y otra vez, y ambos reinos son mi hogar. No hay Hades, el raptor. Solo estoy yo. No hay nada allí abajo que no haya encontrado en mí. Me alegra haber aprendido que no tengo que ocultarle esto a mi madre. Ayuda que ahora sea menos probable que nunca que la oscuridad me mate.

Puedo sostener ambas historias. Hay espacio para una en la otra. Primero, el sacrificio hecho en el primer día de las Tesmoforias, *Kathodos*, una violencia ritual. El otro, recuperado al tercer día, *Kalligeneia*, y rociado en los campos. El sacrificio se convierte en la cosecha. Todas mis violencias pueden verse de esta manera: un descenso, un ascenso, una siembra. Si los sembramos, cada sacrificio puede convertirse en una cosecha.

Mientras el tráfico de Roma iba y venía del otro lado de la ventana de ese pequeño departamento, miré mi teléfono, con ese temor espesándose en mi interior. Comprendí que podía hundir todo este viaje en él, pasar todos los días castigándome por mi error. Sin embargo, no tenía que hacerlo. La parte de mí que temía que nuestro vínculo fuera demasiado frágil para resistir este golpe era una parte joven. Tenía que contarle a esa parte sobre esta nueva historia. Tenía que decirle que no había nada que pudiera hacer para que mi madre dejara de amarme. Se lo prometí. Luego llamé a mi madre.

Ella estaba enojada, por supuesto, y decepcionada, pero para el final de la llamada ya nos estábamos riendo.

Unos días después, la llamé desde el pueblo donde nació su abuela.

—Te va a encantar aquí —dije.

Hay una diferencia entre el miedo a molestar a alguien que te ama y el peligro de perderlo. Por mucho tiempo yo no pude separarlos. Me ha llevado algo de trabajo discernir la diferencia entre el dolor de lastimar a aquellos que amo y mi miedo de lo que podría perder. Herir a los que amamos es algo a lo que podemos sobrevivir. Es inevitable. Desearía haberla herido menos. Pero no importa cuánto lo hice, jamás podría haberla perdido.

Un año después la recogí en el aeropuerto de Nápoles y condujimos por la costa hasta ese pueblo. Durante dos semanas comimos tomates frescos y mozzarella, y caminamos por las calles que su abuela había caminado. Conduje hasta la autopista de la costa de Amalfi y solo dejé unos cuantos raspones en el auto alquilado.

Mientras conducía, mi madre sostuvo mi teléfono en alto para filmar las impactantes aguas azules que se agitaban debajo, la gran caída desde el borde de la carretera, los pájaros revoloteando que parecían seguirnos y las pequeñas aldeas construidas en la ladera. Fue aterrador y hermoso, como todos mis viajes favoritos.

De regreso en casa, clasifiqué las imágenes, borré las que se repetían y sonreí al ver nuestros rostros felices. Cuando llegué a ese video y lo reproduje, vi una imagen de su pie con sandalias —ancho y fuerte como el mío— en el suelo arenoso del Fiat alquilado. Nuestras voces, grabadas con perfecta claridad, comentaban el paisaje. Me di cuenta de que ella había estado sosteniendo la cámara del teléfono boca abajo todo el tiempo. Solté un resoplido y seguí observando cómo movía su pie mientras hablábamos sobre un autobús que pasaba. Luego cerré los ojos y escuché nuestra conversación moviéndose ansiosamente de un tema a otro, nuestros jadeos mientras los ciclomotores aceleraban cerca de nosotras en las curvas pronunciadas y nuestras risas que resonaban una y otra vez.

Xanadú

—◡—

POR ALEXANDER CHEE

Se nos permitió testificar solos en una habitación. Graba-ron nuestro testimonio, porque éramos menores de edad. Mientras estaba sentado en la sala de espera con uno de los otros chicos, un amigo mío, este dijo encogiéndose de hombros:

—Dejé que me la mamara. —Se reclinó hacia atrás después de decirlo, luego extendió las manos. —Quiero decir, estoy bien. No me hizo daño.

Asentí y me pregunté si yo me sentía igual.

Teníamos quince años, casi dieciséis. Estuvimos en el mis-mo coro de niños durante años y ambos lo habíamos dejado recién, pues nuestras voces cambiaron. Vi cómo los chicos del coro tuvieron que cambiarse de escuela cuando los detalles aparecieron en la prensa. Era consciente de que la gente nos trataba a nosotros, las víctimas, como si también fuéramos cri-minales. Descubrí cómo todos tienen una opinión cuando se enteran de que abusaron de ti sexualmente. Todos parecen pensar de inmediato en cómo lo habrían manejado de una mejor manera y esperan que respondas sus preguntas para confirmarlo. Denunciar lo que sucedió, sobre todo si eres varón, es que te digan que fallaste, implícita o explícitamente.

Había aceptado testificar, pero no me había identificado como una víctima. El director enfrentaba quince cargos.

Intenté usar el tono de mi amigo. Incluso su misma frase.

«No estuvo tan mal». Sabía que me mentía a mí mismo y que él también lo hacía. No iba a decir esta mentira, todavía no. Pero podría ser una salida para mí.

Pensé en esto un año después, cuando tuve que convencer a este amigo de que no se suicidara, asegurándole que no era gay.

Puedo decir que él era mi amigo, pero en realidad no hay lenguaje, ni una sola palabra, para definir qué y quiénes éramos el uno para el otro. Manteníamos una relación sexual en la misma época en la que íbamos a testificar; había empezado frente al director, en un viaje de campamento, con el propósito de entretenerlo. Meses después la relación comenzó, como si necesitáramos hacer que el tiempo pasara. Jugábamos Calabozos y Dragones juntos. Él siempre era el Paladín; yo, un Usuario Mágico. No estaba enamorado de él, pero lo amaba… y todavía lo amo. No sabía cómo llamar a lo que habíamos encontrado. A veces me he referido a él como mi primer novio, pero no nos tomábamos de la mano, ni asistimos juntos al baile de graduación como pareja: cuando fuimos, ambos estábamos con chicas. Lo que habíamos comenzado un día sin uso de palabras me parecía más real en esos momentos. Nunca lo llamamos de ninguna manera. Uno u otro hacía un plan para pasar el rato y eso podía significar cualquier cosa. A veces me pregunto si nos estábamos consolando el uno al otro, pero no lo sé, porque casi nunca hablamos sobre lo que hicimos. Lo que me confesó en la sala de espera sobre lo que había sucedido aquel día no me impresionó; yo mismo fui testigo de lo que narraba, ocurrió frente a mí.

Durante la época en que todo eso sucedió, mis amigos del coro y yo teníamos la costumbre de dibujar fortalezas elaboradas, llenas de soldados, armas, aviones, submarinos: estructuras increíblemente complejas. Ahora me parece que el coro era así. O yo lo era. Lleno de secretos demasiado complicados para explicar. Pero tal vez un mapa podría aclararlo todo. Este es un intento de mapa.

Me uní al coro a los once años. Los acercamientos del director comenzaron cuando tenía doce e iban dirigidos tanto a mi orgullo por mí mismo, debido a que era un chico precoz, como a mi vergüenza por ser birracial, *queer* y un paria social en mi escuela. Él alimentó mi creencia de que yo era talentoso, intelectualmente más maduro que mis compañeros y emocionalmente también, desde el principio. Elogió mi voz y mi capacidad de leer las notas musicales a primera vista durante mi audición, y me eligió como líder de sección; luego, como solista. Esto significaba ensayos a solas con él. Confiaba en él porque me hacía sentir bien, incluso superior, en un momento en que me había sentido abandonado por el mundo. Y cuando digo esto, me refiero de manera específica al hecho de que yo era un chico birracial, estadounidense-coreano, en una ciudad que no parecía creer que personas de diferentes orígenes étnicos pudieran casarse y, mucho menos, tener un hijo. En un día cualquiera me sentía como un bicho raro, demasiado visible de la manera incorrecta, lo cual es lo mismo que no ser visto en absoluto.

Tenía una voz de tres octavas como soprano, con notas altas contundentes, y la capacidad de mezclar esa voz con las que me rodeaban. Como lector de notas a primera vista, capaz de leer la música y cantarla de manera decente desde la primera vez, era valioso para el aprendizaje de la música y pronto descubrí que, independientemente del racismo que aquejaba a mis compañeros de clase, aquí me recibían como líder. Me volví popular y gané el afecto de mis amigos. En la secundaria me arrinconaban o me excluían; pero ahora, en el coro, los amigos me rodeaban. Necesitaba un lugar al cual pertenecer más de lo que yo mismo había advertido. El director sí lo advirtió; entonces se comportó como si él fuera el único que me lo podía proporcionar. Ahora sé que a esto se le llama *preparar a la víctima*. Este coro lleno de chicos talentosos, muchos de ellos marginados como yo, muchos de ellos *queer*, se convirtió durante un corto tiempo en mi paraíso, pero también fue una trampa para todos nosotros. Hecha con todos nosotros.

A simple vista parecía que yo iba a los ensayos del coro, pero en el fondo, cada día que acudía era para escapar de casa; sentía que era el único lugar en el mundo donde me aceptaban y me apoyaban. Conforme cantamos para audiencias cada vez más concurridas, los aplausos me hacían sentir un alivio que nunca habría podido imaginar.

Los crímenes del director salieron a la luz el mismo año en que lloramos a mi padre, quien murió un día de enero casi tres años después de su accidente, un periodo que pasé prácticamente en su totalidad como miembro del coro. En el tiempo del que hablo, yo era la mano derecha de mi madre y me había convertido en eso de manera inmediata y repentina. El día que recibimos la llamada telefónica del hospital en la que nos dijeron que mi padre había tenido un accidente automovilístico, ella se fue para estar a su lado y nos dejó atrás, en la casa, con un amigo de la familia, hasta que se supiera más. No recuerdo que yo haya sido capaz de hacer algo más que permanecer en la sala familiar, frente al teléfono, esperando que ella llamara. En ese momento, entre la llegada del amigo de la familia que nos cuidaba y la partida de mi madre, supe que se trataba de la circunstancia a la que mi padre se había referido cuando me dijo que, si algo le pasaba, yo sería el hombre de la familia. Algo en mí cambió en consecuencia.

Cuando ella llamó y sonó el teléfono, este brincó en el aire y salió volando hacia mí como si lo hubiera levantado con la mente. De pronto ahí estaba la telequinesis que había anhelado mientras leía cómics, como liberada por la crisis, igual que en esas historias. Pero si lo fue, aparentemente la bloqueé de inmediato. Esto nunca volvió a suceder.

Levanté el auricular, mi madre me hablaba pero apenas podía formular lo que quería decir; entonces supe que estábamos en un mundo nuevo.

Mi padre había estado en una colisión frontal y su socio comercial, el conductor, cuyas heridas eran menos graves, murió pocos días después. Mi padre estuvo en coma durante tres meses. Íbamos al hospital a leerle por turnos, porque nos dijeron que nuestras voces lo ayudarían a recuperar la conciencia. No recuerdo el libro, solo la inversión de los roles: el hombre que solía contarme historias ahora al parecer me escuchaba desde su coma, como si yo pudiera guiarlo a través de una historia. Lo que no podía decirle a nadie, ahora que estaba sentado junto a su cama, leyéndole, era tan grande como mi vida: me culpaba por el accidente de mi padre.

El otoño anterior había pedido permiso para faltar a la clase de natación, con el fin de ir a un viaje de patinaje con los Webelos. No era un patinador experimentado, pero mi película favorita en el mundo era *Xanadú* y quería patinar alrededor de la pista e imaginarme cantando las canciones, cubierto de luz como Olivia Newton-John, mientras, en secreto, imaginaba que era ella. En cambio, esa noche me caí con todo y patines, y aterricé sobre mi brazo izquierdo. Cuando lo miré, estaba torcido como una rama en un árbol. Solté un grito que quizá solo un niño soprano podría haber emitido. La música en la pista enmudeció; recuerdo que un reflector iluminaba mi brazo; grité y, en ese momento, los otros patinadores se detuvieron a mirar horrorizados.

En su camino hacia la pista, mi madre se apartó para dejar pasar a la ambulancia mientras se preguntaba quién habría resultado herido.

En el hospital, recuerdo que mientras me acomodaba el brazo, el médico dijo que el dispositivo en el que estaba insertando mis dedos era como un aparato de tortura medieval, algo hecho para los interrogatorios, pero que ahora se usaba para ayudar a separar los huesos rotos con el propósito de que pudieran acomodarse de la manera correcta. La antigua máquina de tortura jaló mi brazo con suavidad. Luego le sacaron una radiografía y lo envolvieron en un yeso. Pronto llegué a casa, contrito y aletargado por los analgésicos. Durante los días siguientes me enteré de que, como ya no podía ir a mis prácticas de natación, mi entrenador estaba furioso. Tampoco iríamos a Florida de vacaciones, dado que solo me llenaría el yeso de arena.

La noche del accidente de mi padre, cuando su automóvil derrapó en la nieve y chocó contra el coche en el otro carril, me dije que debíamos haber estado a salvo en la playa, y nunca lo olvidé. Esperé que me culparan. El yeso todavía estaba en mi brazo, extraño, causando picazón. Pero nadie me dijo nada.

Pasarían treinta y cinco años antes de que le contara esto a mi madre. Por fin me había dado cuenta de que mi teoría al respecto era un recuerdo, pero no estaba seguro de que se tratara de uno en el que pudiera confiar. Fue terrible ver la sorpresa en su rostro, como si viera que me convertía en algo que nunca supo que podría existir.

—Tuvimos que cancelar el viaje debido al trabajo de tu padre —explicó—. No por tu brazo. Nunca hubiéramos hecho eso. —Traté de ver si le creía. Sabía que al menos ella se creía a sí misma.

¿Había inventado yo la conversación que estaba seguro de recordar, en la que me decían que el viaje se había cancelado? Tenía sentido que no hubiera sido mi brazo lo único que nos detuvo; después de todo, mi padre estaba trabajando en un acuerdo internacional multimillonario. No tomaría unas vacaciones familiares en medio de eso. Mi padre estaba seguro de que ese trato por fin haría todos sus sueños realidad. Me había llevado a ver autos de lujo, ya que se compraría uno para cumplirse un capricho. O los conducía hasta donde estábamos y pasaba por nosotros a la escuela en medio de una prueba de manejo. Una semana llegó a la escuela en un Mercedes convertible, blanco con interiores de piel roja; al día siguiente, un Alfa Romeo; más tarde, un Jaguar. Estaba tan lleno de alegría cuando nos abría la puerta, su sonrisa era tan brillante. Y luego vino ese invierno.

Años después, mis compañeros de clase me confesaron que pensaban que éramos ricos y que todos esos autos eran nuestros.

A la distancia puedo ver cómo, si bien sus heridas eran sumamente insoportables —el lado izquierdo de su cuerpo estaba paralizado, el accidente había dibujado una línea áspera en su centro—, también lo era el hecho de que todos sus sueños se habían roto. Había practicado artes marciales desde la infancia y su condición física era tan buena que sobrevivió a este accidente, el mismo que le había quitado la vida al conductor, cuyas heridas habían sido menos graves. Había entrenado toda su vida para sobrevivir a todo; ahora lo había hecho, y quería morir.

Había sido tan fuerte toda mi vida… Este hombre que apenas unos meses antes había jugado a las carreras conmigo mientras conteníamos el aliento, y recorría bajo el agua cincuenta, setenta metros sin respirar. El hombre que me llevaba al sótano para enseñarme a boxear, que me hizo estudiar karate y taekwondo después de que los niños en la escuela me arrinconaran en una ocasión. El hombre que me arrojó a una ola porque yo había llorado de miedo ante el océano y que con los años me enseñó a vencer la marea. «Deben nadar lo suficientemente bien para que, si el bote se hunde, ustedes consigan llegar hasta la orilla», nos decía.

Pero en esta situación yo no sabía dónde estaba la orilla.

Tengo doce años. Mi padre es mi héroe y está roto. Y creo que yo lo rompí, mi propio brazo roto lo empujó hacia el auto. Así lo creí hasta hace cuatro años.

Durante los tres años que mi padre estuvo convaleciente por las lesiones de las que al final moriría, en el primer año, después de que despertó del coma, vivió en casa, en una habitación improvisada donde alguna vez había estado nuestra sala. Él estaba enojado y deprimido, a veces con ánimo suicida. Cuando yo regresaba de la escuela a casa, iba a conversar con él antes de hacer mi tarea. Nuestra familia en Corea envió a un primo a nuestra casa, para que viviera con nosotros y le hiciera compañía. Era un hombre mayor que me agradaba, aunque parecía nervioso. Veía dramas coreanos o jugaba cartas con mi padre, que alguna vez había sido un excelente jugador de póker, y disipaba un poco la sofocante oscuridad de la tristeza y la furia que había en él. Habíamos luchado para que viviera y ahora él no quería vivir; era difícil no sentir que le habíamos fallado. Mi madre me enseñó a hacer varios guisados con carne molida: *chop suey* americano, que en realidad era una simple pasta de codo en salsa de tomate; *Texas hash*, que era esencialmente lo mismo pero con arroz, y un Stroganoff de carne que se hacía vertiendo crema agria y sopa de crema de champiñones sobre carne molida, y que a menudo servía sobre arroz.

Mi madre ahora trabajaba en el negocio de la pesca. El trato en el que mi padre había estado trabajando se vino abajo cuando faltaron los hombres que lo habían impulsado. Ella enfrentaba las dificultades de ser una mujer en un negocio dominado por hombres y, al final del día, volvía a casa exhausta, con el hombre que había amado al grado de casarse con él desafiando a su familia y su cultura. Las historias que ella contaba sobre cómo su trabajo la alejaba de muchas de las mujeres que habían sido sus amigas, sobre cómo se iba ganando poco a poco a los hombres que trabajaban con mi padre, pero a quienes debía convencer, surgieron en ese tiempo. Yo escuchaba, a veces le daba un masaje en la espalda o los hombros mientras me las contaba, y le llevaba un vaso de whisky en las rocas. Yo era, soy, un oído receptivo para muchos, y lo aprendí en ese entonces.

Nunca supe cómo decirle lo que sucedía cuando yo estaba fuera de casa.

Soy conocido por hablar cuando todos los demás callan, por decir lo que todos piensan pero nadie dirá. Así que cuando miro hacia atrás, me parece muy extraño no haberlo dicho, no haber hablado de ello; hasta que recuerdo que era como mi paraíso secreto. El único placer que tenía además de la comida era cantar. Hasta que fue solo otro infierno. Uno menos terrible.

Pasa un año y la hermana de mi padre nos convence de que cuidará de él en su casa. Ella insiste en que un médico cercano, en Massachusetts, tiene la posibilidad de curarlo. Llevamos al primo segundo y a mi padre allí y, durante un año, vamos y venimos para verlo. Un año después de eso, cuando entendemos que en realidad el médico solo está experimentando con mi padre y poniéndolo en peligro, lo llevamos de regreso a Maine, esta vez a una institución cerca de nuestra casa, en Falmouth.

El coro se hace más grande, más profesional. Por un breve tiempo me sentí orgulloso de mi liderazgo y mi popularidad, pero una vez que el director obtuvo lo que quería de mí, estos atributos me convierten en una amenaza para él. Me acusa de crear camarillas con mis juegos de Calabozos y Dragones y trata de aislarme socialmente. Sigo siendo el líder de la sección, pero ya no hay más solos para mí. Mi extraña relación con mi amigo se vuelve el centro silencioso de mi vida, el mundo entre nosotros, el sexo que se aprovecha cuando se puede encontrar. En esos momentos se borra el terrible dolor del resto de mi vida. Mis recuerdos de él todavía son de otro color, distinto al del resto, como si los hubiera vivido en otra dimensión.

Uno de mis recuerdos favoritos del verano es una semana en la casa del lago de sus padres. Nos escabullimos al lago por la noche para nadar, para unirnos al fin en la oscuridad líquida. Las circunstancias bajo las cuales nos conocimos se borran, desaparecen para mí; de cierta manera incluso lo valen, pues tenemos esto ahora. Sin embargo, no se lo digo, así que no sé cómo se siente él. Algunas veces me pregunto qué habría pasado si hubiera dicho algo en ese momento.

Los secretos que llevo escondidos en mi interior podrían llenar ese lago, pero no lo hacen. Se van conmigo.

Ahora tengo quince años. Los días pasan y me siento como un robot amable, alguien cuyo trabajo consiste en llevar una versión de mí de aquí para allá, para que atienda todas esas cosas que deben hacerse. Pero a veces hay arrebatos, tormentas de ira. En una pelea con mi hermano, trato de hacer que se calle y, cuando no puedo, me monto a horcajadas en su pecho. Todavía puedo ver la sorpresa y el miedo en sus ojos.

En mi papel como cocinero estoy cerca de la comida, así que como. Bagels con queso crema para el desayuno, pizza de pepperoni o hamburguesa con queso para el almuerzo, sándwiches de rosbif con queso munster, *kielbasa* y huevos, jamón y queso cheddar derretido. Cuando acudo al psiquiatra infantil, él me dice que la comida es nuestra primera experiencia de afecto. Mi madre me envió ahí precisamente por mi manera de comer. He aumentado de peso. Él me pregunta si siento que no soy amado y no sé cómo responder a eso. Como por el placer que me procura, el placer aniquilador que hay en ello. Como porque soy demasiado listo para mi propio bien, demasiado sensible, demasiado *queer*, demasiado asiático, demasiado triste, demasiado ruidoso, demasiado callado, demasiado enojado, demasiado gordo. Como porque quería ir a patinar, estar rodeado por la luz de discoteca, pero eso hizo que mi mundo se derrumbara por completo y nunca más escaparé de esa manera, pero parece que sí. Es como si pudiera largarme de este infierno mordida a mordida.

Cuando mi voz al fin cambia, siento como si hubieran reemplazado algo en mi garganta, una lucha, como si algo muriera. Las notas altas de soprano que podía cantar, la forma en que me iluminaban, mis cuerdas vocales como filamentos, todo esto se va, y es difícil no sentir que una oscuridad se queda en su lugar. Es, al menos, la ausencia de esa luz específica. Todavía puedo oírla, todavía puedo sentir la forma en que las notas llenaban mi cabeza y mi garganta como el aire que contenía mientras avanzaba por debajo del agua. La vibración de mi cuerpo, a la par de los sonidos que producía con mi garganta, era simplemente una forma más vigorosa de estar vivo.

No aprenderé a cantar con mi voz adulta sino hasta dentro de treinta años, cuando me enamore de un hombre con una voz adulta tan hermosa como cualquiera de las estrellas pop que interpretó con su banda del bachillerato. En ese futuro lejano iremos al karaoke tantas veces, que mi propia voz comenzará a responder como si ensayara de nuevo. Todavía no siento que sea lo mismo. Es como si tuviera una voz que se fue y otra que llegó, y no una voz que cambió.

Cuando doy mi testimonio, esa es la voz que uso. La recién llegada. Describo los viajes, la manera en que él elegía a un favorito, lo preparaba y luego le asignaba un solo con el fin de quedarse a solas con él. No digo que lo sé porque lo hizo conmigo. Ni tampoco que él intentó hacerme sentir especial cuando parecía que nadie más lo haría, o que la habitación de los niños, muchos de ellos homosexuales, fue mi primera comunidad *queer*. No digo que encontré a mi primer novio allí ni que eso me permitió sentirme conectado con este mundo cuando nada más lo hacía, ni cómo tantos de nosotros éramos así, elegidos por ser tan similares: chicos que necesitábamos a alguien para apuntalar nuestro mundo y que, a cambio de eso, le permitimos hacer lo que hizo. Chicos sin padres o con padres destrozados. Chicos con madres que intentaban salvar sus hogares. Digo que eso les sucedió a otros, me comporto como alguien que solo desea cooperar. No digo que quise morir por la culpa, por sentir que ayudé a que todo esto ocurriera y que todo sucedió porque yo era *queer*.

Este testimonio es una buena práctica, pues nunca hablo acerca de la noche que mi amigo llamó, cuando me rogó que le dijera que él no era como yo, que no era gay; mencionó que tenía una escopeta, la de su padre, y que estaba listo para suicidarse si lo era. "Dime", dijo él. "Dime que no soy como tú". Y lo digo: "Tú no eres como yo. Tú no eres gay". Por fin hablamos del tema. Porque ¿no es mejor vivir? Para él, al menos. Porque no hablo de todas las veces que yo mismo casi lo intenté. Miraba fijamente el cuchillo en la cocina, tan a menudo como preparaba la comida, y deseaba tener el valor de subir las escaleras, correr a la bañera y meterme con el cuchillo en mano. En cambio, lo bloqueo; me atraganto con eso, y con todo lo demás. Salgo del juzgado, que explotará años después, como una bomba de una guerra vieja y olvidada, hasta que al fin todo salga a la superficie.

Veinte años después me paro en mi estudio de Brooklyn y sostengo mi teléfono en la mano, lo miro con temor. Es la noche previa a la publicación de mi primera novela, en el otoño de 2001, y mi madre está a punto de viajar a Nueva York para mi lanzamiento en el Taller de Escritores Asiáticos Estadounidenses. Si no hago la llamada, tendré que leer la novela frente a ella, un relato sobre cómo sobrevivir al abuso sexual y a la pederastia, inspirada en los sucesos de mi infancia —esos eventos autobiográficos, eventos que nunca le he descrito—, y que ella descubrirá la noche siguiente en una habitación llena de desconocidos. Y nunca me perdonará si lo hago. Así que ahora es el momento.

Podría decir que recuerdo la llamada telefónica, lo que dije, lo que respondió, pero mentiría. Llamo. Los bordes alrededor de esta conversación son como si algo caliente se hubiera asentado en el resto de la memoria y la hubiera quemado. Recuerdo que ella estaba conmocionada y no entendía por qué nunca le había hablado de esto. Yo tampoco entendía, pero ahora sí.

Nuestra familia había pasado por una temporada infernal y esto era lo que había hecho para sobrevivir. Finalmente lo sé: nunca se lo conté porque estaba convencido de que la estaba protegiendo. No era tanto porque me sintiera avergonzado. Sabía que la afligiría. Otro desastre. Yo era su mano derecha y ella me necesitaba. Yo no podía estar deshecho también. Y entonces me escondí dentro de un desastre menor para sobrevivir a este. Me oculté por completo. Día tras día, mi madre iba a trabajar en esa empresa moribunda, que había sido el sueño de mi padre tantos años atrás, y después regresaba con nosotros, sus tres hijos, y el hombre que había amado, que ahora estaba herido y con ganas de morir. Ella me necesitaba.

La novela que le entrego al día siguiente detalla los secretos del abuso y todo lo que trajo consigo. La historia del accidente de mi padre, su desesperación, su muerte y cómo sobreviví, no aparecen en el libro, aunque lo intenté. «Nadie creerá que le sucedieron tantas cosas malas a una sola persona», dijo mi primer agente, así que eliminé esa parte del borrador e inventé otras destrucciones al parecer más creíbles. Dejarlo fuera fue una forma de sobrevivir a todo, incluso tantos años después. Escribir la novela me enseñó que solo una de esas historias era soportable, aunque sabía que yo había sobrevivido a ambas.

Cuando termino de leer fragmentos de esta novela, sobre el mundo que le oculté y que ahora está presente en estas oraciones, encuentro los ojos de mi madre entre el público. Sonríe. Estoy seguro de que es difícil para ella, pero está orgullosa de mí. Más orgullosa que nunca.

Así es como nos ayudamos a salir adelante.

Minetta Lane 16

—◦—

POR DYLAN LANDIS

Las esposas de los amigos de mi padre no planchan camisas.

—Estoy segura de que tampoco lavan los pisos —dice mi madre con tono sereno. Habla conmigo pero también a través de mí. Estamos solas en el ascensor de nuestro edificio en Nueva York, bajamos al sótano donde, por dos dólares, una mujer llamada Flossie le enseñará a mi madre cómo planchar camisas de hombre.

Mi madre me dice que las esposas tienen títulos en Psicología o en Trabajo Social y que atienden a pacientes, como mi padre lo hace en nuestra sala.

—Solo digamos que soy consciente de ello —dice mi madre, y salimos a un enorme laberinto de corredores grises.

Es 1964 y tengo ocho años. Mi escuela pública es tan estricta que las niñas no pueden usar pantalones, ni siquiera cuando hay una tormenta de nieve. Mi padre está escribiendo su tesis de Psicología, *Fronteras del ego*; sospecho que es el nombre de una cuarta persona sombría que vive en nuestro departamento. Mi padre me dice bromeando que, cuando crezca, obtendré mi doctorado y me encargaré de su consultorio, y yo también lo creo.

No le dice a mi madre que obtendrá su doctorado.

Mi madre es ama de casa.

Caminamos por un amplio pasillo con puertas con candado. La hija pelirroja del conserje, Silda, *vive* aquí abajo. Me gusta patinar con ella sobre los pisos aterciopelados y espiar a Otto, el portero, que tiene un número en el brazo y duerme en un almacén, detrás de torres de periódicos viejos.

El cuarto de la lavandería huele deliciosamente a lana húmeda y de él salen ruidos sordos a causa de las secadoras. Mi madre le dice «hola» y «cómo estás» a Flossie con voz alegre y Flossie levanta la mirada. Ella le brinda a mi madre exactamente la misma media sonrisa que veo que les dedica a todos los que hablan con ella. Tiene pliegues profundos en su rostro, es oscura como una ciruela y delicada como un pájaro. Su plancha parece pesada. Golpea el burro de planchar y el sonido es un latido lento que dura todo el día.

Las esposas en nuestro edificio le pagan veinticinco centavos por camisa.

Saco la ropa mojada de nuestra lavadora. Mi madre elige una camisa, se la lleva a Flossie y le entrega su dinero, que de inmediato desaparece en un delantal del color de la arcilla. Luego, Flossie coloca la camisa al borde del burro.

Mi padre usa camisa de vestir todos los días. Si mi madre dejara de llevarle las camisas a Flossie, podríamos ahorrar cinco dólares al mes.

Entre rechinidos, jalo un tendedero de metal tras otro de la pared, hasta que encuentro uno que no está lleno de la ropa de otra persona, colgando rígida y seca sobre las varillas. Mientras acomodo los calcetines y las camisetas de mi padre, observo la lección: Flossie plancha, luego mi madre plancha y después mi madre escucha a Flossie con la cabeza inclinada.

Mi madre es tan hermosa. Tiene distantes ojos azules y pómulos como cuchillos para mantequilla. Su barbilla es como una de las tazas de porcelana de mi abuela. Una vez a la semana posa para un retrato porque una artista que también vive en nuestro edificio, una mujer que le cae bien, le pidió que modelara; la veo escabullirse temporalmente de una jaula para pasar esas horas hablando de libros, bebiendo té y admirando el brillo del Hudson con la artista.

Debajo de los tendederos, detrás de la pared, hay hornillas de gas: hileras e hileras de hermosas llamas de color azul anaranjado que se mantienen bajo un estricto control. De lo contrario, se elevarían y lamerían la ropa.

Las secadoras cuestan veinticinco centavos. Los tendederos son gratuitos.

Mi madre se acerca con la camisa colgada en un gancho de alambre.

—Es una excelente maestra —dice, y se da la vuelta para decirle a Flossie—: Eres una excelente maestra.

Luego ella responde:

—Mi trabajo me va como anillo al dedo.

Unas semanas después, mi padre hace algo sorprendente, justo en nuestra sala: le pide a mi madre que baile.

La cena ya pasó y afuera está oscuro, aunque para nosotros nunca es de día porque la sala y la cocina están justo en el ducto de ventilación, a baja altura, y mi habitación da a una pared de ladrillos.

Mi madre y yo limpiamos la mesa. Mi padre, que por lo general se va directo a su escritorio, elige un disco: *The Boy Friend*.

Escuchamos discos para divertirnos. No tenemos televisión. Pero tenemos un tocadiscos hecho de plástico grueso y brillante del color de la berenjena. No me dan permiso de tocarlo.

Mi padre levanta el brazo sobre el disco y baja la aguja de diamante. Comienza la obertura, cornos tan efusivos y alegres que sé que están mintiendo. Pero mis padres fingen que así suena la felicidad.

Mi padre se sienta en el sofá y despliega codos y rodillas como una mantis religiosa. En el otro extremo, mi madre abre un libro y mete los dedos de los pies bajo la pierna de él.

—Baila para nosotros, Yum —dice mi padre.

¿Mi madre baila?

Las mujeres comienzan a cantar, con voces tan agudas que quisiera abofetearlas.

Mi madre sonríe, sacude la cabeza y sigue leyendo. La portada del libro dice *La copa dorada*.

—Vamos, Yum —dice mi padre para alentarla—. Baila.

—No soy bailarina —responde mi madre.

Pero se levanta.

Ahora, Julie Andrews canta que todas las chicas necesitan un novio, que «moriríamos gustosas por él», lo cual me alarma; se siente falso, como todo lo demás en este disco, y también familiar. Mi madre se mueve de una manera nueva, al principio como si probara que el ambiente es propicio; después se dirige con pasos de tango hacia los libreros que cubren toda la pared, con una pareja de baile que no podemos ver y en un escenario que no está allí. Gira. Se muerde el labio. «¡Guau!», exclama mi padre, pero ella lo ignora; observa, flexiona el pie, levanta un poco su falda y empuja sus pechos hacia afuera.

Luego la canción termina y ella se sienta como si acabara de entrar a la habitación, vuelve a colocar los dedos de los pies bajo la pierna de mi padre y abre *La copa dorada* donde había dejado el separador.

—¡Yum! —grita mi padre, aplaudiendo—. ¿Dónde aprendiste a hacer eso?

Pero, en realidad, él no está preguntando, y mi madre realmente no responde.

—Oh, simplemente lo invento a medida que avanzo —dice ella.

Preguntas que no le hago a mi madre esa noche:

¿Por qué no bailas *todos los días*?

¿Por qué no tomar la mano de tu esposo e invitarlo a bailar?

¿Por qué no tomar la mano de tu hija e invitarla a bailar?

¿A dónde va la madre bailarina cuando no está aquí? ¿Dónde ha estado todas nuestras vidas?

La madre bailarina se esconde, pero tres años después, un sábado de primavera, cuando tengo once años, mi padre y yo nos escabullimos en el lugar donde ella vivió alguna vez.

No creo que mi madre hubiera querido que lo viéramos.

Tomamos un tren hasta la calle decimocuarta y paseamos. A mis padres les encanta caminar. El sueño de mi padre es volver a caminar por Edimburgo y el de mi madre es vagar por París. Vamos al centro por la Sexta Avenida y mis padres se toman de la mano. Mi padre canta una canción que aprendió en la marina: «*Dirty Lil, Dirty Lil lives on top of Garbage Hill*». Me hace sentir mal. ¿Él piensa que la Sucia Lil quiere vivir en la cima de la Colina de la Basura y que los marineros se burlen de ella?

De repente, unas mujeres gritan desde lo alto y bolitas de papel se dispersan en la acera como perlas gordas y masticadas; quiero desarrugar una, porque parecen haber caído de un mundo distante.

—Esto no está bien —dice mi padre con tono sombrío.

Siempre siento que estoy soñando cuando paso por la Casa de Detención de Mujeres. Es alta, con columnas de ventanas oscuras, y es una prisión. Sin embargo, las mujeres llaman desde su interior, pero no entiendo lo que gritan. Además, si están encerradas y lejos del alcance de los demás, ¿cómo pueden dejar caer estos papeles?

¿Qué están intentando *decir*?

Caminamos por el centro un poco más, en calles estrechas. Por fin, pregunto:

—¿Por qué tiran esas bolas de papel?

Mi madre suspira.

—Ellas escriben sus nombres y números de teléfono en esos papeles. Están gritando para que las personas llamen a sus esposos e hijos, y les den sus mensajes.

—¿Como qué mensajes? —Estoy emocionada. Estas pequeñas bolas blancas son como la luz de las estrellas que murieron hace mucho tiempo.

—Los amo —dice mi madre alegremente—. ¿Qué otra cosa?

Estamos en el West Village ahora. Mi padre nos hace dar vuelta a la derecha, de regreso hacia la Sexta, y mi madre se detiene tan bruscamente que le piso los talones.

No estoy segura de si ella lo siente.

Estamos en la esquina de una calle con un nombre que se podría convertir en canción: Minetta Lane, y mi madre observa el primer edificio rosa que he visto en mi vida.

Me fascina de inmediato. Es la casa de los sueños de Barbie que no puedo tener. Las ventanas tienen persianas blancas y la casa tiene una puerta de hierro forjado. Detrás de la puerta hay un pequeño vestíbulo o pasillo y un farolillo negro que funde los colores en las paredes.

—Oh —dice mamá, como si le sacaran el aire de un golpe. Mi padre la mira con paciencia. Le gusta mantenerse en movimiento—. Yo viví aquí —dice mi madre. Suena asombrada.

—Es un lugar muy bonito, Yum —comenta mi padre, y mira su reloj—. ¿No tienen hambre, chicas?

El hambre que siento es tan irracional que no puedo analizarlo, ni siquiera para mí. Pero quiero ser la hija de *esta* madre, de la que vive en un edificio rosa, la que baila.

Mi madre está perdida en sus pensamientos. La observo. Examina el edificio con la mirada, observa con ojos soñadores a través de la puerta y luego algo sucede: los músculos alrededor de su boca se suavizan ligeramente, por lo que me pregunto si la mayor parte del tiempo su rostro mantiene una expresión agradable solo por nosotros.

No es un buen sentimiento. Le echo un vistazo a mi padre, pero él solo espera, observa con cariño a mi madre, quien mira la casa y luego dirige su atención a lo que sucede en la calle Village.

Sostengo con ambas manos la puerta de hierro cerrada; me gustaría poder entrar tan solo por desearlo con todas mis fuerzas.

—Podemos ir por un helado de fresa, de chocolate… —dice mi padre—. ¿De qué quieren?

—¿Cómo pudiste irte de aquí? —pregunto.

Mi madre toca una de mis manos, que aún sujeta la barra de hierro con fuerza.

—El departamento era pequeño y oscuro —responde con suavidad—. Daba al patio. No era nada especial.

Pero está equivocada. El departamento tiene sol, gatos y plantas colgantes. Tiene paredes de color rosa, como un escenario donde mi madre puede bailar. Tiene un jarrón con margaritas. Tiene una mesa puesta para dos.

—Te lo juro —dice—. El interior no se parecía en nada al exterior.

Tengo catorce años en 1970, vivimos en un suburbio de Nueva York llamado Larchmont. Apenas somos dueños de una casa. Mi madre todavía plancha las camisas de mi padre. Las pone en el cajón de las verduras del refrigerador para mantenerlas húmedas hasta que pueda ocuparse de ellas. Hace tiempo que me enseñó el arte de Flossie: puño, puño, cuello, canesú, manga, manga. Tendemos las camas, arreglamos dobladillos, zurcimos calcetines y fregamos el cochambre de las bañeras. Mi tarea consiste en echar cloro a la ropa blanca y retirar los calzoncillos de mi padre de la secadora, lo cual me da asco, pero no tengo manera de evitarlo.

El retrato al óleo de mi madre cuelga entre mi habitación y la de mis padres. La representa a la perfección: la lejana mirada azul, una tristeza tan tenue que en realidad no está allí, una estructura ósea tan elegante que te dan ganas de trazarla con un dedo. Necesito ser la dueña de esta pintura y planeo robarla algún día.

Mientras yo descanso en la cama de invitados, en el desordenado estudio de mi madre, donde hace las facturas de los pacientes de mi padre en la máquina de escribir, ella menciona por primera vez a un artista que alguna vez conoció. Se llamaba Bill Rivers.

Bill es nombre de hombre. Únicamente ha hablado de mi padre y, solo en dos ocasiones, de un hombre con el que estuvo casada por un breve tiempo. Lo único que dijo sobre él fue que mató a su querido bulldog, Chiefie, porque lo dejó encerrado en un auto demasiado caliente.

Me siento.

—Se llamaba Haywood, pero todos lo llamaban Bill. —Ella mira la letra de mi padre en el papel y luego teclea en su máquina de escribir Selectric roja—. Esto sucedió mucho antes de que nacieras —dice, y gira en su silla para mirarme.

—Solo éramos amigos —dice ella—. No entendía qué tan buen artista era, pero sabía que me gustaba estar con él, y también me gustaba estar cerca de los artistas con los que él pasaba tiempo. Algunos de ellos eran de renombre. Me llevaba a un bar en el East Village donde se reunían pintores y escritores. Y, Dylan… ellos pensaban que yo era *interesante*. En esos días era una persona ingeniosa.

—¡Vaya! —exclamo. Temo que al hablar reviente la burbuja de jabón que brilla a nuestro alrededor.

Ella suspira.

—Tenía un ingenio agudo. Todos bebíamos y charlábamos, pintores y en ocasiones escritores, y siempre era yo quien tenía una réplica sarcástica que hacía reír a todos.

Estoy tan fascinada que asiento, asiento, asiento hasta que empiezo a mecerme.

—Les encantaba tenerme allí —dice ella—. Y a mí me encantaba estar con ellos.

Esta no es la mujer que se casó con mi padre y me crio.

—Bill y yo teníamos apodos de cariño el uno para el otro —continúa—. Yo le decía Pueblerino, porque venía de un pueblo muy pequeño en Carolina del Norte.

Comienza a frotar sus piernas repetidamente a través de sus pantalones, aunque parece no darse cuenta. Sus palmas suben y bajan sin parar sobre sus muslos, arriba y abajo, arriba y abajo.

Es vergonzoso. Miro mis propias manos.

—¿Cómo te decía él? —pregunto.

—Citadina, por supuesto.

Los apodos son algo serio para mi madre. Le puso uno a mi padre. Él le puso uno a ella. Mi madre tiene un montón de apodos ridículos para mí, como Encanto Irresistible, que me suena como el nombre de un caballo de carreras o incluso, es difícil decirlo en voz alta, el de una prostituta. Entonces, ¿salió con el tal Bill Rivers?

Estoy a punto de hacer otra pregunta cuando mi madre gira otra vez hacia su escritorio y extrae una ráfaga de golpeteos de su máquina Selectric.

Gracias, en parte, a un poco de trampa en francés y matemáticas, termino el primer grado de bachillerato. Son los primeros días de julio de 1972, el verano de Watergate, y tengo algo de dinero porque heredé el trabajo a tiempo parcial de mi amiga J para clasificar los transistores en un taller de reparación de televisores. J, de quince años, tuvo una aventura amorosa con el jefe casado de treinta y seis años, así que yo me había movido con cierta cautela, pero al parecer eso no era un requisito para el trabajo.

Un día, después del cierre de la tienda, llego a casa y veo a mi madre en la mesa del comedor, está abrumada por un grave conflicto con la chequera familiar. Durante dos o tres días permanecerá sentada así; solo arqueará la espalda en ocasiones, para estirarse.

—Dylan, necesito que recojas la cena —dice.

Demasiado tarde. Ya escapé por las escaleras.

Parece que ahora tenemos más dinero. Por un lado, ella ya no se encarga de las camisas; por otro, el verano pasado mi padre compró un convertible Alfa Romeo. No confía en mí para conducirlo, y luego se lo roban. Esto parece un acto de justicia para mí. Además, tenemos un jardinero que viene todas las semanas, lo cual es importante, porque adivinen quién cortaba y rastrillaba cuando nos mudamos aquí, hace dos años.

—¡Voy a salir! —grito, porque ahora soy una de *esas* adolescentes. Pero la verdad es que verla encadenada a esa silla, encadenándose *ella misma* a esa silla, me enoja.

Esa chequera es un monstruo. Mi padre la instauró: una carpeta cuyas hojas de cálculo tienen la envergadura de una vara de medir. Muchas categorías se encuentran en la parte superior de la pequeña y bonita letra de mi madre, y cada categoría debe llenarse para cada cheque.

Preferiría morir.

Mi madre aparece en la puerta de mi habitación. Está pintada de rosa porque ella se arremangó y la pintó conmigo, y está llena de humo de cigarrillo porque ya no obedezco las reglas de mis padres. No me golpean y no me echarán, y no me pueden gritar para someterme.

—Necesito que vayas por la cena —dice con tono serio—. Por favor, no hagas esto ahora.

A estas alturas, todos los días soy consciente de que mi madre es aterradoramente inteligente. Solo llegó a la mitad de la carrera universitaria y nunca explica por qué. Pero habla de Turguénev, Shakespeare, Tolstói, Pritchett, los dos Eliot, Pound, Lessing, Chéjov, Céline, y lee libros de críticos literarios. Algo en su interior la impulsa a leer todos esos libros. Ella dice que eso mismo le sucedía a su madre, Esther, que solo llegó al tercer grado en Rusia antes de que tuviera que trabajar, liando cigarrillos en una fábrica con otros niños, con los dedos desnudos en ese frío atroz.

Yo nunca podré leer todos esos libros, no quiero un doctorado y estoy condenada a decepcionar a mis padres intelectuales. Así que hago eso en lo que soy buena: salir con chicos, sobre todo chicos de veinte años con cabello largo, auto y drogas.

—Se me hace tarde —le digo—. Y esa chequera es una estupidez.

En ese momento arranca la discusión sobre una fantasía que ni siquiera podemos nombrar.

Mi madre tiene problemas con los números en los relojes, con la izquierda y la derecha, con contar el cambio en la estación de Grand Union. Pero hacer el balance de la chequera es

parte de su trabajo. Lo sabe hacer y empuja la máquina suma-
dora con el borrador de un lápiz hasta que hace cuadrar hasta
el último centavo.

Ella es una ama de casa.

A la mañana siguiente, mi padre me lleva a su oficina. Es
una habitación hermosa: paredes rojas, techo de cedro, mu-
llidas sillas Eames de piel, donde se sientan el psiquiatra y el
paciente.

—Sé paciente con Erica —dice mi padre suavemente—.
Está pasando por un mal momento.

Más tarde ese día, cuando ellos salen, busco en el tocador
de mi madre. No sé qué estoy buscando porque no sé cuál es la
pregunta, pero encuentro la respuesta: una pequeña caja de
cartón con una tapa dorada. Está escondida debajo de una bufanda y llena de Seconal… Tal vez veinte cápsulas rojas, brillantes como la sangre.

Así que no soy la única que le hurta a mi padre los tran-
quilizantes.

Horas después de que le llevo a mi padre el alijo suicida de
mi madre, ella entra con cuidado a mi habitación.

—Siento mucho que hayas encontrado eso —dice con tono
sombrío—. No sé por qué sentí el impulso de almacenar esas
píldoras. Pero quiero que sepas que nunca planeé tomarlas.

Es un discurso, y ya llegó al final.

Tiene una mano en la perilla de la puerta, y no sé cómo
acercarme a ella o si quiero hacerlo, siquiera.

—Está bien —respondo.

Es 1947 y mi madre tiene veinte años. Dejó la Universidad de Miami y se mudó a Nueva York, y durante unos meses vive sin pagar el alquiler en West 114th Street, en un edificio propiedad de su padre, Ulrich. En algún momento fue administrador de hoteles en Miami y de centros turísticos en el Circuito Borscht; ahora está en una silla de ruedas. Él depende de su segunda esposa —a la que no le agrada mi madre— para alimentarlo, bañarlo y ayudarlo a ir al baño. Ulrich es débil en otros aspectos. Nunca ha defendido a su niña. Cuando Erica era pequeña y asmática, por la noche su madre se abalanzaba sobre su cama blandiendo un cepillo amenazador y siseaba: «Para. De. Toser», hasta que su hija aprendió a contener la tos.

La violencia de Esther fue una fuerza tan imparable para él como su propio derrame cerebral. Pero le dijo a Erica: «Te lo he compensado, corazón. Cuando me haya ido, tendrás todo resuelto».

Sin embargo, cuando él muere unos meses después, mi madre se sorprende al encontrarse sin hogar, sin herencia.

—Debido a que mi hija, Erica Ellner, me ha disgustado de una manera que ella recordará y comprenderá —dice el abogado, mirándola por encima de sus lentes—, le dejo la suma de cuatro mil dólares. El resto de sus bienes, que son muchos, incluido el edificio donde ella vive, es para su madrastra.

Es un testamento nuevo.

—Ella lo obligó a firmar eso —dice mi madre a través de los dedos de su mano—. ¿Puedo demandar?

—No, si ya estás en el testamento —dice el abogado—. Ese es el propósito de los cuatro mil dólares. ¿Entiendes? No puedes argumentar que te desheredó.

Día de Acción de Gracias de 1976. Erica está en su estudio clasificando papeles; quién sabe cómo se las ingeniaron para crear un caos que no puede contener y que la confunde por completo. En ese momento, su hija le pregunta si puede llevarse el retrato al óleo a su dormitorio.

—Sí, por supuesto —le responde Erica—. Estoy tan cansada de mirarlo. —La enoja el arrepentimiento que se refleja en la pintura. Ella ha seguido adelante, pero la mujer del retrato no. Agrega—: Cuando era joven, modelé para la Liga de Estudiantes de Arte.

—¿En serio? —dice su hija. Tiene una forma alentadora de interesarse por las historias de Erica sin entrometerse—. ¿Guardaste alguno de los trabajos?

—No. Pero pasé una vez por ahí y vi mi retrato en la ventana.

Mientras habla, pasa un fajo de sobres color marrón de un folder de papel manila a una caja de licores y los apila en su lugar. Lo hace como si se tratara de un trabajo doméstico habitual y no de un intento por ocultar una docena de cheques de reembolso de Medicare sin abrir —y, por supuesto, sin cobrar— por el trabajo de psicoterapia de su esposo.

Se supone que debe depositar cada cheque en el banco, ingresar su monto en una hoja de cálculo y hacer que las cuentas cuadren: débitos, créditos y categorías. Pero no puede ajustar las cuentas. Así que esconde los cheques, como una ardilla.

Su hija se emociona. Por supuesto, ambas conocen el edificio. Es hermoso, de estilo renacentista francés, con ventanas altas y prominentes.

—¿Entraste e intentaste comprarlo?

—No —dice Erica—. Me vendría bien un poco de ayuda en la cocina.

—¿No localizaste al artista?

—Supongo que no estaba muy interesada.

—¿No te interesaba *tu propio retrato*?

Erica cierra la caja. Tiene una etiqueta mecanografiada: ROPA PARA DONACIÓN.

—Ven a ayudarme a cortar los ejotes —dice ella.

La caja debe tener mil o dos mil dólares en cheques en ese momento. Muy pronto comenzará una nueva. ¿Cómo se deshace uno de este tipo de cosas?

La historia de Bill Rivers es un parásito que nada bajo su piel.

En 1946, Bill Rivers llega a Nueva York y estudia tres años en la Liga de Estudiantes de Arte.

En 1947, mi madre comienza a modelar allí.

Ella tiene veintiún años, no tiene padre y fue desalojada. Se muda lo más lejos que puede de la calle West 114th, a una casa en la ciudad donde la calle Minetta se convierte en Minetta Lane.

El departamento es pequeño y oscuro, pero el edificio es un pastel glaseado. Consigue un empleo como vendedora de anuncios de las Páginas Amarillas por teléfono y vende más anuncios que nadie en su oficina, usando su voz alegre-pero-seria.

Para ganar un poco más de dinero, modela en la Liga de Estudiantes de Arte.

El estudio huele deliciosamente a trementina, pero cuando se da cuenta de que la mayoría de los estudiantes son hombres, se queda quieta con su bolso en las manos. Al verla, el instructor le dice: «Gracias por venir a nuestro taller», como si fuera una artista de visita.

Él le entrega una sábana blanca doblada y la dirige a un biombo.

Mi madre se quita la ropa en silencio. Modelar desnuda para fines artísticos no es erótico. Ella lo sabe. Es un trabajo. Ella *lo sabe*. Mira su cuerpo, es atractivo y curvilíneo cuando está vestida, pero tal vez no es tan encantador cuando está desnuda. Sus senos son firmes, pero tiene los pezones invertidos, ligeramente fruncidos en las puntas. Su médico dice que tendrá que alimentar con biberón cuando llegue el momento.

Mi madre se envuelve en la sábana y sale con los hombros erguidos.

Es buena para mantener una pose. Es buena para encontrar la pose nuevamente, después de un descanso. Es buena para darse cuenta, por el rabillo del ojo, de cómo los jóvenes podrían ser estudiantes de Medicina por la forma en que estudian su cuerpo, la manera en que sondean con sus miradas la línea, la luz, la sombra.

Y tal vez piensa que uno de ellos la observa a hurtadillas cuando ella se viste; y puesto que considera que él es excepcionalmente guapo, se toma su tiempo para doblar la sábana y se detiene a mirar cómo la está retratando.

—No hasta que esté terminado —dice él, y bloquea su vista—. Haywood Rivers. Llámame Bill. —Él extiende su mano—. Es un placer pintarte, Erica.

Mi madre cierra los ojos.

—Déjame adivinar —le responde. Ella mira películas como lo hacen los críticos y tiene un oído extraordinario para los acentos. Con solo escuchar películas, ella ha borrado su propio acento neoyorquino—. Vienes de una de las Carolinas —dice, y esa es solo la primera vez que lo hace reír a carcajadas.

Es abril de 1992 y la magnolia en el patio lateral de casa de mis padres muestra sus grandes flores como platos de ensalada. Mi pequeño niño juega en la sala con sus trenes e ignora la narrativa que mi padre intenta elaborar.

Arriba, mi madre nos cuenta a mi esposo y a mí lo que parece el final de la historia de Bill Rivers. Estamos en su desordenado estudio. Es acogedor, la versión de mi madre de reunirse alrededor de la chimenea.

Nos dice que él le dio una pintura.

—¿Tenías un cuadro de Bill Rivers? —exclama mi esposo casi con codicia. Él está interesado en el arte afroamericano, muy interesado, y hemos comenzado, a pequeña escala, a coleccionarlo. Él sabe exactamente quién es Haywood Bill Rivers—. ¿Dónde está?

—Después de que perdimos contacto —dice mi madre— intenté venderlo.

Estamos asombrados, mi esposo porque no puede creer que mi familia fuera capaz de deshacerse de algo así; yo, porque me parecía que cuando la amistad es tan estrecha que hasta utilizan apodos cariñosos, ¿por qué negarlo y vender la pintura que él te regaló?

Mi madre continúa:

—Leí que Harry Abrams tenía una gran colección de obras de artistas negros. Así que lo llamé. Le dije lo que tenía y él dijo «tráelo».

Mi madre reconoce a muchos de los artistas cuyas pinturas cuelgan en la oficina de Harry Abrams; ella trabaja ahora en el Museo Metropolitano, en Permisos, y pasa su hora de almuerzo paseando por las galerías.

Él observa la pintura, a ella, a la pintura y le ofrece una cantidad ridícula, explica mi madre. «Gracias por su tiempo», responde, y se lleva su pintura a casa.

Mi esposo y yo nos miramos. Ella sabía que el trabajo era valioso.

—Entonces, ¿dónde está? —pregunto.

—Se dañó en una mudanza —responde vagamente, como si una mudanza en sí misma le hubiera infligido al cuadro un daño sin que ella se hubiera dado cuenta.

—¿Se dañó cómo? —pregunto.

—No me acuerdo. —Su mano se mueve en el aire, lo que indica que el episodio ya se ha disipado como humo.

—¿Qué tan dañada? —pregunta mi esposo.

Mi madre se encoge de hombros.

—Tal vez mucho.

Mi esposo y yo intercambiamos miradas otra vez.

—Las pinturas se pueden restaurar —digo, y dejo el resto en suspenso; salió con artistas, trabajó en un museo, lo sabía—. Y entonces, ¿qué pasó con ella?

La mano de mi madre se agita de nuevo en el aire. Tanto humo.

—La tiré.

La historia de Bill Rivers es un parásito que nada bajo mi piel.

Él ha estado pensando en París casi desde que esa sábana se resbaló por el cuerpo de ella como una crisálida. La mitad de los pintores que él respeta están en París o irán ahí. Beauford Delaney, Ed Clark, Lois Mailou Jones, que para ser mujer tuvo las bolas bien puestas para ir sola.

A menudo van a Stanley. Erica encaja perfectamente en el lugar. Es una excelente oyente, y cuando tiene algo que añadir, su inteligencia brilla. Se habla de una nueva galería en París que abrieron algunos de los artistas expatriados negros, y ahora él quiere pintar obras modernas y ser parte de ella.

Lleva la pintura de Erica a Minetta Lane.

—¿Te gusta? —le pregunta, en verdad le interesa su opinión.

Observa cómo ella estudia detenidamente el intrincado patrón, pero también las áreas de luz, los bloques de color. Este es el final de su periodo figurativo, las iglesias, las tías. Los retratos de sus clases. Está consciente de ello.

—Me encanta —dice ella al fin—. Y significa mucho para mí tenerlo.

Y luego, o en algún momento después, sucede una de dos cosas.

O él le pregunta y ella lo arruina.

O, más bien, él nunca le pregunta.

En mayo de 1983 llamo a casa para dar la noticia.

Mi prometido y yo sostenemos el teléfono juntos, en el luminoso umbral de nuestro balcón. Vivimos en el barrio francés de Nueva Orleans y ambos somos reporteros para el *Times-Picayune*: él es investigador, yo estoy en el área médica.

Él es negro. Yo soy blanca.

Él está convencido de que debería esperar y hacerlo en persona. No entiendo sus reservas. Tengo veintisiete años. Amo a mis padres. No puedo esperar.

Soy ignorante.

Mi padre responde, le cuento y él dice: «Esta es la mejor noticia que podrías darme, cariño. Si tuviera que elegir a mi yerno, lo elegiría a él». Entonces, lo escucho subir las escaleras en busca de mi madre.

Para mi sorpresa, cuando se lo digo a ella, deja que un largo silencio se instale hasta que me siento inquieta. Esta es la mujer que me nutrió con los libros de Alice Walker, Richard Wright, Toni Morrison, quien me llevó a la apertura de *para las niñas de color que han pensado en suicidarse / cuando el arcoíris es suficiente*, en Broadway. Pero tal vez eso no significa lo que pensé que significaba.

Finalmente habla:

—¿Qué hay de los niños?

Tengo veintisiete años. Soy ignorante.

—¿Qué hay con ellos? —digo, enojada y displicente—. No vamos a golpearlos.

En 1949, Bill Rivers se va a París, donde conoce a una mujer estadounidense con una mente brillante y una sonrisa incandescente. Se llama Betty Jo Robirds. Tiene una maestría en Literatura Inglesa y una beca Fulbright, lo que la llevó a la Sorbona. Es blanca.

Imaginemos que él lleva a Betty Jo a Les Deux Magots, donde los escritores, pintores y músicos expatriados, blancos y negros, beben vino francés excelente y barato. Ella encaja perfectamente, se ríe con todos los demás y, cuando habla, es divertida e inteligente.

Es como estar con Erica en Stanley, pero mejor todavía porque es París y siente que su vida artística se abre aquí como una rara flor que florece de noche.

Uno de los pintores expatriados dice:

—¿Tienes alguna noticia de Erica? —Bill pone su brazo alrededor de Betty Jo, quien no pierde el tiempo preocupándose por lo que no está frente a ella.

—Hemos perdido el contacto —responde.

Cuando le pide que se case con él, Betty Jo no pregunta «¿qué hay de los niños?»; pero, debido a que Francia tiene leyes contra el matrimonio interracial, toman un barco a Inglaterra en 1951 y se casan allí. Primero tienen un hijo, luego una hija. «Una perfecta muñeca de color marrón», informa la revista *Jet*. ¿Todavía se las arregla para tomar sus clases en la

Sorbona? Bill trabaja con pintura tan espesa, ámbares, azules y verdes apagados, que algunos de sus lienzos ni siquiera se pueden enrollar para enviarlos de regreso a casa.

Cuando Betty Jo rememora los años de París, antes de su divorcio, un obituario diría, recuerda, «pobreza, belleza y felicidad».

O, más bien, él nunca le pregunta a mi madre.

Mi madre tiene un capítulo más para compartir. Me lo revela cuando nuestro hijo tiene diez años y estoy sola con ella nuevamente, en esa habitación acogedora y desordenada.

Un día, muchos años después de aquella época en el Village, ella va caminando por Nueva York cuando escucha que alguien la llama por su nombre. Bill Rivers se dirige hacia ella, con el rostro iluminado al reconocerla.

—Nuestros ojos se encontraron —dice mi madre—. Al instante vio que yo también lo había reconocido. Pero lo rechacé, Dylan. Aparté la vista como si se tratara de un desconocido y me pasé de largo.

Siento pena, como si la persona a la que rechazó hubiera sido yo o ella misma.

Durante los próximos veinte años y tal vez por el resto de mi vida, volveré a recordar ese momento, a examinarlo; trato de que el rostro de mi madre también se ilumine. En esta película, la obligo a que lo abrace, a que converse con él de manera acalorada, en la acera, mientras la gente se apresura a su alrededor; luego la inevitable copa en… —¿dónde están?, ¿en la calle

Cincuenta y seis?—, en el Oak Room y el comienzo de un lento cambio en su vida, dolorosa y afligida, tan radical y catastrófico como cuando el río Chicago comenzó su arduo cambio y fluyó hacia otro rumbo.

En esta película, Bill Rivers es un hombre libre. Mi madre no es una mujer libre. Pero no estoy considerando a mi padre, que quedaría aplastado y perdido. Y no me importa mi yo más joven. Lo único que quiero es que Yum vuelva a bailar.

—¿Por qué te fuiste? —le pregunto en el estudio ese día. Casi le imploro.

—No sé por qué lo hice —dice ella—. Estoy tan avergonzada de mi comportamiento ese día.

«Tú sí sabes por qué lo hiciste», pienso. «Por supuesto que lo sabes».

—Podríamos tratar de encontrarlo —le digo—. Podríamos buscarlo.

Ella se lleva la mano a la boca.

—Sería demasiado doloroso —dice—. Por favor, no lo hagas.

Le doy mi palabra. Ya no le insisto.

Nunca le insisto.

Bill Rivers muere en 2002. No me entero hasta unos años después.

Un año antes de la muerte de Erica, cuando ella tiene ochenta y cuatro años y yo cincuenta y siete, le hago una pregunta personal, pero es la equivocada.

—Has hablado tanto acerca de Bill Rivers —le digo. Mi madre me mira alegremente desde su silla de ruedas—. Te dio una pintura. Tuviste esta increíble… amistad. Y siempre me he preguntado…

Mi madre espera. Aún es hermosa, aunque su cabello se ha vuelto gris, en lugar de plateado, y su cuerpo está ligeramente más voluminoso. Su suéter esconde un tubo de alimentación y su bufanda, un tubo de traqueotomía.

Respiro profundamente.

—Mamá, ¿tú y Bill Rivers tenían relaciones íntimas?

Le pedí a su enfermera que nos dejara a solas. Mi madre ya no puede vivir sin una enfermera. En el dormitorio, mi padre duerme, con su propia silla de ruedas cerca.

Mi madre se endereza y me lanza una mirada de advertencia.

—Me ofende que me preguntes esto.

Mi padre muere en mayo de 2014 y mi madre muere siete semanas más tarde, justo después de un estado de éxtasis en el que declara lo siguiente mientras tomo notas frenéticas:

—Envíales un mensaje a tus amigos por mí. Acepto este milagro que está a punto de sucederme. Acepto este milagro. Acepto el dolor con agradecimiento. Soy la mujer más afortunada del mundo. —Y, después de una pausa—: Creo que una de las peores cosas del mundo es ser cínico.

La historia de Bill Rivers de mi madre ha terminado.

Pero mi película de Bill Rivers sigue dando vueltas en mi cabeza. Tiene dos finales.

Imaginemos esto.

Es el año 1949. Los vendedores ambulantes venden pescado y maíz fresco en la calle, y puedes comprar un traje con dos pares de pantalones.

Bill Rivers le dice a mi madre que irá a París.

Ella esperaba esto. No dice nada.

Él dice:

—Ven conmigo, Erica. Es París. Es mágico. Puedo pintar y tú puedes estudiar en la Sorbona, lo que tú quieras. —Ella no dice nada. Sus ojos azules son océano, no cielo—. Ven a París —dice él—. Cásate conmigo.

Mi madre dice lentamente:

—¿Ahí es legal?

Él inclina la cabeza y la mira atentamente.

—Es legal en Inglaterra —dice—. Hay un barco.

Después de un largo y delicado silencio en el que ella reprime cada impulso corporal de abrazarlo, pregunta:

—¿Qué hay de los niños?

Cuando él se aleja, ella siente que está parada al borde de una tumba.

O, más bien, él no le pregunta nada.

Él le dice a mi madre que irá a París.

Ella esperaba esto. No dice nada.

—Te echaré muchísimo de menos, Erica —dice él—. Prométeme que escribirás.

Mi madre asiente. «Muchísimo» no expresa lo que ella ha llegado a sentir en estos últimos años. No responde.

—Ven a despedirte de mí el próximo sábado en los muelles —le dice él.

Mi madre dice lentamente:

—Me temo que eso no será posible.

Él la mira, perplejo. Entonces entiende. Asiente y le da un beso en la frente.

Cuando él se aleja, ella siente que está parada al borde de una tumba.

Cuando reproduzco mi película de Bill Rivers, siempre hay solo una pintura.

Mi madre, de veintiuno o veintidós años, es la modelo, la musa. El retrato es un desnudo sentado.

Haywood Bill Rivers es el artista. Debido a que el cuadro es llamativo —sus patrones están dibujados a partir de las colchas hechas por las mujeres de la familia del pintor—, se exhibe en una ventana de la Liga de Estudiantes de Arte, donde los peatones en la calle West 57th oeste pueden verlo. Por supuesto, mi madre no tiene curiosidad sobre quién lo pintó. Ya lo sabe.

Van a bares y a fiestas donde se reúnen con artistas e intelectuales. Su relación es tan estrecha que adoptan apodos de cariño y Bill Rivers le regala el retrato.

Tal vez dos, tres años después de que su barco ha zarpado, un amigo común le dice a ella que Bill Rivers está casado y vive en París; no solo se casó, sino que su mujer es blanca, una mujer que tiene lo que mi madre llamaría, con admiración, agallas. Esta mujer estudió en la Sorbona, tuvo un bebé, tal vez dos, y es amiga de los mismos artistas expatriados con quienes mi madre bromeó con ese agudo ingenio suyo en Nueva York…

Mi madre regresa a casa, a Minetta Lane, y se para frente a la mujer del retrato. Le dice: «Betty Jo Rivers está viviendo tu vida».

—¡Erica!

La voz de Bill Rivers ese día en la calle atraviesa el corazón de mi madre como una estaca.

—Erica —dice (ella piensa que él dice)—: Dime, ¿qué hiciste con tu mente brillante? ¿Hiciste la elección correcta? ¿Te casaste con el hombre correcto?

»¿Habrías estudiado en la Sorbona, Erica? ¿Te habrías reído con escritores en Les Deux Magots?

»¿Guardaste bajo llave ese deslumbrante ingenio tuyo o escribiste un libro?

»¿Llegaste a pasear por París? ¿Te importaría si tu hija fuera la perfecta muñeca de color marrón?

»¿A quién amarías, Erica?

»¿Quién serías?

En 2001, a petición de mi madre, escondí tres cajas mal etiquetadas de cheques sin cobrar de Medicare en nuestra cochera de Santa Mónica. Ella supone que hay diez mil dólares en esas cajas. Cuando nos mudamos en 2007, ya no están. Mis padres viven ahora en Brentwood, cerca, así que le pregunto a mi madre si ella se las llevó.

Agita la mano en un gesto como si despejara tanto humo en el aire.

Mi esposo descubre que un cuadro de Haywood Bill Rivers, una obra figurativa temprana de una iglesia rural con un coro detallado en la alta galería, fue subastado como parte de la propiedad de la señora Harry N. Abrams el 7 de abril de 2010. Se vendió en 5 625 dólares.

Convenzo al portero del edificio de mi infancia para que me permita explorar el sótano. Es increíble que en 2012 la gente viva en las bodegas que alguna vez estuvieron cerradas con candado: escucho televisores a través de las puertas agrietadas y veo zapatos acomodados con cuidado afuera.

En el cuarto de lavandería, los chirriantes tendederos de ropa desaparecieron detrás de placas de yeso, como si los hubiera soñado, como si las llamas de color azul anaranjado nunca hubieran ardido.

Después de la muerte de mi madre en 2014, hago una peregrinación al número 16 de Minetta Lane. Todavía tengo muchas ganas de vivir allí, porque a pesar de que ahora tengo cincuenta y ocho años, sin una madre, siempre tengo ocho.

La casa en Minetta Lane ya no es rosa. Alguien quitó el farol y pintó el edificio de blanco.

Quince

—◦—

POR BERNICE L. MCFADDEN

La primera vez que escapé de casa fue porque tu esposo, mi padre, me abofeteó. Estaba borracho y yo tenía quince años. El golpe fue muy duro, me mandó tambaleando hacia el clóset. Recuerdo haber acunado mi mejilla adolorida con una mano mientras usaba la otra para protegerme de la lluvia de ropa y ganchos metálicos.

Después de recuperarme de la conmoción, salí a rastras del clóset, empaqué mi maleta y me fui.

Afuera, tú dabas vuelta en la esquina, regresabas a casa después de un largo día de trabajo. Te sorprendiste al verme arrastrando mi maleta hacia un taxi que me esperaba. Me preguntaste qué estaba mal, aunque era evidente por las lágrimas en mis ojos y la furibunda mancha roja en mi mejilla.

—Lo odio —grité mientras el conductor acomodaba mi maleta en la cajuela del automóvil.

Me subí al asiento trasero y cerré con fuerza la puerta. Te dejé parada en la acera, retorciéndote las manos.

No sé qué pasó en casa esa noche. Estoy segura de que ustedes dos discutieron. Estoy segura de que él dijo que yo era una irrespetuosa, de que me acusó de contestarle de manera impertinente, de comportarme como si yo fuera mejor que él porque asistía a una escuela privada y mis compañeras eran niñas blancas privilegiadas que hablaban con sus padres de manera tradicional, y él no iba a tolerar ese tipo de insolencia de su hija negra.

Me quedé con mi mejor amiga durante tres días y tres noches. No llamé para decirte dónde estaba ni si me encontraba a salvo.

Mi plan era pasar las próximas semanas allí y luego regresar al internado al final del verano. Cómo lo haría, sin dinero, no lo sabía con precisión.

En la mañana del cuarto día, justo cuando el cielo nocturno se desvaneció, sonó el timbre del departamento. Luego volvió a sonar, largo, duro y enojado.

Antes de que la madre de mi amiga se asomara por la mirilla, supe que él estaba al otro lado de la puerta.

En el asiento trasero de su auto, lloré todo el viaje de regreso a casa.

Con los años, me escapé de nuevo. Él seguía siendo un borracho y tú todavía ibas y venías, ibas y venías. Cada vez que preguntaba por qué simplemente no nos quedábamos fuera, por qué no nos mudábamos de manera permanente con la abuela y el abuelo, siempre parecías herida por mi pregunta. Solo

ajustabas tus lentes, apartabas tus ojos tristes de los míos, penetrantes e inquisitivos, y murmurabas: «Tú no sabes lo que
hizo tu abuela... Un día... Un día te lo contaré».

Para el momento en que dejé de esperar que lo abandonaras
y que me dijeras lo que no sabía sobre mi abuela, tenía diecinueve años, un trabajo de tiempo completo, un novio estable y
mi propia línea telefónica, que yo pagaba. Sí, todavía vivía bajo
su techo, pero ya no era una niña, silenciada por mi edad y mi
dependencia. Me consideraba una mujer adulta. Ahora, cuando él ladraba, yo ladraba en respuesta.

Yo tenía veintidós años cuando lo despidieron del trabajo
que había conseguido el año en que nací. Tres meses después,
di a luz a mi hija. Yo la había traído a este mundo, pero la criaríamos juntas, nos pertenecía a las dos, a mí y a ti, mami; era mi
hija, pero era nuestra niña.

En 2001, nuestra niña y yo nos mudamos a mi propia casa.
Me sentí segura dejándote allí con él porque la estructura de
poder había cambiado. Ahora eras la jefa de la casa, el sostén
de la familia. Todas las decisiones comenzaban y terminaban
contigo. Él ya no era más que un invitado con derechos de
ocupación.

Yo había sido una niña obediente y respetuosa, también
una adolescente obediente y respetuosa. Nuestra niña era diferente: ella era franca y descarada de una manera que yo nunca
me atreví a ser. Ella era más como tú que yo.

Cuando declaró su interés en un joven de su escuela secundaria, le dije lo que tú me habías dicho a los quince años: «Puedes empezar a salir con chicos a los dieciséis años, no antes».

Si no hubiera estado confinada en un internado exclusivamente femenino, podría haber desafiado esa orden, pero ella no estaba en la misma situación: asistía a la escuela en Brooklyn, así que mentía sobre los lugares a donde iba y faltaba a sus clases para pasar tiempo con el chico.

Cuando descubrí esto me enojé, por supuesto. Le pregunté si estaba teniendo sexo y ella lo negó con vehemencia, luego continuó desafiándome.

La amenacé con expulsarla de mi casa. Por teléfono la reprendí en voz alta frente a amigos y familiares, con la esperanza de que la vergüenza la obligara a rendirse.

«Mira la vida que tiene, mira la casa que le ofrecí».

«La he paseado por el mundo entero ¿y así es como me paga? Egoísta, qué niña tan egoísta es. Si cuando yo crecí hubiera tenido lo que ella tiene, nunca les habría dado a mis padres ni un solo problema. De hecho, yo no tuve nada de esto y aun así seguí las reglas de mis padres».

«A ese chico ni siquiera le importa ella. Ella piensa que está enamorada. El sexo no es amor, solo se siente como amor».

«Qué niña tan ingrata».

Eso solo empeoró las cosas.

Cuando se me agotaron las ideas, hice algo que juré que nunca haría. Leí su diario. Y en esas páginas descubrí (como ya había sospechado) que tenía relaciones sexuales. También supe que su desdén adolescente hacia mí había escalado para convertirse en odio.

Cuando regresó a casa de la escuela la confronté, agitando el diario en su cara. Recuerdo cómo aleteaban sus páginas, ruidosas y siniestras como las alas de cuervo. Cuando su semblante, normalmente estoico e imperturbable, se deshizo en lágrimas, me sentí reivindicada.

Cada quien se fue a su recámara y nos quedamos allí, rumiando. Cuando desperté a la mañana siguiente, ella se había ido.

Dejó una carta en la que me acusaba de intromisión y falta de amor y devoción.

Llamé a su padre y con calma le dije que nuestra hija se había escapado. Su respuesta fue un suspiro muy cansado.

Yo sabía el nombre y el apellido del chico, y tenía su número de teléfono. El sitio web ReversePhoneLookup.com me dio su dirección.

Te llamé para contarte lo que estaba sucediendo. Y estabas tan molesta de que nuestra niña hubiera escapado como recuerdo que lo estabas cada vez que mi padre te golpeaba.

Mientras te dirigías a mi casa en taxi, su padre, un veterano policía de Nueva York, golpeaba la puerta de la casa de huéspedes donde vivía el chico.

Más tarde, cuando mi hija ya era una mujer y pudo hablar libremente sobre esa época, dijo que ella y el novio se quedaron mudos y petrificados, aterrorizados por su furioso padre, que golpeaba la puerta con tanta fuerza que pensaron que la echaría abajo.

Tú llegaste, seguida de mi hermana y mi cuñada. Nos reunimos todas en la sala, preocupadas por otra astilla en una familia que ya estaba fracturada.

La terrible experiencia continuó durante horas. Después de que su padre se fue, el chico llevó furtivamente a nuestra niña de una casa segura a otra, hasta que por fin alguna madre cansada la convenció de que regresara a casa y resolviera las cosas conmigo.

Durante gran parte del caos, habías estado particularmente callada y luego, cuando se corrió la voz de que ella estaba en camino, te volteaste hacia mí y vi que la expresión de tu rostro había cambiado de preocupación a alarma.

—Prométeme que no la enviarás a la cárcel. Prométemelo.

—¿Qué? —me quejé—. ¿De qué hablas? ¿Por qué la metería a la cárcel?

«Tú no sabes lo que hizo tu abuela… Un día… Un día te lo contaré».

Finalmente ese día había llegado.

Yo sabía que tú naciste en 1943, solo unos meses antes de que tu madre cumpliera dieciséis años. No mucho después de que nacieras, ella se fue a Chicago para escapar del racismo y la pobreza del sur. Pero también para alejarse de los hombres de esa casa, que creían que tenían derecho tanto a las mujeres que vivían allí como a la tierra que cultivaban.

Cuando tu madre tenía veinticinco años y tú nueve, finalmente envió por ti, porque ya eras una niña grande a la que ya le estaban creciendo los pechos.

Entonces la conociste y desde el principio te diste cuenta de que era una mentirosa patológica y una ladrona.

El robo y la mentira comenzaron cuando ella era una niña. Su hermana contaba historias sobre Thelma, sobre esas manos largas que la siguieron desde la infancia hasta la edad adulta. Había robado fotografías que miembros de la familia atesoraban y joyas de sus empleadores.

Cuando yo estaba en la secundaria, ella supervisaba a un equipo de custodios en un edificio que albergaba las oficinas corporativas de una importante institución financiera. Me dio un anillo que sigo usando hasta el día de hoy. Un anillo que robó de una caja fuerte que habían dejado abierta en la oficina de un banquero de inversiones.

Me contaste sobre el momento en que ella descubrió que salías con un chico mayor. Él te había dado dos suéteres de cachemira, que escondiste en el fondo de tu baúl. Llegaste a casa de la escuela y allí estaba ella, parada en la estufa con esos suéteres, los dos. Te sorprendiste, pero no dijiste una sola palabra, y ella tampoco. Puso la comida en los platos y los llevó a la mesa. Durante la cena hablaste de todo menos de esos suéteres. Después de eso, lavaste los platos, entraste a la habitación y lloraste. Nunca volviste a ver los suéteres.

Cuando mi padre y tú estaban planeando su boda, él te llamó por teléfono para preguntarte por qué habías mentido sobre que estabas enamorada de él, por qué le habías dicho que el bebé que llevabas dentro era de él cuando otro hombre lo había engendrado y por qué no habías sido lo suficientemente mujer para decirle la verdad en su cara en lugar de mandarle una carta con todo esto como una cobarde.

Tú también habías recibido una carta.

Una carta de él en la cual declaraba su amor por otra mujer, una mujer que estaba embarazada de su hijo, una mujer con la que tenía la intención de casarse en lugar de contigo.

Ninguno de los dos le había enviado una carta al otro. Cuando compararon la letra, se dieron cuenta de que coincidía. El matasellos se había marcado el mismo día en el mismo código postal, 11420. El código postal de donde vivían tú y mi abuela. Ella había enviado esas cartas y lo sigue negando hasta el día de hoy.

La primera vez que compartiste estas historias conmigo, yo era demasiado joven para entenderlas. Pero a medida que crecí, me di cuenta de la verdad.

En Chicago, mi abuela te dejaba antes del amanecer para trasladarse a su trabajo como empleada doméstica en una casa de un suburbio próspero. Tú tenías que levantarte, vestirte, desayunar e ir a la escuela. De vuelta en casa, terminabas tu tarea y te preparabas la cena. Tenías nueve años.

Con el tiempo, ella y tú se mudaron a Detroit, luego a Brooklyn.

Para entonces, tú eras una adolescente.

Ustedes dos tuvieron sus pleitos; querellas que tienen madres e hijas. Pero tu madre nunca supo cuándo parar. Dijiste que ella nunca te golpeaba, pero deseaste que lo hubiera hecho… porque hubieras preferido una bofetada al persistente agobio. Dijiste que a veces la molestia duraba días. Despotricaba por los errores más insignificantes: la bañera no estaba lo suficientemente limpia, no habías barrido la alfombra de manera correcta. Te parecía que ella disfrutaba haciéndote sentir miserable.

Fue ese acoso lo que te llevó a huir en el verano de 1958. Tenías quince años.

Me dices que, en aquel entonces, las personas en tu comunidad rara vez terminaban el bachillerato. La universidad era un lugar al que iban los blancos. Ya era motivo de celebración si un chico se graduaba de la escuela secundaria. Tu propia madre solo había llegado al cuarto grado.

Ese era tu plan. Abandonarías la escuela secundaria, encontrarías un trabajo, alquilarías una habitación y nunca más tendrías que lidiar con sus molestias. El día que cambió tu vida, estabas en un bar con amigos; en aquel entonces, los adolescentes iban a bares y se les atendía si parecía que tenían dieciocho años. Eras madura para tener quince. Dos hombres vestidos con traje se acercaron a ti, te mostraron placas doradas, se identificaron como detectives de Nueva York y te preguntaron tu nombre. Respondiste, entonces te dijeron que te arrestaban por hurto. Te esposaron, leyeron tus derechos y te arrastraron hasta la parte trasera de un auto de policía sin distintivos.

A medida que la historia sale de tu boca, tus ojos cafés se vuelven negros y sé que estás de regreso en 1958, en el oscuro asiento trasero de ese auto de policía, asustada, con tan solo quince años.

La mente es tan maravillosa como perversa; puede elegir salvarnos de nuestros recuerdos o golpearnos con ellos. Tú temblabas.

Tu madre se puso de pie en el tribunal y te acusó de haberle robado dinero y joyas. Tu madre se puso de pie en el tribunal y mintió.

Te sentenciaron a un año en Westfield Farm, un centro de detención para mujeres en Bedford Hills, Nueva York.

Tu madre iba a visitarte cada fin de semana. Te visitaba como si estuvieras en un campamento de verano. Ustedes dos nunca hablaron sobre lo que ella había hecho, o por qué lo había hecho. Hasta ese día y desde entonces, ustedes dos nunca lo han discutido. Era como los suéteres de cachemir una vez más.

Sabías que nuestra familia nadaba en secretos, terribles secretos, que eran demasiado dolorosos y vergonzosos para que se hablara de ellos, por eso no lo hacían. Se mantuvieron en silencio sobre el tío que había violado y dejado embarazadas al menos a dos de sus sobrinas, el hermano que acariciaba a su hermana, y esa tía que intentó, pero no logró, ahogar a su hijo en el agua de la bañera.

Entonces, cuando la abuela iba a visitarte a la prisión, te llevaba cigarrillos, dulces, toallas sanitarias y revistas, pero no una explicación, y tú no la exigiste, porque conocías las reglas.

En mayo de 1959, Gay Talese, el veterano periodista, visitó la prisión y escribió un artículo para *The New York Times* sobre la rutina de ejercicios de las prisioneras de Westfield.

Veinticinco chicas descalzas en pantalones cortos se sentaron al estilo de Buda en el suelo, sus dedos chasquearon suavemente, sus cabezas y torsos se balancearon al ritmo de la jungla de un tambor africano.

Años después, me preguntaría si tú habías sido una de esas chicas descalzas.

Las prisioneras presentes pasaron casi una hora saltando por el aire, arrastrándose por el suelo y balanceando sus caderas con varias melodías, incluida una versión de Les Baxter de «Ritual of the Savage» (Ritual de lo salvaje).

Al término de tu sentencia, regresaste a casa. Tu madre tenía un nuevo hombre en su vida, un hombre con el que se casaría. Tú nunca regresaste a la escuela. Conociste a mi padre, quedaste embarazada, te casaste con él, luego nací yo. Continuaste con tu vida con ese secreto alojado en tu corazón como un picahielo. Y entonces nuestra niña se escapó y el picahielo se escabulló, y finalmente me hablaste de esa cosa que habías estado guardando desde hacía cuarenta y cinco años.

—Prométeme que no la enviarás a la cárcel. ¿Me lo prometes?

La última vez que había escuchado esa súplica en tu voz yo tenía diecisiete años y mi padre te apuntaba a la cabeza con una pistola. Casi me rompo al escucharla. Pensar en eso ahora me destroza. Pero no te gustan las lágrimas, así que las contuve hasta que nuestra niña regresó y tú te fuiste a casa, y entonces lloré por todas nosotras.

Nada queda sin decir

~

POR JULIANNA BAGGOTT

Para cuando tenía diez años, ya era la confesora de mi madre. Mis hermanos mayores eran adolescentes o ya habían salido al mundo. Yo era la única que quedaba y ella estaba aburrida y un poco sola. O tal vez, por primera vez, tenía el tiempo para reflexionar sobre su propia vida y su infancia. Ella no quería que saliera de casa, me hacía faltar a la escuela para hacer sus operaciones bancarias, jugar cartas y contarme las historias más oscuras que jamás hayas escuchado.

Recuerdo que estas conversaciones ocurrían en nuestro porche con mosquiteros mientras jugábamos a la baraja. Esto no tiene sentido, por supuesto. Vivíamos en Delaware y la mayor parte del año escolar debe de haber sido demasiado frío, pero en mi recuerdo el clima siempre es como a finales de la primavera. Puedo ver a mi madre en bata, con el cabello rojo esponjado alrededor de su rostro; reparte las barajas sobre el mantel de plástico. Nuestra dálmata neurótica, Dulcie, conti-

144 I JULIANNA BAGGOTT

nuamente entra y sale por la puerta para perros: unas aletas de plástico que mi padre clavó en la puerta.

Mi madre me mantenía en casa si era un día lluvioso, preocupada por el autobús en la autopista, pero también en los días soleados porque era demasiado bonito para que estuviera encerrada. Me mantenía en casa el día de su cumpleaños, dado que este, según su razonamiento, era mucho más importante para mí, que el cumpleaños de cualquier presidente. Y a veces no tenía ninguna razón. Ella quería hacerme pensar que la escuela estaba por debajo de mí. «Dales a los otros niños la oportunidad de ponerse al día», me decía, en un tono de complicidad, como si mi genialidad fuera un secreto.

Esto no era cierto y yo lo sabía. Yo era una estudiante promedio, con un rendimiento mediocre en Matemáticas y nunca la mejor lectora. Debido a las ausencias, a menudo me encontraba perdida en Historia y en Ciencia. Sin embargo, aprendí algo que se volvió muy útil: cómo fingirlo.

Nos tomábamos en serio los juegos de cartas, pero también conversábamos mucho. Mi madre ya había criado a tres hijos, así que yo era más como un «compadre».[1] Estaba acostumbrada a que me hablaran como si fuera un adulto. Odiaba cuando otros adultos me trataban como niña. Estaba bastante segura de que el resto del mundo subestimaba a los niños, pero las confesiones de mi madre eran prueba de que yo, al menos, podía comprender mucho más.

---

[1] En español en el original [N. de la T.].

Y cuando digo que las historias eran oscuras, lo digo en serio. Estaba el relato de una tía que se hizo un aborto en su casa con agujas de tejer; el bebé vivió tres días. En otra historia, una de las tías de mi abuela se colgó del poste de la cama. Y otras nos concernían de forma más directa: el padre de mi madre era abusivo con mi abuela. Mi madre me dijo que, cuando ella era pequeña, asumió que las venas varicosas eran contusiones dejadas por maridos violentos.

No recuerdo que ella estuviera tensa o llorosa mientras me contaba estas historias. No recuerdo ninguna efusión o grandes torrentes de palabras. Ella era reflexiva, pensativa. A veces yo tenía la impresión de que decía estas cosas en voz alta por primera vez, como si los recuerdos se estuvieran apenas descubriendo, sin filtrar.

También había buenos relatos. La dedicación de mi madre al piano, su amor por las amables monjas que ayudaron a su familia una y otra vez, su amorosa relación con mi padre.

Esta historia destaca en mi memoria. Su padre no sabía leer ni escribir. De procedencia precaria, abandonó la escuela a una edad temprana y comenzó a ganar dinero como estafador en un billar. Pero una noche, mientras él estaba regando el jardín, le pidió a ella que le contara algo de lo que había aprendido.

—Cité a Shakespeare —dijo mi madre, y recitó esta frase—: «Las velas de la noche se han quemado y el jocundo día se pone de puntillas en las brumosas cimas de las montañas». —Se detuvo un momento y luego agregó—: Mi padre pensó que era hermoso. —Mi madre pudo sentir una profundidad dentro de él, un anhelo—. Me imagino todas las cosas que él habría podido hacer si la vida se lo hubiera permitido —dijo ella.

El lado de la familia de mi madre parecía creer que las historias podían salvarnos. Eran cuentos con moraleja, sabiduría médica y lecciones de amor y pérdida.

Durante un tiempo en mis veinte y principios de los treinta, comencé a dudar de las historias que había escuchado de mi madre. Eran demasiado míticas. ¿Cómo se cuelga alguien del poste de una cama?

Otra historia era casi bíblica. Nuestros antepasados en Angier, Carolina del Norte, partieron una noche en una tormenta, un hombre, una mujer y un bebé, a caballo. El hombre y la mujer fueron asesinados en la tormenta, pero el bebé fue encontrado, envuelto en una vid, ¡vivo!

En ese momento yo ya era una mujer adulta con hijos propios. Había estudiado el gótico sureño en la escuela de posgrado. Reconocía el acervo popular cuando lo escuchaba.

Un día, en la cocina de mi madre, mi padre elaboraba una genealogía. Era escrupuloso en su trabajo, solo los hechos. Mi madre encontraba todo esto aburrido, lo que me pareció una admisión de culpa por haber condimentado tanto las historias de su propia familia.

Así que apelé a eso, en particular al ahorcamiento.

—No tiene sentido lógico —dije—. Y es demasiado dramático.

Ella se negó a rendirse. Discutimos al respecto. Al final ella pareció ceder un poco.

—Bien —dijo—. No tienes que creerme.

Me fui a casa (vivía a solo kilómetro y medio de distancia), con una sensación de triunfo.

Esa noche, mi madre caminó hasta mi casa con un recorte de periódico en la mano, que estaba guardado en la Biblia familiar. Escrito en la profunda tradición gótica sureña que yo ya conocía tan bien, hablaba de la madre de la tía, ciega e inválida, que aunque se encontraba en la habitación contigua, no pudo hacer nada para ayudar y tuvo que escuchar a su hija ahogarse hasta su muerte.

—¿Qué opinas de la historia ahora? ¿Todavía crees que lo inventé?

Le concedí la razón.

Cuando, años más tarde, corroboré la crónica del bebé que encontraron en la vid en una pequeña publicación del área de Angier, me di por vencida. Para ese entonces yo ya era novelista. Y me había dado cuenta, desde luego, de que escuchar estas historias podía, en parte, haberme convertido en escritora o, al menos, perfeccionado mi estética. No es sorprendente que me atraigan los realistas mágicos y los fabulistas, que me encante un toque de absurdo. Por un lado, no estoy segura de que haya sido propio de una madre modelo contarme estas historias a una edad tan temprana, pero podría haber sido justo el tipo de maternidad sobre el que una novelista en ciernes podría reflexionar y, al final, sacar algo de ahí. Cuando tenía poco más de treinta años, después de haber publicado mis dos primeras novelas, decidí que era hora de escribir parte de la historia de mi familia.

Otra historia real: mi abuela se crió en una casa de prostitución en Raleigh, Carolina del Norte, durante la Gran Depresión. Su madre era la *madam* de la casa. Esto se lo había ocultado a mi madre durante toda su infancia; mi madre era la única que no lo sabía. De hecho fue mi padre quien se lo contó cuando, todavía recién casados, él se enteró de eso en esas conversaciones lentas, de palabras arrastradas, que solo los hombres de la familia tenían en el porche. Esto conmocionó a mi madre, pero también tenía mucho sentido, como suele ser el caso de los secretos guardados por mucho tiempo.

Para ser clara, yo también he llegado a creer que contar historias familiares, dejarlas salir al aire, es la forma más saludable de vivir. Mi padre provenía de una familia hermética. Su padre murió cuando él tenía cinco años, en un accidente de jeep del ejército, y no supo sino hasta décadas después, cuando ya tenía alrededor de cuarenta años, que su madre había dejado a su padre aproximadamente un año y medio antes de eso. Ella había garabateado una nota en su departamento de Brooklyn y se había llevado a sus tres hijos de vuelta a Virginia occidental, sola.

Esto me parecía profundamente dañino, y cuando me casé con un protestante blanco anglosajón, sobre cuyo árbol genealógico también permeaba el hermetismo, evangelicé sobre la importancia de no tener ningún secreto, de contarlo todo. Su propia infancia se había fracturado por el divorcio, por lo que estaba dispuesto a intentar un enfoque diferente.

En esa época, mi abuela tenía alrededor de ochenta años y no estaba en perfecto estado de salud. Sabía que si quería obtener relatos de primera mano de su infancia, necesitaba escribir la historia de inmediato, aunque no me sintiera lo suficientemente preparada.

Con una minigrabadora, me senté con mi abuela en su condominio rosa, con su caniche en su regazo, y comencé a entrevistarla. Tuvo una infancia maravillosa, me dijo. Ella amaba a su madre y a su padre. Tenía buenos recuerdos de las mujeres de la casa. Los hombres le daban monedas de cinco centavos para que fuera al cine. Pero cuando su madre se fue con un hombre, ella y uno de sus hermanos fueron enviados al orfanato por breves periodos. Y a los quince años, estaba claro que ya no podía vivir en una casa de prostitución. Era muy peligroso. Entonces se casó con el mejor amigo de su hermano, mi abuelo. Cuando él la golpeó por primera vez, ella se subió a un autobús y se fue a su casa. La parte de la historia que no pude soportar, y aún no puedo, es que su madre la envió de regreso con él.

Pronto supe que mi abuela se sentía bien con las entrevistas, pero yo no. Me resultaba difícil. Me surgían todo tipo de emociones y debía ir a su baño rosado, salpicarme agua en la cara y recuperarme.

Al final le enseñé a usar la grabadora y hablar en ella, hasta bien entrada la noche, las horas en que a menudo estaba completamente despierta. De esta manera, yo podía escuchar las cintas y detenerlas cuando ya no podía continuar.

Y ahora había cosas que mi abuela me pidió que no le dijera a mi madre, no muchas, pero sí significativas. Y así, me convertí en una bóveda de seguridad entre ellas.

Conforme la salud de mi abuela decaía, hubo un momento en que ella le dijo a mi madre: «Hay algo que no te he dicho». Estaba claro que era algo importante, algo que necesitaba decirle antes de morir. En este punto, quedaba poco por decir. Las historias que mi madre me había contado le habían llegado a través de ella, y eran demasiadas para seguirles la pista. Mi investigación había descubierto mucho de lo que había sido enterrado en silencio. Otros miembros de la familia de contadores de historias habían vivido largas vidas y habían confesado más a medida que envejecían.

Mi madre dice que respiró hondo y pensó: «Oh, Dios. Aquí vamos». Explica su aprehensión de esta manera: «Mi madre me había dicho mucho. Ella fue muy honesta. Estaba segura de que no se había frenado. No podía imaginar lo que me había ahorrado, y tenía miedo de lo que diría».

En ese breve momento, mi abuela miró a su hija y leyó su expresión, una mezcla de miedo y tal vez cansancio. Después de ese instante de sorpresa, ella dijo: «Bueno, tal vez hay algunas cosas que no necesitas saber».

Mi madre se sintió aliviada. Estaba agradecida, de hecho, de que ella y su madre fueran tan cercanas que hubo un rápido momento de comunicación tácita.

Mi madre vuelve a este momento de vez en cuando. ¿Le negó algo a su madre? ¿Le pidió a su madre un acto de amabilidad final y ese fue el verdadero regalo, no decirle?

«Admito que a veces me pregunto qué pudo haber sido, pero no me arrepiento», dice mi madre. Mi madre era hija única.

Mi abuela la tuvo cuando apenas tenía diecisiete años. Eran madre e hija, pero también crecieron juntas. Se amaban tan profundamente como dos personas pueden hacerlo.

Pienso en la madre de mi padre, la que dejó esa nota para su esposo y se llevó a sus hijos a las montañas. Su padre murió. ¿Por qué decirles que el matrimonio había terminado? ¿Por qué decirles que él se gastaba sus cheques en bebida y a ellos los dejaba con apenas un poco? Él también era maravilloso a su manera. ¿Por qué no dejar que sus hijos tuvieran los pocos recuerdos que quedarían, la manera oportuna en la que metía la pata, sus bailes, sus sonrisas fáciles? ¿Por qué enlodar algo de eso? Hay belleza y fuerza en dejarlos tener a su padre… justo de la manera en que ellos querían y necesitaban que fuera.

Al igual que mis antepasados, creo que las historias pueden salvarnos. Nuestras historias son nuestra mejor moneda. Lo que una persona está dispuesta a compartir con otra es una prueba de intimidad, un regalo que se le entrega. Algunas personas podrían ver las confesiones de mi madre como una carga que ella levantó de sus propios hombros para ponerla sobre los míos. Yo no. Las veo como momentos de humanidad compartida. Ella estaba levantando el velo de la cordialidad, de lo cotidiano, y era real y vulnerable en esos momentos. Fue honesta sobre quién era ella y todos aquellos que nos precedieron. No importa cuán oscuras fueran las historias, eran esperanzadoras; después de todo, la narradora era una sobreviviente. «Viví para contarlo» no es un dicho ocioso. Mi madre estaba dando voz al pasado, a aquellos que no podían contar sus propias historias. Contar historias es una lucha contra el olvido, contra la pérdida e incluso contra la mortalidad. Cada vez que se cuenta una historia sobre alguien que está muerto, es una resurrección. Cada vez que se cuenta una historia sobre el pasado, estamos doblemente vivos.

Cuando era niña sabía que lo que experimentaba, un día sí y otro también, no era toda la verdad. Todos los niños lo sienten. Estaba siendo protegida de algo. Mi madre me dejó echar un vistazo detrás de ese aislamiento. Fue un consuelo que alguien reconociera que la infancia color de rosa a la que se aferra nuestra cultura no es real. Ella me mostró que la vida es compleja y rica… Oscura, sí, pero también deslumbrantemente hermosa.

Mi madre todavía me cuenta historias, historias nuevas que me sorprenden. En estos días hay más sobre su largo matrimonio con mi padre. Son historias de amor, un poco picantes a veces. Mis padres tienen poco más de ochenta años, y ambos se conservan sanos todavía. Ahora, mirando hacia atrás en mi infancia, me siento agradecida por todas las historias que me ha contado, no solo como escritora, sino también por la cercanía que ha resultado de ello.

Y, lo admito, también les cuento a mis hijos mayores algunas de las historias familiares. Mi hija mayor, Phoebe Scott, tiene ahora veintitrés años y hace esculturas de tamaño natural de cuerpos de mujeres, en particular los cuerpos de mujeres mayores que llevan sus historias en los huesos y en la piel. Las historias familiares parecen impulsar su trabajo de manera similar y muy diferente a la mía al mismo tiempo.

Aun así, hay algo que me preocupa. Si mi abuela se había aferrado a algo hasta su lecho de muerte, mi madre también podría tener este poder.

De vez en cuando soy consciente de eso… ¿Y si no me lo ha contado todo? ¿Qué pasa si lo peor sigue ahí afuera? ¿Y si hay algo más?

Si llega ese momento y ella me susurra que tiene que decirme algo antes de morir, no diré que no. No tendré la fuerza de voluntad. Tendré que saberlo.

Me inclinaré, aunque tal vez no debería hacerlo, y diré: «¿Qué es? Dime».

La misma historia sobre mamá

———~———

POR LYNN STEGER STRONG

Hay una historia de mi madre que dejo correr como un antídoto para otras historias que cuento sobre ella. A lo largo de los años, la he usado para mostrar que es buena y también cómo es que yo pienso que es mala. Tal vez cambio los relatos, pero creo que la mayoría de nosotros lo hacemos. Escogemos las historias, las adaptamos, las comunicamos para probar cosas sobre nosotros o sobre las personas de las que hablan.

Esta historia sobre mi madre implica un fin de semana en el que vino a sacarme de mi dormitorio universitario, el primer año. Yo tenía dieciocho años, era una persona deprimida, y durante la mayor parte del tiempo que ella estuvo ahí, yo estuve dormida en mi cama o en una silla de la biblioteca. Durante todo ese tiempo mi madre limpió mi dormitorio, lavó la ropa, sudó, tomó un baño y luego me llevó a cenar. Yo era depresiva y desordenada, y durante meses un hedor tan fuerte había emanado de la habitación que los demás lo percibían desde los pasillos, preguntaban sobre ello, sabían que debían evitarme la mayor parte del tiempo, me miraban y tal vez hablaban de mí esas pocas veces al día en que salía de mi habitación para ir al baño o tomar una ducha.

Mi compañera de cuarto se había mudado hacía mucho tiempo, seguramente exhausta por mi culpa, pero también la habían pillado vendiendo marihuana afuera de nuestra habitación. La soledad había empeorado la recámara: había montones de ropa, en su mayoría pants para correr con costras de azúcar y otra maloliente ropa deportiva, latas de glaseado Betty Crocker, que era lo que más comía por aquel entonces, envoltorios de otras comidas chatarra con las que me atracaba, envoltorios de los burritos que una de mis amigas solía traerme en las semanas en que me negaba a salir del dormitorio.

Mis padres tienen una posición económica relativamente cómoda, y algunas veces he contado esta historia para mostrar que mi madre es mucho más que su casa y su auto lujosos, y todos los diamantes en sus orejas, muñecas y dedos. La he contado para hacer ver que ella vino de la nada, que me ama, que trabaja duro. La he contado para mostrar todas las formas en que yo fui una hija privilegiada, inútil y mimada. Cómo no hacía más que estar sentada sin hacer nada. Cómo ella se había encargado de lavar carga tras carga de ropa y se había hecho amiga de los chicos de segundo año con los que yo tenía miedo de hablar, cuando una de las máquinas de monedas se descompuso y le prestaron un par de centavos, cuando ella les dio dulces de la máquina expendedora a todos como agradecimiento.

Una vez, el siguiente otoño, llevaría en metro hasta mi dormitorio una silla que me había gustado y que ella había comprado en Urban Outfitters.

Lo he contado para mostrar lo difícil que debe de haber sido ser mi madre.

Durante años conté esto como una historia de su fuerza. Después de que tuve hijos, le di la vuelta. Cambió, como tal vez todo en mí se transformó cuando tuve hijos. Estuve enojada con mi madre durante buena parte de esos primeros años en que yo misma fui madre.

«Ella no habló conmigo», le dije a alguien, mientras sostenía a uno de mis bebés para amamantarlo —algo que ella no hizo cuando tuvo hijos—, y contaba la misma historia de mi dormitorio durante mi primer año. «Ella no se sentó en la cama de mi dormitorio para hablar conmigo», le dije. «No me preguntó qué estaba mal».

Ella sabía lo que estaba mal porque yo había estado esporádicamente en terapia durante años, por toda la mierda en la que había estado metida en el bachillerato: intoxicación por alcohol y accidentes automovilísticos, faltar tanto a la escuela que no me dejaron reinscribirme. Me habían recetado todo tipo de medicamentos. Yo me negué a tomarlos. Ella me gritó, lloró, se enojó conmigo —yo era una inútil, no valía nada, solo era un pedazo de mierda, qué demonios me pasaba—, sentada en mi habitación, trataba de abrazarme aunque yo era más grande que ella, «por favor, por favor, por favor, por favor», una y otra vez, me rogaba que parara.

Durante un tiempo, cuando ya tenía un niño pequeño y estaba embarazada, mi madre y yo dejamos de hablar. Nos peleamos. Un día, por teléfono, me habló a gritos de mis abominables elecciones de vida —el estado y la ubicación de nuestro departamento en Brooklyn, una casa en Florida que pensábamos comprar y que se encontraba en un estado de deterioro inconmensurable—, mientras yo me encontraba parada, embarazada por segunda vez, fuera de una clase de posgrado. Algo cambió entonces en nuestras peleas.

Ahora no solo me menospreciaba a mí, sino también las elecciones que mi esposo y yo tomábamos para nuestros hijos; no solo mi vida, sino también la vida que estábamos tratando de crear para ellos. Nos gritamos la una a la otra. No había correcto o incorrecto o punto medio. Lo que estaba en juego para las dos era si habíamos amado o no, si amábamos en ese momento o no, a nuestros hijos. Si los amábamos de la manera correcta. Después de meses de esta lucha de ida y vuelta, necesito un descanso, le dije. No quería pelear por un tiempo y eso se había convertido en lo único que hacíamos.

En ese momento mi historia cambió de nuevo. Decidí decir que si yo hubiera sido mi madre en Boston, esa vez que ella había ido a buscarme, cuando yo todavía era una adolescente deprimida, apenas funcional, me habría obligado a decirle qué estaba pasando conmigo. Habría hablado con ella, dije. Si yo hubiera estado del otro lado, el de la madre, me habría cuidado *mejor*; pensé entonces y se lo dije en voz alta a otras personas, como si *mejor* fuera algo tan limpio y claro como imaginar lo que ella debió de sentir en ese entonces.

Soy muy buena con las historias. Como mi madre, que es abogada litigante. También soy, como ella, buena con la indignación. Soy buena para sentir furia hacia una cosa o persona por la cual siento que he sido agraviada. Hay una especie de emoción que surge justo bajo la superficie de mi ira o mi tristeza. Es como un deporte, atractivo. Hago un gesto amplio y me pongo de pie.

Cuando tenía dieciséis años, una grúa se llevó mi automóvil. Mi madre me condujo en su auto hasta el depósito de vehículos para recuperarlo; en el camino, no dejó de gritar lo molesta que yo era, cuán horrible, qué mierda tan inútil.

Me dijo en medio de estos gritos —lo cual ella hacía a menudo, en lo que yo había comenzado a referirme, durante meses, como mi discurso de mierda— que no desperdiciarían su dinero ganado con tanto esfuerzo en enviarme a la universidad. (Esto no era cierto, e incluso ella lo sabía; nunca se habrían permitido tener un hijo que no fuera a la universidad. Esto solo era algo que decía durante las pláticas que me daba). Me dijo que se sentía impotente, cansada, cómo podía yo, por qué. Yo había aumentado de peso, había dejado de asistir a la escuela o a la práctica de atletismo. Me la pasaba bebiendo todo el tiempo y siempre me descubrían.

Ella conducía con la capota de su auto rojo abajo mientras me gritaba. Cuando llegamos al depósito de vehículos, había montones de autos apilados en el estacionamiento. El hombre le dijo a mi madre que le debía seiscientos dólares. Ella me miró. Yo llevaba unos pantalones de pijama y una sudadera.

Mis ojos estaban hinchados porque había estado llorando hasta apenas unos minutos antes. Mi cara estaba hinchada por mi sobrepeso. Nada de mi ropa me quedaba bien y esto era lo que usaba tan a menudo como podía. No importaba que hiciera calor. No importaba que sintiera comezón por toda mi piel debido a las pequeñas burbujas de sudor que luego se asentaban en mis poros y emitían un olor que a menudo me hacía sentir náuseas.

Mi madre se enfrentó a este hombre, que era, por lo que pude ver, un simple empleado de este lote de autos. Te demandaré, dijo ella. Ella le explicó la injusticia que él había cometido al remolcar mi auto, el auto de una niña de dieciséis años, dijo ella, que no podía, que no necesitaba saber, lo que había hecho. Para aprovecharse de nosotras, dijo, con seiscientos dólares. Ella hizo un gesto hacia mí. Para aprovecharse de esta niña, dijo. Se aferró a la última palabra, para enfatizar. Me encogí, en parte por miedo, pero también porque sabía que ese era mi papel. Ella amenazó con llamar a la prensa. Presentaría una demanda civil contra el lote por todos los autos que él había amontonado afuera. Citó los estatutos. Es un robo retener secuestradas las posesiones de las personas por estas sumas, dijo.

El hombre era grande y estaba medio dormido cuando entramos; tenía la barba incipiente y una parte de su barriga sobresalía de la parte inferior de su camisa. La dejó hablar, luego dijo que podíamos tomar el auto y, por favor, solo irnos. Ya. Cuando ella me entregó las llaves, vi que la expresión de su rostro cambió al recordar que solo habíamos estado en el mismo equipo durante el tiempo que nos había tomado obtener lo que queríamos.

Se supone que este es un ensayo sobre lo que no puedo decirle a mi madre, lo que no le he dicho. Cuando me pidieron que lo escribiera, tuve la emoción inicial de mostrar todas las formas en que ella me vuelve loca. Pero eso no se sentía nuevo o correcto, o como si formara la mayor parte de lo que siento cuando pienso en ella. He hablado con ella sobre casi todo lo que pienso. La he lastimado. Ella me ha lastimado. Nada de esto es un secreto.

El otro día estaba impartiendo una clase de estudios de género —a nueve adolescentes ansiosas por decir lo correcto, con sus pupitres acomodados en un círculo— y mis alumnas y yo comenzamos a hablar acerca de las madres. Hablamos de las situaciones imposibles en las que ellas se colocan, las formas en que son nuestro modelo; también hablamos del espacio limitado que tienen las madres para expresar lo que necesitan y desean. Mis alumnas no se dieron cuenta, pero empecé a llorar. Mis ojos se llenaron de lágrimas y, cuando terminó la clase, entré en el baño y me senté ahí hasta que el llanto se detuvo. Hacía tiempo que no hablaba con mi madre. No hablamos muy seguido. No pude localizar el sentimiento específico que había tenido la última vez que hablamos. Unas cuantas horas después de haber llorado en el baño, pensé en llamarla y decirle que la amaba. Pero no sentí la confianza para llamarla. Temía que, si la llamaba, ella comenzaría a hablar y sería demasiado difícil para mí amarla después de eso.

Lo que no puedo decirle a mi madre es lo que sea que le hubiera dicho en esa llamada telefónica, en todas las llamadas telefónicas; busco su nombre en la agenda, lo miro y luego guardo el celular. Quizá todos nosotros tenemos un gran vacío en el que nuestra madre no coincide con esa «madre» que creemos que debería ser y con lo que se supone que debería darnos. Lo que no puedo decirle es todo lo que le diría si pudiera encontrar una manera de no estar triste y enojada por eso.

Nuestra hija menor tomó leche materna mucho más tiempo del que yo esperaba, hasta que tuvo casi dos años. Me encantó lo fácil que fue darle algo a ella. Lloraba y le ofrecía un pecho; la acomodaba y todo volvía a estar bien. Cuando dejé de amamantar, tuve miedo. De pronto no había una manera clara y limpia de darle algo, ni una forma acertada de asegurarme de que se calmaría. Cuando ella necesitaba, quería, sufría, yo solo podía adivinar: hablarle, abrazarla, rogarle, preguntarle, tenerla en brazos. Solo tenía esa forma imperfecta y abstracta en que aman los humanos.

Una vez una terapeuta me dijo que simplemente había nacido en la familia equivocada. El «simplemente» es de ella, no mío. «Tenemos valores diferentes» es una frase que a veces le digo a las personas cuando preguntan por mis padres, pero eso ya suena más subjetivo, más crítico que lo que quiero decir. Somos personas muy diferentes, muy distantes, que tanto de manera accidental como a propósito nos hemos lastimado y nos hemos amado de una manera mediocre e intensa durante toda mi vida. Conforme envejezco, a medida que llevo más tiempo como mamá, lo siento tan fresco como difícil y ardiente, igual que cuando tenía catorce años. También se siente como casi cualquier otra vida.

El otro día dejé que mis hijos miraran televisión mientras yo limpiaba el baño. Casi nunca hago esto. Mi madre me dejó ver mucha televisión cuando era pequeña. Después de que trabajaba una semana completa para mantenernos de maneras en las que hasta ahora yo no he podido hacer por mis hijos, a menudo pasaba los fines de semana limpiando nuestra casa, algo que yo tampoco he podido hacer de la misma manera por la nuestra, para mis hijos. En aquel entonces estaba resentida por miles de cosas debido a miles de razones, sobre todo por lo que yo tendría que hacer cuando fuera grande; en particular, porque yo pensaba que podría haber otras formas de amar y ser amado.

Hice lo mismo hace un par de semanas. Estaba cansada. Ellos necesitan atención con mucha frecuencia. Están en la edad en la que pueden sentarse frente al televisor durante horas. Limpié el baño porque no tenía ganas de complicarme en amarlos y entretenerlos si apagábamos la televisión y pasábamos el día juntos. Casi nunca limpio el baño y fue asqueroso. Quitar el moho de los mosaicos, limpiar las manchas de jabón del fondo de la bañera, con las manos cubiertas de lejía y las rodillas adoloridas. Sentí que les daba de una manera que me resultaba familiar y sustancial; sentí que era lo que necesitaban, que era la forma en la que yo quería ser madre; también me sentí como mi mamá.

Como tantos días antes, estuve a punto de llamar a mi madre ese día. En el espejo vi mis brazos demasiado delgados, las numerosas pecas en los hombros, la nariz ancha, el cabello corto, el sudor en la frente: me parecía tanto a ella. Me sentí muy parecida a ella y quería decírselo. Pero he hecho esa llamada telefónica y me ha fallado demasiadas veces. Ella no ha querido desempaquetar o analizar nuestra semejanza, aunque solo sea porque siempre empiezo por querer abordar las formas en que nos hemos distanciado. A ella no le gusta mucho hablar sobre sus sentimientos. Se pone ansiosa cuando le pido que considere lo que hay y lo que no hay detrás y entre nosotras. Casi siempre se siente atacada.

Lo que no puedo decirle a mi madre es que me lastimó y estoy enojada, pero ya no importa tanto. Todos nos lastimamos unos a otros. Ella no podía evitar lastimarme. Ella no podía evitar hacerme enojar. Lo que desearía poder decirle es que, al final, estoy bien con eso.

Mientras las cosas pasan / Me parece tan estadounidense

——∞——

POR KIESE LAYMON

S oy un campista de nueve años en uno de los programas de verano de la Universidad Estatal de Jackson. Renata, una de tus alumnas, es consejera de campamento; tiene veintiún años. Es la única persona que conozco ahí. El primer día, todos los campistas presentan exámenes físicos. Junto a mi peso en el formulario, el médico del campamento escribe con letra manuscrita dispersa la palabra *obis*. Le pregunto a unos gemelos más grandes si sus exámenes físicos también dicen *obis*.

—Eso significa *obeso*, negro —dice uno de ellos—. Significa que estás demasiado gordo para tu edad.

Cuando llego a casa consulto el significado de *obeso*. Mi niñera viene. Cuando se va, me siento menos obeso.

El segundo día de campamento le digo al gemelo que me llamó obeso que he visto a Renata, la consejera del campamento que todos dicen que está más buena que Thelma Evans, desnuda.

—¿Crees que se ve bien ahora? —recuerdo haberle dicho—. Se ve mucho mejor sin camisa.

Cuando uno de los gemelos me dice que no hay forma de que Renata haya estado desnuda cerca de un «pequeño negro obeso» como yo, describo un lunar en medio del pecho de ella. Los gemelos dudan, pero terminan por contarlo a algunos niños mayores, que a su vez lo comentan con otros niños mayores, y estos a otros niños mayores. Antes del final de la semana, una gran parte del campamento llama a Renata, a sus espaldas, «zorra».

Y en su cara.

Renata y yo no hablamos en el campamento. Ella hace todo lo posible para evitarme. Yo hago todo lo posible por que me evite. Pero dos noches de esa semana, al igual que dos noches a la semana durante los meses anteriores, Renata viene a nuestra casa. Técnicamente, Renata es mi niñera. Ella te adora. Cuando viene, vemos la lucha libre. Leemos libros. Jugamos Atari. Bebemos Tang. Renata le hace cosas bruscas a mi cuerpo. Esa brusquedad me hace sentir elegido, amado. Ella actúa como si su brusquedad hacia mí la hiciera sentir elegida, amada, también. Un día veré y escucharé a Renata haciendo cosas aún más bruscas con su verdadero novio. Escucharé a Renata decirle que se detenga. No parece que las cosas que él le hace la hagan sentir ni elegida ni amada. No me importará lo que él le haga a Renata. Lo que sí me importará es que Renata ya no quiera elegirme.

Más de treinta años después, a más de doscientos cincuenta kilómetros de donde Renata y yo nos conocimos, recuerdo el sabor, la temperatura y la textura del Tang que bebí justo antes de que Renata pusiera su seno derecho en mi boca por primera vez. Recuerdo la presión que usó para cerrar mis fosas nasales. Recuerdo lo que su palma izquierda le hizo a mi pene. Recuerdo la forma en que flexioné y apreté mi cuerpo con fuerza cuando me tocó la piel, no porque tuviera miedo, sino porque quería que Renata pensara que mi cuerpo gordo, negro y suave era más duro de lo que en realidad era.

No creo haber difundido ese rumor por lo que Renata le hizo a mi cuerpo. Lo difundí porque ella era una chica negra mayor, y yo sabía que difundir rumores sobre las chicas negras, sin importar su edad, era la manera en que los chicos negros, sin importar nuestra edad, se decían entre sí «te amo».

Más de treinta años después, en los días en que mi cuerpo y mi mente están más quebrados, quiero felicitarme por no ser Kavanaugh, Trump o Cosby. Quiero arraigar el origen de mi comportamiento dañino y mis relaciones aniquiladas solo en las experiencias de violencia sexual de mi niñez, o solo en la carencia económica, o solo en la forma de pensar de los blancos, o solo en haber sido golpeado, o solo en la necesidad de Misisipi de que los niños negros estuviéramos agradecidos por la manera en la que nos aterrorizaron. Mi experiencia en esta nación, en mi estado, en mi ciudad, en todo tipo de entornos estadounidenses, es demasiado *funky*, está demasiado manchada, es demasiado dependiente de —e influenciada por— círculos de violencia concéntricos, por lo que no puedo decir que haya lastimado a alguien en este país tan solo a causa de una sola experiencia de daño. Tampoco puedo decir que nadie en este país me haya lastimado debido a una experiencia única de daño infantil.

Ninguno de nosotros, los que vivimos en esta nación, es tan afortunado.

Este año, he pensado mucho sobre la importancia de la palabra *mientras* cuando se piensa en causa y efecto en Estados Unidos. *Mientras* es una palabra que tú usas mucho. Durante décadas, las feministas negras y los politólogos negros han intentado enseñarnos a aceptar el *mientras*. Mientras Renata me dañaba de una manera en la que yo no podía dañarla, yo la perjudicaba de una forma en la que ella no podía perjudicarme. Mientras tanto, la violencia sexual ocurría en nuestras comunidades, mientras la violencia doméstica ocurría, mientras la desigualdad económica ocurría, mientras los desalojos masivos y el encarcelamiento masivo ocurrían, mientras los estados abandonaban y abusaban de los maestros, mientras los maestros desamparaban y abusaban de los estudiantes, mientras los estudiantes abusados abusaban de ellos mismos y de sus hermanos menores.

El año pasado terminé una obra de arte que comencé para ti a los doce años. Quería explorar de manera artística la forma y las consecuencias que tuvo en nuestros cuerpos el hecho de no reconocer tantos secretos familiares y nacionales. Estuviste de acuerdo en que llamara *Heavy* (Pesado) a dicha obra.

Después del noveno borrador de *Heavy*, con un poco de ansiedad, entendí que era más que violento dañar a alguien que me amó en privado y luego expiar públicamente el daño que le hice a esa persona en una publicación a cambio de méritos sin valor de hombre feminista y dinero corporativo. Aunque me lastimaron y maltrataron cuando era niño, nunca he tenido la experiencia de ver a alguien confesar públicamente que abusó de mí porque también abusaron de ellos mediante una narrativa por la cual le pagaron.

Esto podría cambiar mañana, pero hoy la pregunta más importante en mi mundo es: ¿realmente sobre qué quiero mentir? ¿Estoy dispuesto a responder no solo esa pregunta, sino a tener en cuenta las consecuencias interpersonales y estructurales de la pregunta y nuestras mentiras? ¿Por qué quiero mentir, en realidad? ¿Por qué nos mentimos tanto unos a otros, durante tanto tiempo? ¿Y cómo reaccionaré cuando se invoquen esas mentiras? Todavía quiero mentir desesperadamente sobre el daño y el abuso que he infligido a las personas que me amaron. Todavía quiero creer desesperadamente que no inicio relaciones románticas porque siempre he sido un tipo decente, y no porque siempre haya sido un chico negro gordo temeroso del rechazo, de no ser elegido. Aún quiero creer que el trabajo literario que provoca admiración requiere que los hombres estadounidenses formulemos con sentimiento el dolor que hemos infligido, que establezcamos el origen de ese dolor en un trauma y que nos feliciten, a menudo las mujeres, por «nuestra honestidad» al enfrentar ese trauma mientras hacemos caso omiso del sufrimiento que causamos. Todavía deseo creer desesperadamente que una colección fortuita o una catalogación cuidadosa de confesiones escogidas es lo que hace que el arte perdure. Sé que no es así.

Pero todavía quiero mentir.

Terminé de revisar las memorias que comencé a escribir para ti en el porche de mi abuela a los doce años, no porque quisiera hacer una crónica del viaje de la transformación, sino porque ya no podía mentir sobre aquello en lo que me había convertido. Me había convertido en un escritor negro cobarde, solitario, enfermo, emocionalmente abusivo, adicto y exitoso. Al escribir el libro, descubrí que nunca había sido honesto con nadie en el mundo. Descubrí que si bien los abusos estructurales dictan gran parte de nuestra vida, las personas con las que he sido más dañino en este país son aquellas a quienes pensé que amaba. Descubrí que hay amantes en este país que aman honesta, rigurosa y generosamente mientras son atacados, dañados y manipulados por personas, instituciones y políticas.

Hay maestros que hacen todo lo posible para comprender el estilo y el contexto de la vida de sus alumnos mientras los educan éticamente sin dañarlos. Hay miembros de juntas directivas y administradores que arriesgan sus trabajos al colocar la salud de las personas vulnerables por encima de las ganancias de una institución. Hay padres que toman todas las decisiones en la vida con una preocupación sobre cómo esto afecta no solo a su hijo, sino a todos los niños vulnerables en la tierra, porque no tienen el dinero suficiente para pagar la atención médica, los pases de autobús y la comida para ellos mismos.

Pero la verdad es que, en Estados Unidos, estas personas son muy pocas.

O tal vez elegimos creer que somos ese tipo de estadounidenses con demasiada frecuencia. Sé que yo lo hago. Y si, como
creo, esta elección es en verdad la piedra angular del terror estadounidense, entonces hacerse cargo de esta elección debe
estar en la raíz de cualquier aparente liberación en este país.
Sé, después de haber terminado este proyecto, que el problema
en este país no es que no seamos capaces de «llevarnos bien»
con las personas, los partidos y las políticas con los que no estamos de acuerdo. El problema es que somos pésimos para amar
como es debido a las personas, los lugares y las políticas que
pretendemos amar. Te escribí *Heavy* porque quería que mejoráramos en el amor.

Después de leer *Heavy*, me escribiste:

En mi recuerdo escucho nuestra risa, nuestras discusiones,
mi preocupación incesante por tu seguridad, tus buenas
calificaciones hasta quinto grado; todos tus juegos de bas-
quetbol en asentamientos rurales, tus elecciones de novias,
los viajes a Nueva Orleans y Memphis, los desvalidos y
sí, el miedo a perderte demasiado pronto, ya fuera porque
me dieras la espalda o porque te dispararan desde el cielo.
Viví con miedo cuando, quizá, debí haber querido vivir con
más valentía, menos amor duro y más convicción. Tomé algunas de las opciones equivocadas.

Cuando Renata, casi desnuda, salió corriendo de mi casa con
su novio, hace más de treinta años, mi corazón se rompió. Sentí que había perdido el amor de la segunda mujer adulta que

me había elegido. Ahora sé que yo no amaba a Renata. Amaba cómo me hacía sentir. No estoy seguro de que te amara a ti. Sé que amaba cómo me hacías sentir a veces. Incluso si Renata decidió hacerme daño, al menos quería tocarme. Por razones completamente estadounidenses, esa brusquedad la sentí como amor porque ella habría podido tocar con rudeza a cualquier otro niño negro en nuestro vecindario. Por razones por completo estadounidenses, no pensé en el abuso que Renata estaba padeciendo, no solo de su novio o sus padres o sus maestros, sino de todos los niños en nuestro mundo y de mí. Ahora que he pensado acerca de todo esto y lo he compartido contigo, ¿cómo hacer que todo, todos los mientras, ninguno de los mientras, nos haga mejores para amarnos hacia atrás y hacia adelante? Esa es la única pregunta que me importa en este momento. ¿Me puedes decir qué preguntas te importan? ¿Podemos pasar el resto de nuestras vidas hablando de esas preguntas? ¿Podemos ser mejores amándonos unos a los otros en Estados Unidos?

Lengua materna

—✎—

POR CARMEN MARIA MACHADO

Unos meses antes de que mi esposa, Val, y yo nos casáramos, decidimos ver a una consejera de parejas no religiosa para una serie de sesiones destinadas a prepararnos para una vida juntas. Queríamos comenzar bien las cosas: buscar lo que nos faltaba, reunir herramientas para ayudarnos a tener éxito. Nuestra terapeuta, una mujer astuta e histéricamente divertida llamada Michelle, era, pensé, justo lo que necesitábamos. Era reflexiva y encontró una manera de atajar con ingenio cada una de nuestras defensas: la emoción de Val, mi evasión de la emoción. (Reconociendo lo que dos hijas mayores necesitaban de ella, nos felicitó sin cesar por nuestro arduo trabajo y nos entregó un certificado cuando, a final de cuentas, nos graduamos). Cuando llegamos a la discusión sobre los hijos —le dedicamos una sesión completa, la versión de asesoramiento prematrimonial de *Semana del tiburón*—, me sorprendí al expresar mi ambivalencia hacia la maternidad.

Val y yo habíamos hablado de hijos, por supuesto. En cuanto quedó claro que la relación iba en serio, acordamos que si bien no teníamos que decidir en ese momento la línea de tiempo y el método, ambas queríamos tener hijos. Cuando nos convertimos en tías de nuestros dos sobrinos, tuvimos un preludio de la experiencia de tener niños en nuestras vidas: agotador y desordenado, pero divertido y mágico, algo que definitivamente queríamos.

Entonces, cuando le dije a mi futura esposa en esa habitación: «No sé si quiero tener hijos», me sorprendí, y luego vino ese hormigueo previo al llanto en mis senos paranasales. Repetí, casi sin creer lo que salía de mi boca: «No sé si quiero hijos». Sentí que iba a comenzar a llorar, pero no lo hice. Tan solo me senté allí con la certeza, con un conocimiento que parecía nuevo a pesar de que no lo era en absoluto.

En mi vida, mis sentimientos sobre la maternidad van desde la ambivalencia hasta la ansiedad. Amo a los bebés, sus piernas regordetas, sus rostros curiosos y sus puños de pugilistas. Los niños de uno o dos años me angustian mucho, su falta de razón, su falta de identidad, su sociopatía. Amo a los niños mayores que pueden hablar sobre la escuela y los libros que están leyendo. Y los adolescentes siguen siendo un horizonte completamente desconocido e intimidante. Hipocondriaca como soy, me aterra el embarazo y sus riesgos médicos. Hedonista como soy, no quiero renunciar a los cocteles de whisky, al sushi, a los quesos suaves. Escritora como soy, me asusta tener que renunciar al tiempo de escritura por la crianza de niños.

Cuando era más joven, no sabía si quería hijos. Luego, la primera vez que me enamoré, a la tierna edad de veintitrés años, una especie de cambio hormonal dio un vuelco y pasé de la incertidumbre a los calambres del deseo. Pensaba en tener bebés desde un enfoque extraño, incluso si no estaba saliendo con alguien, incluso si no quería estar embarazada. Tenía sueño tras sueño sobre estar embarazada. Siempre era lo mismo: acostada en mi cama pasaba mi mano sobre un vientre hinchado, a sabiendas de que pronto todo cambiaría.

Cuando era niña, mi amor por mi madre estaba libre de complicaciones. Me enfermaba con frecuencia, y como ella no trabajaba fuera de casa, pasaba mucho tiempo llevándome con los médicos. Cuando yo estaba en casa, veía telenovelas con ella —le encantaba ver *Todos mis hijos*—, mientras planchaba o hacía aeróbicos. Creo que adoraba esta versión de mí, cuyas dificultades eran, a efectos prácticos, infantiles. Era una buena madre de niños pequeños.

Mi madre era una de nueve hijos, nueve niños en una granja que nunca tuvieron nada propio. Tuvo dificultades con la escuela, pero tenía una aguerrida actitud de «puedo-hacerlo» que la llevó a Florida cuando tenía dieciocho años, muy lejos de su natal Wisconsin. Podía ser sumamente divertida, encantadora y amable. Pero su familia siempre ha estado marcada por personalidades difíciles: obstinación y superioridad moral; rasgos que, lamentablemente, heredé.

A medida que yo crecía, nuestra relación se volvía más complicada. Ninguna madre de un adolescente entiende a su hijo, pero parecía —a mí me parecía— que mi madre me entendía todavía menos. Yo era mayor y más complicada, y mis problemas eran mayores y más complicados. No necesitaba a mi madre, específicamente, tanto; necesitaba una complicada red de cosas: apoyo para mi salud mental, un tutor de Química, un trabajo, un mundo que no avergonzara a las adolescentes gordas o que odiara a las mujeres, un mentor *queer* y alguien que me ayudara a presentar mi solicitud para entrar a la universidad, y que la recesión no comenzara el mismo año en que me gradué. Mis hermanos también comenzaron a crecer y a convertirse en versiones más maduras y difíciles de sí mismos, y salimos de la órbita de mi madre.

Ella decidió que quería regresar a la universidad para obtener su título, cosa que hizo. Después de eso, saltó de un trabajo a otro, tratando de encontrar su pasión: bienes raíces, educación especial, restauración de muebles, venta minorista. En realidad, nada funcionó. A medida que aumentaba su frustración por su vida, yo prosperé en la escuela, fui a la universidad y obtuve la licenciatura en Bellas Artes. Una grieta vasta e insalvable estalló entre nosotras. Cada vez que la veía, ella encontraba alguna forma de hacerme saber que, a pesar de mis logros, estaba fallando. «Debes aprender a tomar mejores decisiones», me decía, aunque nunca especificaba a qué decisiones se refería. Además, lo único que yo podía escuchar era: «Me habría gustado haber tomado mejores decisiones». Y no podía ayudarla con eso.

En los dos meses posteriores a la escuela de posgrado, me mudé al sureste de Pensilvania. Val y yo, entonces novias, buscábamos trabajo desde las casas de nuestros respectivos padres, pero los suyos estaban mucho más felices de tenerla. Los míos tuvieron varias peleas siseantes sobre mi presencia: mi padre insistía en que yo era bienvenida en cualquier momento, porque eran mis padres y me amaban, y mi madre me decía que esa *no* era mi casa y que solo me dejaba quedarme porque mi padre había insistido. «Sé que no es mi casa», le dije. En cuanto Val y yo obtuviéramos trabajo y un lugar para vivir en Filadelfia, nos iríamos.

Dormía en una incómoda habitación para invitados, que había sido la recámara de mi hermano y estaba repleta de tantos muebles que no había dónde guardar una maleta o caminar. Mi madre me prohibió comer y beber allí dentro, porque podría «hacer un desastre». Con frecuencia abría la puerta de la habitación para «revisar» cosas, para asegurarse, no sé, de que yo no estuviera haciendo un sacrificio de sangre o dedicándome a la apicultura en su habitación de invitados. Si las sábanas estaban revueltas o mi pijama yacía sobre la colcha, escuchaba un grito espeluznante que recorría la casa como un pájaro. En realidad, el estereotipo de la agresividad pasiva del Medio Oeste nunca ha sido un rasgo de mi madre. Ella siempre necesita decir algo. Sobre todo, necesita pelear. Es algo que heredé de ella, de hecho. Es una de mis peores y mejores características.

Durante el día buscaba trabajo en Filadelfia y hacía trabajos independientes de escritura. La casa estaba abarrotada de sonidos (las noticias a todo volumen, mi madre gritándole a mi padre), así que me sentaba en el porche trasero y trabajaba, escuchando a los pájaros y el ruido distante de los balones de futbol. De vez en cuando, mi madre salía y me miraba.

—No puedes simplemente quedarte allí sentada —decía—. Tienes que encontrar un trabajo.

—Estoy trabajando —respondía yo, y hacía un gesto hacia mi computadora.

—¿De qué sirvió todo eso de la elegante escuela de posgrado —preguntaba—, cuando ni siquiera puedes encontrar un trabajo?

Era una pregunta muy extraña porque iba directo al centro de mi ansiedad —¿qué iba a hacer yo después del posgrado?—, y a la vez reflejaba lo poco que ella sabía o entendía sobre mí y mi vida. Trataba de explicarle el trabajo: estaba ganando treinta y cinco dólares por hora por simplemente quedarme allí sentada, y ¿por qué solicitaría trabajo aquí cuando estaba por mudarme a Filadelfia? Pero ella no parecía creerme o entenderme, como si el trabajo fuera una cosa singular, y si yo no estaba doblando ropa o empujando una escoba en mi ciudad natal, realmente no estaba trabajando. Marcaba de manera arbitraria trabajos en los anuncios del periódico local: ¿quería ser conductora de un autobús escolar? ¿Vendedora telefónica? ¿Qué me parecía estar en registro de datos? Y dejaba el periódico a mi lado. Me volví muy buena en tirarlo teatralmente a la basura.

—¿Cómo vas a pagar esos préstamos estudiantiles si no consigues un trabajo? —preguntaba ella.

—Nunca he fallado con un pago —respondía—. Y *sí tengo* un trabajo.

—Nunca vas a pagar esos préstamos, y luego, ya sabes, tu padre y yo seremos los responsables. ¿Lo sabías?

Y una y otra vez llegábamos a este punto. Un lector podría pensar que esto es, obviamente, un tipo de ansiedad y amor parental fuera de lugar. Y podría tener razón. Pero yo sentía que me estaba volviendo loca. No había confianza, no había afecto, no había *escucha*, solo una microsupervisión ignorante. Sentía como si existiera en un universo paralelo donde todo lo que acababa de hacer con mi vida, todo lo que estaba haciendo con mi vida, no hubiera hecho ninguna diferencia. Era una niña otra vez. Inútil. Nada era mío, ni mi tiempo, ni mi horario, ni mis elecciones. (Si te quedas dormida, no vas a conseguir un trabajo / si vas tanto a visitar a tu novia, no vas a conseguir un trabajo / ¿sabías que necesitas un trabajo para pagar tus préstamos estudiantiles? / ¿para qué fuiste a la escuela si no puedes conseguir un trabajo que te permita pagar tus préstamos…?).

—No pienses que te puedes quedar aquí así nada más —me dijo una tarde—. No pienses que puedes mudarte aquí, así como si nada, y vivir en esta casa.

—Si tú piensas por un segundo —le dije— que quiero quedarme en esta casa demencial e infernal, de pesadilla kinkadiana, con tu aliento mordiéndome el cuello, en lugar de vivir en Filadelfia con mi novia, entonces en verdad estás loca.

Apretó la mandíbula con fuerza y no respondió nada. Yo no podía saber qué era lo que quería de mí, más allá de que me alejara lo más humanamente posible de ella. Así que eso hice.

Hacia el final de mi estancia temporal en la casa de mis padres, Val me visitó. Había tenido algún progreso en su búsqueda de trabajo y nos extrañábamos. Como no queríamos lidiar con mi madre, nos sentamos en mi habitación, bebimos agua mineral, comimos palomitas de maíz y vimos una película en mi computadora portátil. Abajo, mi madre se enteró de la indiscreción, del incumplimiento de su regla de no comer y beber —el olor a palomitas de maíz, tal vez, o ese sexto sentido de los padres— y comenzó a gritar. Su voz subió por las escaleras, llena de rabia y furia. La escuché hablar con mi padre, de la misma manera en que siempre lo hacía cuando yo era una niña: una conversación dura destinada a ser escuchada, a provocar vergüenza. Yo era una desagradecida, dijo ella. Era inútil e irrespetuosa. No pertenecía a esa casa y quería que me fuera.

Algo dentro de mí tronó como cuando estiras la espalda. Estaba, me di cuenta, contra un objeto inamovible e ilógico, así que más valía perder los estribos igual que ella, pues ser razonable y considerada no me llevaría a ninguna parte. Bajé las escaleras con las palomitas de maíz y me paré frente a mi madre.

—Eres una pesadilla —le dije—. Eres ignorante y amargada, y tú y esta casa son una pesadilla viviente. Eres un ser humano miserable, y ese es tu derecho, pero me niego a ser miserable contigo.

—Y tú eres egoísta —dijo—. Eres egoísta y engreída, y crees que todo te pertenece.

—Sí —dije, y con mucha calma vertí las palomitas en el suelo.

Ella se levantó y salió de la habitación. Después de que se fue, levanté las palomitas de maíz cubiertas de pelusa de la alfombra y las tiré a la basura, luego subí las escaleras y me fui a la cama. A la mañana siguiente, Val y yo manejamos a Filadelfia y nos quedamos en el departamento de un amigo. Nos mudamos allí unas semanas después. Val consiguió un trabajo de tiempo completo y yo reuní trabajos de tiempo parcial: profesora adjunta, vendedora minorista, trabajadora independiente. Nos las arreglamos y ha funcionado desde entonces.

Pero disfruté ese momento en el que por fin hice el desastre que ella siempre pensó que haría. Fue satisfactorio, a su manera, cumplir sus expectativas tan claramente, sabiendo que nunca más tendría que volver a hacerlo.

Mi madre y yo ya no hablamos. No comenzó en ese momento, con las palomitas de maíz, pero ese fue el inicio de algo: el descubrimiento de que tenía opciones sobre cómo vivir mi vida, y una de esas opciones era que ella no estuviera presente. Ya han pasado cinco años. No vino a mi boda: yo debía «reparar nuestra relación» antes de que se dignase a asistir, me dijo en un correo electrónico que nunca me molesté en responder. La palabra, supongo, es «distanciada»; de hecho, hay algo extraño al respecto: pienso en ella a distancia, como si fuera alguien que conocí en una clase de introducción a la biología durante mi primer semestre en la universidad, en lugar de la mujer que me crio.

No sé qué piense de mí actualmente. Todo lo que soy es prueba de que estaba equivocada acerca de mí; sin embargo, la mujer que he conocido durante mi vida entera no se disculpa, no admite culpas. Creo que ella me ama, de la misma manera que creo que es mejor que no seamos parte de la vida de la otra. Porque mi identidad ha sido moldeada por lo que ella no es; ella es, para mí, un ejemplo de cómo no llevar una vida. Creo que su orgullo por mis logros —y su amor por mí— lucha de forma real contra su resentimiento, pero no quiero supervisar esa guerra civil, y no tengo que hacerlo.

Y entonces, la maternidad. Me paralizo ante todo tipo de inquietudes, desde las más prácticas —los costos—, hasta las más egoístas —la carrera de mi esposa y la mía, y nuestro disfrute mutuo—, hasta las más ilógicas —la idea de que algún día mi hijo podría crecer y escribir un ensayo sobre mí en una antología llamada *Cosas que nunca hablé con mi madre II*, y solo entonces yo podría tener una visión clara y panorámica de mis propias fallas y debilidades—.

Creo que mi madre quería vivir una existencia egoísta. No creo que se haya imaginado a sí misma luchando por encontrar su identidad entre los cuarenta, cincuenta y sesenta años. Y no la culpo. Yo también quiero ser egoísta. Quiero escribir libros y viajar y dormir tarde. Quiero cocinar comidas extrañas y complicadas y pasar tiempo de calidad con mi esposa. La diferencia entre mi esposa y yo —además del hecho de que ella ya tomó su decisión y yo todavía tengo que tomar la mía— es que, con ella, el acto de tener un bebé es, por definición, con un propósito. Tenemos que ahorrar dinero, elegir el esperma, pasar por procedimientos complicados, costosos e invasivos para

convertirnos en madres. No podemos tropezar accidentalmen-
te con la maternidad como lo hacen las parejas heterosexuales.
Y creo que es mejor así. Y no un *¡ups!*, seguido de un monstruo
de ira de por vida que no se puede controlar ni mantener. Pero,
por supuesto, este es el tipo de problema en el que no puedes
aprender de una manera y elegir otra. Eres madre o no lo eres.

Esto es de lo que mi madre y yo no hablamos: que no es mi
culpa que ella sea tan infeliz con su vida. Que ella tuvo la oportunidad de conocerme, conocerme en verdad, como adulta, artista
y ser humano, y la arruinó. Que no me he arrepentido de nuestro distanciamiento ni un solo segundo; de hecho, sigo esperando que aparezca el arrepentimiento y sorprendiéndome de
que no sea así. Que me siento mal por ella, que está tan insatis-
fecha con su propia vida; no se lo desearía ni a mi peor enemigo.
Que extraño lo que teníamos cuando yo era niña, pero ya no
soy una niña y nunca lo volveré a ser. Y que lo que me impide
abordar la maternidad con entusiasmo no es, en realidad, dinero o ambición, hipocondria o egoísmo. Más bien, es el temor
de que he aprendido de mi infancia menos de lo que debería, de
que me parezco a ella más de lo que me gustaría.

¿Estás escuchando?

—⁓—

POR ANDRÉ ACIMAN

Siempre supe que mi madre no podía escuchar, pero no recuerdo cuándo me di cuenta de que siempre estaría sorda. Si me lo decían, no lo creía. No fue diferente cuando aprendí sobre el sexo. Es posible que alguien se haya sentado conmigo para conversar sobre los hechos de la vida, y aunque no estaba conmocionado en realidad, y quizá ya lo sabía, no podía confiar en nada de eso. Entre saber algo y negarse a saberlo, existe un abismo turbio que incluso los más iluminados están perfectamente felices de habitar. Si alguien me diera un informe oficial sobre mi madre, habría sido mi abuela; a ella no le agradaba su nuera y sentía repugnancia por las amigas sordas de mi madre, como si fueran aves desgarbadas graznando en la sala de la casa de su hijo. Si no fue mi abuela, habrá sido la forma en que la gente se burlaba de mi madre en la calle.

Algunos hombres silbaban cuando ella pasaba, porque era hermosa y atractiva y tenía una forma de mirarte con audacia hasta que bajabas los ojos. Pero cuando hacía las compras y hablaba con la voz monótona y gutural de los sordos, la gente se reía. En Alejandría, Egipto, donde vivimos hasta que nos exiliaron mediante un procedimiento sumario, como a todos los judíos del país, eso era lo que se hacía cuando alguien era diferente. No era una risa a todo pulmón, sino un escarnio, el hijastro del desprecio, que es tan carente de alegría como cruel. Ella no podía escuchar su risa, pero la leía en sus rostros. Probablemente así fue cómo finalmente comprendió por qué la gente siempre sonreía con superioridad cuando ella creía que estaba hablando como todos los demás. Quién sabe cuánto tiempo le llevó darse cuenta de que era diferente a otros niños, por qué algunos la rechazaban, u otros, queriendo ser amables, se comportaban con cierta reserva cuando le permitían jugar con ellos.

Mi madre nació en Alejandría en 1924, después del dominio colonial británico; pertenecía a una familia judía de habla francesa de clase media. A su padre le había ido bien como comerciante de bicicletas y no escatimó en gastos para encontrar una cura para su sordera. Su madre la llevó a ver a los audiólogos más destacados de Europa, pero regresaba más desanimada después de cada cita. Los médicos dijeron que no había cura. Su hija había perdido la audición a causa de una meningitis cuando tenía unos meses, y con este mal no había marcha atrás. Sus oídos estaban sanos, pero la meningitis había tocado la parte de su cerebro responsable de la audición.

En aquellos días no había nada parecido al orgullo sordo. La sordera era un estigma. Las personas más pobres a menudo desatendían a sus hijos sordos, los condenaban a toda una vida de trabajos serviles. Los niños se mantenían analfabetos y su lenguaje era primitivo, gestual. Desde el punto de vista esnob de los padres de mi madre, si no podías curar la sordera, entonces debías aprender a ocultarla. Si no te avergonzaba, entonces te enseñaban a estarlo. Aprendías a leer los labios, no a hacer señas; aprendías a hablar con tu voz, no con tus manos. Si no comías con las manos, ¿por qué demonios hablarías con ellas?

En un inicio, mi madre estuvo inscrita en una escuela judía francesa, pero en cuestión de semanas sus padres y los maestros se dieron cuenta de que la escuela no tenía la capacidad para atender a una niña sorda, por lo que fue enviada a una escuela especializada en París, supervisada por monjas. Resultó ser más una escuela de modales para señoritas que una para sordas. Le enseñaron a mantener una buena postura caminando con un libro en la cabeza y sosteniendo libros entre los codos y la cintura cuando estaba sentada a la mesa. Atendió las clases de costura, tejido y bordado. Pero ella era una niña irascible y bulliciosa y se había convertido en un marimacho que coleccionaba bicicletas de la tienda de su padre. No le gustaba jugar con muñecas. No tenía paciencia con el *savoir faire* francés ni con la gracia y los buenos modales franceses.

Regresó a Alejandría dos años después, donde fue entregada a una mujer griega innovadora y bien intencionada que dirigía una escuela privada francesa para sordos en su casa de campo. La escuela era acogedora e indulgente, y vibraba con el sentido de su misión. Sin embargo, el trabajo en clase consistía en largas y extenuantes horas aprendiendo a imitar sonidos que mi madre nunca podría escuchar. El resto del tiempo se dedicaba a sesiones de lectura de labios: lectura frontal de labios y, en el caso de mi madre, porque era una aprendiz rápida, lectura de labios de perfil. Aprendió a leer y escribir, adquirió un conocimiento rudimentario del lenguaje de señas, le enseñaron historia y algo de literatura, y en la graduación un general que estaba de paso por Alejandría le otorgó una medalla de bronce francesa.

Aun así, había pasado sus primeros dieciocho años aprendiendo a hacer lo que no podría haber parecido más antinatural: fingir escuchar. No era mejor que enseñarle a una persona ciega a contar sus pasos de este pilar a ese poste para evitar que la descubrieran con un bastón blanco. Aprendió a reírse de una broma, incluso si hubiera necesitado escuchar el juego de palabras en el cierre. Asentía con precisión en los intervalos adecuados a alguien que le hablaba en ruso, hasta el punto en que el ruso se quedaba convencido de que ella entendía todo lo que él había estado diciendo.

La directora griega era idolatrada por sus estudiantes, pero su método tuvo consecuencias desastrosas en la capacidad de mi madre para procesar y sintetizar ideas complejas. Más allá de cierto umbral, las cosas tan solo dejaban de tener sentido para ella. Ella podía hablar de política si tú esbozabas las promesas hechas por un candidato presidencial, pero no era capaz de pensar en las inconsistencias entre sus acciones e intenciones, incluso cuando se lo explicabas. Carecía del marco conceptual o la sofisticación simbólica para adquirir y usar un vocabulario abstracto. Podía gustarle una pintura de Monet, pero no podía hablar sobre la belleza de un poema de Baudelaire.

Cuando yo le hacía preguntas como: «¿Puede Dios crear una piedra tan pesada que Él mismo no pueda levantar?» o «¿Miente el cretense cuando dice que todos los cretenses son mentirosos?», ella no las entendía. ¿Pensaba en palabras?, le pregunté. Ella no lo sabía. Si no era en palabras, ¿cómo organizaba entonces sus pensamientos? Ella tampoco lo sabía. ¿Alguien lo sabía? Cuando le preguntaban cuándo se había dado cuenta de que era sorda, o cómo era la vida sin escuchar, o si le importaba no escuchar a Bach o Beethoven, decía que realmente no había pensado en eso. También se le podría pedir a una persona ciega que describiera los colores. El ingenio también la eludía, aunque le encantaban la comedia, las bromas y las payasadas. Era un mimo consumado y se sentía atraída por el mudo Harpo Marx, cuyos chistes se basaban no en el discurso oral sino en el lenguaje corporal.

Tenía un círculo de devotas amigas sordas, pero a diferencia de una persona sorda de hoy, que podría deletrear con dactilología cada palabra del Diccionario Oxford, ellas usaban un idioma sin alfabeto, solo una jerga abreviada de signos de mano y faciales cuyo vocabulario rara vez superaba las quinientas palabras. Sus amigas podían hablar sobre costura, recetas, horóscopos. Podían decirte que te amaban, podían ser muy amables con los niños y las personas mayores cuando los tocaban, porque las manos hablan de manera más íntima que las palabras. Pero la intimidad es una cosa y las ideas complejas otra muy distinta.

Después de salir de la escuela, mi madre se ofreció como enfermera voluntaria en Alejandría. Extrajo sangre, suministró inyecciones y en algún momento trabajó en un hospital, cuidando a soldados británicos heridos durante la Segunda Guerra Mundial. Salió con algunos de ellos y los llevó a dar una vuelta en la moto que su padre le había regalado en su decimoctavo cumpleaños. Le gustaba ir a fiestas y tenía un sorprendente don para bailar *swing*. Se convirtió en una codiciada compañera para cualquiera que quisiera bailar *jitterbug* o ir temprano a la playa para nadar.

Cuando mi padre la conoció, ella aún no cumplía los veinte. Estaba asombrado por su belleza, su calidez, su inusual mezcla de mansedumbre y osadía sin tapujos. Así fue como ella compensaba el hecho de ser sorda, y a veces te hacía olvidar que lo era. Ella les fascinó a los amigos y a la familia de mi padre, a excepción de sus padres. Su futuro suegro la llamaba «la lisiada» y su esposa decía que era «una cazafortunas». Pero mi padre se negó a escucharlos y tres años después se casaron. En las fotos de su boda, ella está radiante. Su maestra de griego aplaudió su triunfo: se había casado fuera del gueto de sordos.

Ahora puedo ver que con una mejor educación podría haberse convertido en otra persona. Su inteligencia y su perseverancia combativa frente a tantos obstáculos en Egipto como judía —y, después de Egipto, en Italia y luego en Estados Unidos—, la habían convertido en una gran mujer con una gran trayectoria. Pudo ser médico o psiquiatra. En una época menos ilustrada, ella seguía siendo ama de casa. A pesar de que tenía una posición acomodada en términos económicos, no solo era una mujer, sino una mujer sorda. Doble condena.

Ella hablaba y entendía francés, aprendió griego y árabe básico, y cuando aterrizamos en Italia, aprendió italiano yendo al mercado todos los días. Cuando no entendía algo, fingía que sí hasta que lo entendía. Y casi siempre lo entendía. En el consulado de Nápoles, semanas antes de emigrar a Estados Unidos, en 1968, tuvo su primer encuentro con el inglés americano. Se le pidió que levantara su mano derecha y repitiera el juramento de lealtad. Ella balbuceó algunos sonidos suaves que el funcionario estadounidense estuvo feliz de confundir con el juramento. La escena fue tan incómoda que provocó algunas risitas nerviosas en mi hermano y en mí. Mi madre se echó a reír con nosotros cuando salíamos del edificio, pero a mi padre le tuvimos que explicar por qué era tan divertido.

Su sordera siempre se había mantenido como un muro insuperable entre ellos, y cuanto más tiempo permanecían casados, más difícil era de escalar. En retrospectiva, siempre había estado allí. A mi padre le encantaba la música clásica; ella nunca había ido a un concierto. Él leía largas novelas rusas y escritores franceses modernos cuya prosa era cadenciosa y brillante. Ella prefería las revistas de moda. A él le gustaba quedarse en casa y leer después del trabajo; a ella le gustaba salir a bailar y cenar con amigos. Ella había crecido disfrutando las películas estadounidenses, porque en Egipto tenían subtítulos en francés; él prefería las películas francesas, que no tenían subtítulos y, por lo tanto, ella se perdía, porque leer los labios a los actores en la pantalla resultaba casi imposible. Los amigos de él hablaban de las cosas más raras imaginables: el dios greco-egipcio

Serapis, las excavaciones arqueológicas alrededor de Alejandría, las novelas de Curzio Malaparte; a ella le encantaban los chismes.

No mucho después de casarse, ambos se dieron cuenta de qué tan incompatibles eran. Se amaron hasta el final, pero se malinterpretaban y se insultaban entre sí, y discutían todos los días. Él a menudo salía cuando sus amigas sordas la visitaban. En la década de 1960, él dejó nuestra casa por completo durante algunos años, y regresó solo unas semanas antes de que saliéramos de Egipto. Aquellas de sus amigas que se casaron con alguien ajeno a la comunidad sorda también tuvieron matrimonios turbulentos. Solo las que se quedaron con los sordos parecían encontrar tanta felicidad como las oyentes.

Mi madre nunca aprendió inglés en realidad. Los movimientos de los labios no eran lo suficientemente claros o declarativos, a menos que parodiaras lo que estabas diciendo como si quisieras obtener un efecto cómico. A ella no le gustaba cuando exageraba para ella mis movimientos de labios en público, porque eso proclamaba su sordera. Muchos la compadecían, algunos hacían un esfuerzo por cruzar la barrera. Algunas personas bien intencionadas trataban de comunicarse con ella imitando el discurso de los sordos, remedando una voz estridente y haciendo caras distorsionadas. Otros hablaban en voz muy alta, como si al elevar el nivel de decibelios pudieran hacer llegar su mensaje. Ella se daba cuenta de que estaban gritando. Luego había quienes no eran capaces de entender lo que mi madre les estaba diciendo, por más que lo intentaban, y aquellos a quienes les importó muy poco para siquiera hacer el esfuerzo. Se negaban a mirarla a la cara o incluso a reconocer su presencia en la mesa del comedor.

O la gente simplemente se reía.

Cuando en el patio de recreo mis amigos preguntaban por qué mi madre hablaba con esa voz extraña, yo decía: «Porque así es como ella habla». Su voz no había sonado extraña para mí hasta que me la señalaron. Era la voz de mamá, la voz que me despertaba por la mañana, la que me llamaba en la playa, la que me tranquilizaba y me contaba cuentos a la hora de dormir.

Algunas veces traté de persuadirme de que ella no era realmente sorda. Era una bromista traviesa, y ¿qué mejor manera de mantener a todos saltando que fingir que era sorda, de la misma manera que todos los niños, en un momento u otro, fingían ser ciegos o se hacían los muertos? Por alguna razón se le había olvidado dejar de jugar su broma. Para ponerla a prueba me deslizaba detrás de ella cuando no estaba mirando y le gritaba al oído. No había respuesta. Ni siquiera un estremecimiento. Qué asombroso control tenía. A veces corría hacia ella y le decía que alguien estaba tocando el timbre. Ella abría la puerta y luego, al darse cuenta de que le había jugado una mala pasada, se reía de esto, porque ¿no era gracioso cómo la alegría de su vida —yo— había inventado esta broma pesada para recordarle, como todos los demás, que era sorda? Un día la vi arreglarse para salir con mi padre y, mientras se ponía un par de aretes, le dije que era hermosa. «Sí, soy hermosa. Pero eso no cambia nada. Sigo siendo sorda...»; quería decir: Y no lo olvides.

Era difícil para un niño conciliar su sonrisa fácil, su gusto por la comedia y su buena camaradería con su dolor permanente como esposa y persona sorda. Ella siempre lloraba con sus amigas. Todas lloraban. Pero aquellos de nosotros que hemos vivido con sordos dejamos de sentir lástima por ellos. En cambio, uno salta rápidamente de la piedad a la crueldad, como un guijarro que se desliza sobre aguas poco profundas, sin comprender lo que significa vivir sin sonidos. Pocas veces he podido sentarme quieto y obligarme a sentir su reclusión. Era mucho más fácil perder los estribos cuando ella no escuchaba, porque ella nunca escuchaba... porque parte de comprender lo que tú habías dicho involucraba una mezcla de conjeturas e intuición, donde el matiz de los hechos significaba más que los hechos mismos.

Nada era más terrible que ayudar a mi madre con sus llamadas telefónicas. A menudo nos lo pedía a mi hermano o a mí; marcábamos el número y hablábamos por ella mientras ella se paraba allí, mirando cada palabra. Ella lo agradecía y estaba muy orgullosa de que a tan temprana edad pudiéramos llamar al plomero, a sus amigas, a su costurera. Me decía que yo era sus oídos. «Él es sus oídos», proclamaría su suegra, queriendo decir: Gracias al buen Dios, hay alguien que hace el trabajo sucio por ella. De lo contrario, ¿cómo podría sobrevivir esa pobre mujer?

Había dos maneras de evitar hacer llamadas telefónicas. Una era esconderse. La otra era mentir. Marcaba el número, esperaba un rato y luego le decía que la línea estaba ocupada. Cinco minutos después, la línea seguía ocupada. Nunca se me ocurrió que la llamada podría ser urgente o, cuando su esposo no se presentaba a cenar, que estaba desesperada por hablar con una amiga o familiar, cualquiera que la protegiera de su soledad. A veces llamaban hombres, pero, con mi hermano y conmigo como intermediarios, las conversaciones eran incómodas. Los hombres nunca volvían a llamar.

Cuando fui a la escuela de posgrado, le tocó a mi hermano quedarse como intermediario. Yo hablaba con él, él le transmitía el mensaje, en el fondo distinguía la voz de ella diciéndole qué decir y él me lo transmitía. A veces le pedía a él que le pasara el teléfono y la dejara decirme lo que se le ocurriera, porque extrañaba su voz y quería escucharla decir las cosas que siempre me había dicho, arrastrando un poco sus palabras, con errores gramaticales, palabras que no eran necesariamente palabras, solo sonidos que se remontaban a mi infancia, cuando yo no conocía las palabras.

Cuando era niño, fantaseé con que algún día alguien inventara un artilugio que le permitiera a mi madre hablar por teléfono con otra persona sorda. El milagro ocurrió hace unos treinta años, cuando obtuve un teletipo para ella. Por primera vez en su vida, pudo comunicarse con sus amigas sordas sin involucrarme a mí ni a mi hermano. Podía escribir mensajes largos en un pésimo inglés y organizarse para verlas. Después, hace siete años, instalé un dispositivo en su televisor que le permitía comunicarse visualmente con sus amigas de todo el país. La mayoría eran demasiado viejas para viajar, así que fue un regalo caído del cielo.

Abierta a cualquier experiencia nueva, se enamoró de cada avance tecnológico. (Mi padre, siempre reacio a acercarse a algo nuevo, seguía conectado a su radio de onda corta). Hace varios años, cuando mi madre estaba a mediados de sus ochenta, le compré un iPad, para que pudiera llamar por Skype y FaceTime por horas a sus amigas en el extranjero, gente que no había visto en años. Fue mejor que cualquier cosa que hubiera imaginado de niño. Podía llamarme cuando yo estaba en casa, en la oficina, en el gimnasio, incluso en Starbucks. Podía llamarla por FaceTime y no preocuparme por dónde o cómo estaba. Después de que mi padre murió, ella insistió en vivir sola, y mi mayor temor era que pudiera caerse y se lastimara. FaceTime también significó ahorrarme tener que visitarla tan a menudo, como ella entendió bien: «¿Esto significa que no vendrás esta noche porque estamos hablando con mi iPad?».

Mi madre, a pesar de todos sus déficits, era una de las personas más sagaces que he conocido. El lenguaje era una prótesis, una extremidad injertada con la que había aprendido a vivir pero que seguía siendo periférica porque podía prescindir de ella. Tenía formas más inmediatas de comunicarse. Era muy perspicaz y tenía un buen olfato para las personas y las situaciones. Su radar siempre estaba encendido: en quién confiar, en qué creer y cómo leer una inflexión. Ella compensaba con el olfato lo que había perdido con su sordera. Me enseñó de especias: las nombraba en una tienda de comestibles, metía la mano en las bolsas de arpillera y luego me dejaba oler cada puñado. Me enseñó a reconocer sus perfumes, el olor a lana húmeda, el olor de las fugas de gas. Cuando escribo sobre el olor, no me conecto con Proust sino con mi madre.

A menudo había gente que se sentía atraída por ella de inmediato. Esto se puede atribuir a la gran alegría que irradiaba cada vez que salía. Pero mi madre era un alma profundamente infeliz. Creo que se debía a su capacidad sin obstáculos para permitir que la intimidad tuviera lugar a simple vista, con todos: ricos, pobres, buenos, malos, carniceros, carteros, personas importantes o trabajadores senegaleses en los supermercados del Upper West Side que la ayudaban sin saber que ella, también, era una hablante nativa de francés. Si hubiera estado en Kandahar o Islamabad, ella no habría tenido problemas para encontrar justo el corte de carne que quería y regatear el precio hasta imponerse, mientras hacía otros amigos en el mercado.

Ella también te hacía querer ofrecer intimidad. Mejor aún, hacía que buscaras dentro de ti para encontrarla, en caso de que la hubieras extraviado o no te hubieras enterado de que la tenías siquiera. Este era su idioma y, al igual que los prisioneros en celdas separadas aprenden a comunicarse a través de golpeteos en un nuevo idioma, con su propia gramática y alfabeto peculiar, ella te enseñaba a hablarlo. Algunas veces, mis amigos olvidaban que no podía escucharlos y entendían todo lo que decía, apenas una hora después de haberla conocido, incluso cuando no podían entender una palabra de francés, mucho menos el francés hablado por una persona sorda. Yo intentaba intervenir e interpretar para ellos. «Ah, claro», decía mi amigo. «Entiendo perfectamente», decía mi madre, esto es: Déjanos solos y deja de entrometerte, lo estamos haciendo bien. Yo era el que no entendía.

Un día muy frío, hace unos años, me detuve en el departamento de mi madre durante una salida a correr, a fin de entrar en calor, recuperar el aliento y ver cómo estaba. Ella había estado viendo la televisión. Me senté a su lado y le expliqué que no podría ir a cenar esa noche porque saldría con amigos, pero que podría pasar al día siguiente para nuestro ritual de whisky y cena. A ella le gustó eso. ¿Qué se me antojaba que cocinara? Le sugerí ziti horneado, con la parte superior ligeramente crujiente. Ella pensó que era una gran idea. Había olvidado quitarme la máscara de esquí y toda la conversación tuvo lugar con mi boca cubierta. Ella me estaba escuchando, siguiendo el movimiento de mis cejas.

En el Nuevo Mundo donde mi madre terminó sus días, recibías respeto y tenías los mismos derechos; prosperabas con dignidad y seguridad. A ella le gustaba más que el Viejo Mundo. Pero no era su hogar. Ahora que pienso en lo que Shakespeare podría haber llamado su lenguaje «desguarnecido», me doy cuenta de cuánto extraño esa calidad táctil e inmediata de otra época, cuando tu rostro era tu vínculo, no tus palabras. Le debo este idioma no a los libros que leí o estudié, sino a mi madre, que no tenía fe ni talento ni mucha paciencia para las palabras.

Hermano, ¿tienes cambio?

POR SARI BOTTON

—¿Te gustaría esta blusa? —Mi madre sostiene una blusa de estampado animal que todavía tiene la etiqueta del precio. Es algo que no me pondría ni muerta, y es probable que ella lo sepa, pero aun así está ansiosa de que la tome, de que la reciba de ella—. La acabo de comprar —me dice—, pero tal vez a ti se te vería mejor.

—No, gracias, mamá —le digo, tratando de ocultar mi molestia y mi incomodidad, sintiéndome más de trece que de veintitrés años, a un año de haber salido de la universidad.

—Tengo otra blusa que tal vez te guste —dice, regresando a su clóset. Vuelve con una playera de algodón Michael Stars de manga larga, corte francés, color azul marino, una que le tomé prestada al menos una vez, ahora llena del polvo que le receta su dermatólogo—. Esta es más tú. —Lo es.

—Pero es *tu* blusa —protesto.

—Puedo conseguir otra —insiste—. Volveré a Blooming-dale's. ¿O quieres ir conmigo? Allí podría conseguir una nueva para ti… Quiero darte algo.

Temo lastimarla si comparto con ella esa parte de mí que se muestra reacia a confiar en sus regalos. Me preocupa que vengan con condiciones. Más allá de eso, se siente como una traición a todo lo que ella me enseñó sobre cómo ser y en qué creer. En el fondo, también tengo miedo de que, si hablo, los regalos se detengan.

Cinco años antes, el verano después de mi primer año en la universidad, me convertí en ladrona.

Unas cuantas veces a la semana, me metía en la habitación de mi molesto hermanastro un año mayor que yo, Jared, me sumergía en su enorme tazón rebosante de monedas de cinco, de diez y de veinticinco centavos, y me escabullía con setenta y cinco centavos en la mano, tal vez un dólar.

No pensaba en ello como un robo. Eso no cuadraba con mi largamente arraigado e indiscutible papel como La Buena Hija. Me decía que estaba tomando prestado el dinero de mi hermanastro, a pesar de que nunca lo había pedido. Además: nunca hacía ningún esfuerzo por pagarlo.

Algunas veces, en lugar de un préstamo lo consideraba una indemnización de guerra. En el campo de la batalla en apariencia civilizada, pero calladamente despiadada, del divorcio de mis padres, yo había sido la clara perdedora. Cargaba con dos padres que, en sus nuevos matrimonios, eran la pareja con menos

dinero, menos poder y menos pelotas para defender a sus propias hijas.

Cuando tenía doce años, mi padre se volvió a casar con
una viuda cuyo difunto esposo había dotado a ella y a sus dos
hijas con saludables fondos fiduciarios. Cada año, su abuela,
una especie de brahmán bostoniana semítica, me entregaba con
orgullo una tarjeta de Janucá, dentro de la cual había metido
un crujiente billete de dólar recién acuñado.

Cuando tenía quince años, mi madre conoció a un viudo
que desde el principio le hizo saber que preferiría no casarse
con una mujer con hijos. Mi madre hizo entonces una buena
imitación de una mujer sin hijos en una gran variedad de formas. Cuando compraba cosas para mi hermana y para mí, nos
susurraba en secreto: «Ve a mirar debajo de tu cama, te dejé
algo allí», para que mi padrastro no se enterara.

Y así, a los dieciocho años, mientras me pagaba yo sola la
escuela y me autocompadecía, para consolarme me otorgaba
una pequeña cantidad de ayuda financiera de la generosa colección de monedas de mi hermanastro. De cualquier modo,
¿cuál era la posibilidad de que él se diera cuenta de que faltaban
algunas monedas aquí y allá?

Estuve robando el cambio para el autobús M32, en el que viajaba cada día laboral desde la estación Penn hasta el Club del
Libro del Mes, donde tenía un trabajo de verano que me ayu-
daría a pagar mi próximo semestre: otoño de 1984. Viajaba a la
ciudad a las 6:47 a. m. desde Oceanside, Long Island, y regresaba a las 5:43 p. m. con el esposo de mi madre, Bernard, un ser

humano miserable, un *farbissener*,[1] decía mi abuela. Todas las mañanas era confrontada por su aliento ulceroso y sus ojos saltones, magnificados detrás de los gruesos lentes de aviador Porsche graduados, a una hora en la que me resultaba difícil concentrarme, y mucho menos sonreír…, una queja que él presentó en contra mía con mi madre. Sin embargo, era obvio que Bernard tampoco estaba contento de tener que compartir su viaje conmigo. Había una tensión en su silencio. No solo no quería hablar con él, tenía miedo de hacerlo. Él tenía mal carácter. Me preocupaba que cualquier cosa que dijera pudiera hacerlo estallar, por lo que en esos trayectos casi siempre pretendía estar dormida.

Esta es la terminología que usábamos cuando nos referíamos a Bernard: «Tiene mal carácter». Así lo llamamos cuando arrojó un tazón de vidrio lleno de espagueti a la cabeza de su hijo, con lo que le ocasionó una conmoción cerebral; cuando le arrojó una copa de vino a mi madre y esta se hizo añicos en el suelo después de rebotar en el costado de su cara. Así lo llamamos cuando arrastró por las escaleras a mi hermana de trece años del cabello, cuando la agarró por la garganta y la sacudió tan violentamente que le dejó marcas. Así lo llamamos cuando buscamos refugio en la casa de la amiga de mi madre. Cuando mi madre regresó, suplicando el perdón de Bernard por haberse ido. Cuando alguien, tal vez una amiga de mi madre, llamó de manera anónima a los Servicios de Protección Infantil y un trabajador social comenzó a hacer visitas a nuestra casa.

---

[1] *Farbissener* es una palabra hebrea que significa *persona amargada, infeliz.* [N. de la T.]

«Él tiene mal carácter».

Así lo llamamos cuando me arrojó mi alcancía de cerdito de cerámica una noche, mientras estaba sentada en mi cama, haciendo mi tarea del bachillerato. Irrumpió en mi habitación agitando una libreta con números rayados a lápiz, furioso porque yo no estaba dispuesta a llamarle a mi padre y pedirle que pagara más para la manutención de sus hijas. Me agaché justo a tiempo. La alcancía golpeó la pared y se hizo añicos.

Todo el verano me escapé con mi robo de poca monta. A medida que avanzaba, me confié y me preocupé cada vez menos por cualquier injusticia asociada con eso. Me sentía tan cómoda que pronto se convirtió en rutina.

A finales de agosto, sin embargo, me esperaba una sorpresa. Resultó que mi hermanastro mantenía una estricta contabilidad del cambio en ese tazón. Un sábado por la noche, la semana antes de que nos dirigiéramos al norte del estado a nuestras respectivas universidades para el segundo año, bajó a cenar lívido, prácticamente echando espuma por la boca. Él señaló con el dedo ¡a mi hermana!

—Ella lo tomó —gritó—. ¡Sé que ella lo hizo!

—¡No, yo no lo hice! —chilló ella.

—Bueno, y entonces ¿quién fue, eh?

Me quedé sentada, conmocionada, sin decir nada. Mi hermana y mi hermanastro continuaron su intercambio de gritos hasta la noche. Mi hermana lloraba mientras le suplicaba a mi madre que le creyera.

Antes de siquiera considerar confesarme, pensé si sería verosímil sugerir que alguien más hubiera podido tomar el dinero. ¿Había algún fantasma al que le pudiera echar la culpa de esto para que desapareciera? ¿Alguien que podría haber venido de visita? Pero entonces escuché a mi hermanastro insistir en que debía de haber sido mi hermana u otra persona en la casa, porque había estado rastreando la disminución constante durante los últimos dos meses.

Dudo que alguna otra vez me hubiera sentido peor que las doce horas que dejé a mi hermana cargando con la culpa erróneamente. Yo tenía que salir impune, pero apenas sabía cómo. Confesar crímenes no estaba en mi vocabulario. Cada vez que a mi hermana la pillaban portándose mal, después de unos cuantos gritos y pataleos, nunca le tomaba mucho tiempo admitir que estaba equivocada y asumir las consecuencias. Esa idea era extraña y aterradora para mí. Tenía muy bien ensayada mi interpretación de ángel. Me aterraba la idea de empañar mi imagen perfecta. «¿Quién soy sin mi aureola?».

Toda esa noche me senté para escribir y reescribir notas de confesión en la papelería personalizada de colores que había recibido como regalo de *bat mitzvah*. A las cinco de la mañana, las puse en sobres y dejé cada uno en el asiento regular de cada persona en el desayunador de fórmica. Incluí un cheque en el sobre de mi hermanastro.

Más tarde, me escondí en mi habitación. Me estremecí y gemí mientras escuchaba la conversación en la planta baja, una vez que estuvo claro que habían abierto las cartas. Escuché a mi hermana sisear: «¡¿Ves?!». Escuché a mi hermanastro decir:

«Sí, pero probablemente tú también robaste algo». La escuché reír en su cara.

Después de un rato, mi mamá subió las escaleras. «¿Tú?», preguntó. Apenas sabía qué más decir.

La transformación de mi madre ocurrió gracias a su matrimonio más reciente, el tercero. En todos los sentidos, Stanley, el tercer esposo de mi madre, era diferente a Bernard. Stanley era cálido, amable, alegre, un mago calvo aficionado que se hacía llamar «El Gran Calvini». Era atento e incesantemente generoso.

Si bien Stanley no era particularmente rico, le iba mucho mejor que a los dos primeros maridos de mi madre (incluido mi padre), lo cual significaba que tenía más para compartir. Durante gran parte de mi vida había estado en contacto con personas con dinero —familiares, amigos de la familia, parientes políticos con fondos fiduciarios— y la mayoría se lo guardaba todo para sí mismos. Stanley era diferente: un tesoro, un *mensch*.[2] Desde la primera semana que nos conoció, nos trató a mi hermana y a mí como si fuéramos sus hijas. Nos llevaba a buenos restaurantes, nos llenaba de regalos de cumpleaños y Janucá, y tiempo después, me ayudó cuando me encontraba en la ruina.

En este nuevo matrimonio, mi madre era una persona diferente. La mujer que había conocido a mediados de los años setenta como una madre soltera en dificultades, que apenas llegaba a fin de mes con el sueldo de maestra de escuela primaria, una «rojilla» socialista, como bromeaban algunos amigos,

---

[2] *Mensch* es una palabra hebrea que significa *buena persona*. [N. de la T.]

204 | SARI BOTTON

una jefa de sección local del NYSUT (Maestros Unidos de Nueva York, por sus siglas en inglés), que manejaba un Dodge Dart golpeado: esa mujer ahora era irreconocible para mí.

Ahora salía a hacerse manicuras y pedicuras semanales, y recibía ayuda para la limpieza cada semana, en lugar de solo de vez en cuando. Una nueva categoría de indumentaria surgió en su vestidor: brillante ropa de noche para las cenas, bailes y cocteles a los que a menudo asistía del brazo de Stanley. Recibía como regalo joyas de oro para las ocasiones especiales y se iba de vacaciones a lugares tropicales.

Como parte de la transición, mi madre también se volvió mucho más generosa con sus hijas. En su matrimonio con Bernard, darnos había sido difícil para ella, en gran parte porque tenía miedo de provocar el mal carácter de Bernard. Había sido una elección estratégica, una forma de manejar a la persona más enojada en la habitación.

Una vez que Bernard se fue y apareció Stanley, mi madre renació. Ahora, cuando la visitaba, había La Ofrenda Ritual de Cosas. Al final de una visita de fin de semana, me abrumaba con toda clase de prendas de vestir, zapatos, accesorios extravagantes, comida y muestras de Clinique que venían incluidas con el lápiz labial que acababa de comprar en Bloomingdale's.

Se ofrecía a llevarme de compras allí y yo daba un paso atrás. Sin embargo, a los trece años, después del divorcio de mis padres, había deseado esto. Le había rogado a mi madre que nos llevara a Bloomingdale's, de la misma manera en que otros niños les ruegan a sus padres que los lleven a Disney. Comprar (o más exactamente, *bobear*) allí me ayudaba a protegerme de sentir como si fuéramos productos empobrecidos del divorcio, lo que en ese momento sin duda éramos. Después de que mis padres se separaron, me preocupé mucho por mi apariencia externa y me volví dolorosamente consciente de mi nivel socioeconómico. Estaba decidida a no parecer o sentirme como una especie de erizo desaliñado, como algunas otras chicas de padres divorciados que conocía, siempre con ropa y zapatos desgastados que ya les quedaban chicos, y con el cabello sucio y enmarañado. De alguna manera, el solo hecho de estar dentro de Bloomingdale's tenía el poder de calmar temporalmente mi ansiedad por este asunto.

En esos pasillos podía vislumbrar por breves momentos algo parecido a la ojeada *deseosa* que se asomaba más allá de la pose antimaterialista de mi madre. Teníamos un ritual. Primero, las tres compartíamos dos sopas y una ensalada en el restaurante de la tienda, que se llamaba Ondine. Una vez que cargábamos las pilas, nos íbamos al mostrador de Clinique. Luego, nos dirigíamos al departamento de niñas y, al final, al de damas, donde le aconsejábamos a mi madre qué conjunto, que no iba a comprar, le quedaba mejor.

Nunca compramos ropa, solo nos la probábamos. Pero al final de cada salida, nos dirigíamos al departamento de comida gourmet en el sótano, donde mi madre tomaba un pequeño frasco de conservas Tiptree Little Scarlet, repleto de innumerables fresas diminutas y perfectas que se asomaban por el vidrio, y nos regalaba a cada una de nosotras una minibarra de chocolate Godiva.

A los veintitrés años, el consumo conspicuo y los regalos me hacían sentir terriblemente incómoda. ¿Quién era esta señora burguesa y qué había hecho con mi madre, la prole? ¿Dónde estaba la mujer que, en el verano de 1976, había roto con mi padre, a pesar de que sin él tendría que enfrentar una lucha financiera aún mayor que aquella a la que estaba acostumbrada en ese tiempo?

Las salidas para bobear en Bloomingdale's, y casi cualquier otra cosa disfrutable, llegaron a su fin cuando Bernard y sus dos hijos entraron en nuestras vidas, a principios de 1981, cuando yo tenía quince años. Los siguientes seis años fueron sombríos y lúgubres, y contaminados con la rabia, que nosotras reprimíamos y Bernard dejaba explotar inesperadamente en momentos de violencia inolvidable.

Después de uno de los arrebatos de Bernard, cuando le arrojó a mi hermana su propio equipo de sonido tres en uno y luego la arrastró del cabello escaleras abajo, mi madre llenó la solicitud de divorcio. Fue un alivio cuando él se mudó. No tenía idea de la magnitud del alivio que nos esperaba más adelante, solo unos meses después, cuando mi madre comenzó a salir con Stanley.

Poco tiempo después de que mi madre y Stanley se casaron, dejé de resistirme y empecé a aceptar con entusiasmo todo lo que mi madre ofrecía, aunque siempre con cierto grado de reserva. La mayoría de las veces protesto un poco primero, luego doy mi consentimiento. Acepto sus ofrendas, para su beneficio y el mío. Ahora reconozco que ella necesita darme tan desesperadamente como yo necesité alguna vez que lo hiciera.

No solo me está dando cosas. Me está dando el *acto de dar*, algo que no había podido hacer durante tanto tiempo y que lamentaba. Al recibir, le doy la satisfacción de *haber dado*.

En mayo de 2018, a los ochenta y nueve años, Stanley de repente enfermó de gravedad. A las pocas semanas, un mes antes de su trigésimo aniversario, se fue. El mundo entero de mi madre y su estabilidad financiera comenzaron a desmoronarse.

Una semana después del funeral, voy a ayudarla a empacar el departamento de invierno en Boca Ratón. Ella necesita más de la base hipoalergénica de Clinique que todavía usa y pregunta si podemos ir a Bloomingdale's por ella.

Es extraño estar en una sucursal de Bloomingdale's después de tantos años de casi nunca comprar en los grandes almacenes. Mucho allí es exactamente lo mismo: la iluminación tenue, el elegante diseño interior, la atractiva mercancía. Una parte de mí se siente un poco drogada por la sensación de abundancia en el aire. Puedo decir que mi madre también lo siente. Hay un cierto brinco en su forma de caminar que no había visto desde que Stanley se enfermó.

—¿Necesitas algo? —pregunta mi madre.

—No, nada —le digo.

Se detiene para probarse unos zapatos camino al mostrador de Clinique. Mientras desliza su pie en un par de FitFlop de piso, confiesa que cuando Stanley estuvo en la unidad de cuidados intensivos, allí fue presa de la ansiedad y compró dos blusas. Además, dice como de paso, tiene una deuda de más de seiscientos dólares en una tarjeta de crédito de Bloomingdale's.

—Prométeme que cuando se resuelva el testamento, lo pagarás —digo. Ella lo promete.

En estos días, como debe ser, las cosas están cambiando. Tengo cincuenta y tres años, ella setenta y ocho, y es mi turno cuidarla. Por fortuna, tiene seguro social y una pensión, y algo más de dinero, lo suficiente para cubrir sus gastos por ahora. Recojo los cheques a la hora de la cena. Le traigo y le envío pequeños regalos: entradas para un espectáculo local, arándano orgánico concentrado para mezclar con su agua mineral, pequeñas bolsas que colecciona para guardar su maquillaje y sus joyas, libros para colorear para adultos, con aforismos positivos para ayudarla a superar su duelo, macarrones cubiertos de chocolate. Se siente bien que ahora yo pueda darle a ella de las pequeñas maneras que puedo.

No tengo idea de en quién se convertirá mi madre en la próxima fase de su vida, y no puedo evitar preocuparme de que sea vulnerable a los encantos de otro hombre malo como Bernard. Sin embargo, espero que sin importar quién venga más adelante, mi madre redescubra su independencia y los principios de no materialismo que me enseñó con el ejemplo cuando era adolescente. Podrían haber sido una tapadera para su propia rebelión y sus problemas relacionados con la autoestima, pero ahora tienen mucho sentido para mí.

Su cuerpo / Mi cuerpo

POR NAYOMI MUNAWEERA

Estoy sentada en el escusado esperando a mi madre. Tengo que esperarla porque soy incapaz de limpiarme de manera adecuada. Como siempre, ella me hace esperar. Cuando viene, hace caras de disgusto mientras me limpia. El mensaje es que ella no quiere hacer esto, pero *tiene que hacerlo* porque soy demasiado estúpida para hacerlo bien. Ha habido fuertes discusiones sobre este tema. Mi padre y mi abuela pelean con ella para que permita que me limpie yo sola, diciendo que esto no es normal. Ella los ha desafiado a todos: es mi madre y mi cuerpo le pertenece.

Yo no peleo con ella. Le creo y sé que no soy capaz de hacer algo bien. Solo que esta vez es diferente: hay sangre. Tengo mi primer periodo. Es entonces cuando mi madre me deja comenzar a limpiarme sola. Es entonces cuando me deja comenzar a bañarme sin que ella supervise. Tengo doce años.

El problema era que no veía diferencia entre su cuerpo y el mío. Yo le pertenecía por completo. Era tanto su hermosa hija adorada como un pedazo de mierda inútil. A veces, ella horneaba pasteles y me hacía vestidos, otras gritaba que yo no valía nada. Yo titubeaba todo el tiempo entre estos dos entendimientos de mí misma, sin saber dónde aterrizar, siempre en busca de evidencia de qué era.

Fue fácil mientras yo era una bebé. Luego, naturalmente, controló todos los aspectos de mi vida y esto alimentó su necesidad de sumisión. Después las cosas se pusieron difíciles, cuando se hizo evidente que formaría una personalidad separada de la suya, que yo no sería ella, que había heredado los rasgos de mi padre, a quien ella odiaba, pero a quien no dejaría. Recuerdo haber escuchado a otros adultos hablar sobre sus accesos de furia. Pero tenían miedo de involucrarse en nuestra dinámica familiar interna y, por lo tanto, nadie intervino.

Mis padres a menudo dicen que cuando era niña podían dejarme sola en una habitación durante horas. Me quedaba quieta y callada, ni siquiera me movía. Lo consideran, al parecer, una señal de que yo era una niña buena, una niña obediente. No lo ven como un comportamiento inusual, que enmascara implicaciones psicológicas más profundas.

Décadas después, cuando tenía treinta años, vivía en San Francisco y había encontrado al terapeuta que desbloquearía toda mi vida, por fin revelé cuántos años tenía cuando mi madre dejó de tratarme como una bebé. Nunca antes se lo había dicho a nadie. Imaginaba que si le contaba a alguien este vergonzoso secreto, se darían cuenta de que yo era sucia y, por lo

tanto, inherentemente alguien a quien no se debía amar. Tarta-
mudeé y lloré, y por fin pude decir las palabras. Él respondió
con estas frases mágicas: «No es tu culpa. Tú no hiciste nada
malo. Eras solo una niña».

Salí de su oficina, entré en una librería y desde el segundo
piso, con vista a Union Square, llamé a mi madre y le pregunté
por qué no me había permitido dominar mi propio cuerpo. Dijo
que no podía recordarlo, pero que ella era joven en aquel tiempo. Sobre todo, pensaba que había intentado hacer lo mejor
para mí, que estaba tratando de ser una buena madre. Se sentía triste por eso, pero no había nada más que decir. Nunca vol-
vimos a hablar de este asunto.

La boda

Mis padres se casaron en 1972 en Sri Lanka. Mi madre tenía
diecinueve años y era la hija menor de una viuda. Cuando era
muy joven, su padre había muerto de un derrame cerebral y,
poco después, su hermano mayor —y su favorito— murió en
un violento accidente automovilístico. Nunca olvidaría ese día
en que le dijo adiós a su hermano cuando ya se iba a la escuela,
por la mañana, y en que vio su cuerpo despedazado cuando lo
llevaron a casa por la noche. De cierta manera su corazón ya
estaba partido; ella sabía que no debía esperar tener seguridad
en el mundo.

Mi padre tenía veintinueve años. Acababa de graduarse
como ingeniero de la prestigiosa Universidad de Peradeniya, y

era uno de los cuarenta y ocho ingenieros que se graduaron en toda la isla ese año. Era muy inteligente, y muy tímido. Lo había criado una madre intensamente dominante que lo empujó hacia el éxito. De cierta manera, su corazón ya estaba partido; él sabía que no debía esperar sentir demasiada alegría en el mundo.

Las madres de ambos eran formidables y habían pasado su infancia en el mismo pueblo. Eran «nuestra gente», así que cuando se presentó la propuesta de matrimonio, ambas familias estuvieron de acuerdo. El hombre y la niña se conocían un poco. Tal vez habían ido solos al cine unas cuantas veces antes de casarse; cualquier otra cosa hubiera sido impensable.

Cuando veo la foto de su boda —ella resplandeciente con un brillante sari plateado, él tan guapo con su traje negro, los dos sonriendo—, me siento aturdida tanto por el asombro como por la pena.

Sueños de inmigrantes

Nací exactamente un año después. Mi madre siempre quiso para nosotros más de lo que Sri Lanka podía dar en ese momento, de manera que, en 1976, cuando yo tenía tres años, convenció a mi padre de que emigráramos a Nigeria. Cuando tuvo lugar un golpe militar en Nigeria, en 1984, fue mi madre quien precipitó nuestro traslado a Estados Unidos. Yo tenía doce años y mi hermana, Namal, tres.

Fuimos parte de la primera ola de estadounidenses de Sri Lanka, una pequeña comunidad de isleños, en los suburbios de Los Ángeles. Si nos hubieran visto en aquel entonces, habrían visto la familia perfecta de inmigrantes. Habrían visto personas que salieron adelante por su propio esfuerzo.

Consideremos a mi padre: en Nigeria había sido un profesional respetado. En Estados Unidos, su primer trabajo incluía recorrer los canales de control de inundaciones de aguas residuales sin tratar, guardando el equilibrio bocabajo sobre una pequeña tabla con ruedas. Desde allí ascendió en las filas del condado de Los Ángeles hasta que fue un ingeniero muy destacado, una trayectoria de vida casi increíble para un niño de una pequeña aldea de Sri Lanka.

Consideremos a mi madre: una chica que nunca fue a la universidad. En Nigeria, había sido la directora de su propia escuela. En California comenzó como maestra de preescolar. Abría la escuela a las 6:00 a. m. y la cerraba a las 6:00 p. m., y luego se iba a su casa a cocinar y limpiar. Durante dos décadas ahorró lo suficiente para comprar un preescolar y luego otro. Se redefinió a sí misma como propietaria de un negocio y como propietaria de una casa.

En Estados Unidos, sabíamos que teníamos que ser muy, muy buenos. Los estadounidenses a menudo nos miraban con recelo. A veces nos decían que hablábamos bien el inglés y se suponía que eso era un cumplido. Por lo visto no sabían que habíamos nacido con el idioma en la boca debido a cierta historia cruel, por lo que sonreíamos y les agradecíamos. Otras veces se enojaban y gritaban que deberíamos irnos a casa, y sabíamos que solo la perfección los convencería de que nosotros también éramos humanos.

Éramos tenaces, ahorrativos y trabajadores. Siempre nos veíamos muy bien. Mi madre en un sari, mi padre en un traje con corbata que hacía juego con el sari de mi madre y sus dos hermosas hijas. Cómo brillábamos y deslumbrábamos en las fiestas de inmigrantes, que eran toda nuestra vida social en ese extraño lugar, Sri Lanka en Los Ángeles, Colón en Hollywood. Era importante brillar en esta pequeña comunidad de doscientas familias. No hacerlo significaba arriesgarse a ser condenado al ostracismo, y ¿quién podría sobrevivir en las tierras salvajes de Estados Unidos sin el bálsamo de su propia gente?

Dentro de la casa

Mi madre era la reina y nosotros, sus súbditos leales. Cualquier afirmación de identidad individual era una indicación de abandono, una señal de que no la queríamos. Cuando pensaba que no la queríamos, la reina desaparecía y llegaba la bruja.

Cuando percibíamos que su estado de ánimo tendía a lo oscuro, nos susurrábamos el uno al otro: «Los colores que vienen no son buenos». Esto era una forma abreviada para describir algo innombrable e insidioso. Mi madre gritaba, rompía los platos hasta que no había uno solo sin romper en la casa, decía cosas crueles que se alojaban en mi cerebro y que me tomó décadas dejar de escuchar. Rompió tantas veces las fotos de la boda enmarcadas que dejamos de volver a enmarcarlas. Se encerraba en el baño y lloraba y lloraba. A veces se quedaba callada por días. Podía pasar de llorar incontrolablemente a la risa en solo minutos. Si todavía estábamos girando en la estela de su huracán, nos preguntaba cuál era el problema. Si no reflejábamos su júbilo, la ira volvía. Así que aprendimos a ignorar nuestros propios sentimientos hasta que dejamos de sentirlos.

Tengo catorce años y mi madre ha estado furiosa durante horas. Mi padre, mi hermana y yo hemos estado viendo televisión, ya fuera *La isla de Gilligan* o *Los tres chiflados*, nuestros programas favoritos y una forma fácil de anestesiarnos. Ahora está sospechosamente silencioso, así que voy a ver qué pasa. Ella está en el baño, con un corte largo y profundo en su muñeca. Hay sangre en el lavabo, en la pared. Está aturdida, incoherente, balbuceante. Le lavo la sangre de las muñecas, le aprieto la herida con los vendajes que guardamos en el botiquín. Le pregunto por qué, pero ella no responde. La llevo a la cama. Nunca hablo con mi padre al respecto y mi hermana, con sus ocho años, es demasiado pequeña; ella ya ha visto más de lo que debería.

Aproximadamente un año después; mi madre está en la cocina. Descubrió que mi padre una vez más le envió dinero en secreto a su hermana y a su madre en Sri Lanka. Le grita durante horas; mi hermana y yo estamos en nuestras habitaciones tratando de fingir que nada sucede. La escuchamos llorar y cuando vamos corriendo, vemos rayas de color rosa por todo el piso. Él tomó la lata oxidada de azúcar y la dejó caer con fuerza sobre la cabeza de ella. Su piel se ha abierto, la sangre brota y chorrea. Juntos van al hospital, donde dirán que se golpeó la cabeza con un gabinete. Envío a mi hermana llorando a su habitación. Limpio la sangre, el azúcar brillante, los remolinos rosados donde se mezclaron. Pienso que esta es la sangre de mi madre y me siento mareada. Cuando llegan a casa, la cocina está limpia.

Cuando la situación se ponía particularmente fea, tomaba a mi hermana y nos íbamos. No importaba qué tan tarde fuera, las dos paseábamos por las calles vacías del suburbio. A menudo salíamos tan rápido que íbamos descalzas y sentíamos el concreto helado bajo nuestros pies. En el parque nos columpiábamos hacia la luna, borrachas con la libertad de estar afuera mientras los otros niños estaban en la cama. Nos metíamos en los jardines y arrancábamos rosas, hortensias, lirios. Horas después, me acercaba a nuestra puerta de la entrada y pegaba la oreja. Si todavía había gritos, seguíamos caminando. Solo volvíamos cuando ya estaban dormidos. Llenábamos todos los floreros de la casa con las flores robadas. El aroma impregnaba la casa y perfumaba nuestros sueños. Por la mañana, mi padre nos daba un discurso sobre robar en la propiedad de otras personas. Siempre estaba muy preocupado por las otras personas, cómo nos veían, lo que les robábamos. Nunca pareció importarle de lo que nos estaba privando.

Un matrimonio mal arreglado

Fuera de la casa éramos perfectas. Dentro de la casa a veces estábamos tranquilas, a veces felices. Otras veces, quizá con mucha menos frecuencia, estábamos aterrorizadas. El problema era que nunca sabíamos qué madre tendríamos, qué padres tendríamos: los padres predecibles que nos hacían estudiar y que sabíamos que nos amaban, o los que se enojaban de manera violenta y nos atrapaban en su vorágine. Éramos expertas en leer sus estados de ánimo, siempre en guardia por el momento en que volviera la oscuridad.

Muy pronto supe que el problema era un matrimonio mal arreglado. Mi madre me decía que se había casado demasiado joven con un hombre terrible diez años mayor que ella. Me contaba todo lo mal que la trataba mi padre, cómo no la amaba, cuánto lo odiaba ella. A veces era confuso porque yo sabía que me parecía a él, que había heredado muchas de sus cualidades y que a menudo él era dulce conmigo. Ella lo odiaba y yo era la mitad de él, así que también sabía que una parte de mí le era repugnante, digna de odio. También sabía que mi trabajo era hacer las paces entre mis padres y mantenerlos a salvo el uno del otro.

El divorcio era impensable. Nuestro acuerdo tácito era que mis padres nunca debían haberse casado, pero ya que lo habían hecho y ya que nosotras, las niñas, habíamos llegado, no había escapatoria para ninguno de nosotros.

Cuando llegamos a Estados Unidos, me di cuenta de que el divorcio era algo normal; incluso había conocidos de Sri Lanka que se habían divorciado y habían comenzado vidas nuevas. Existía un poco de estigma, pero no era imposible como lo había sido en el sur de Asia y en África. A los trece años les dije a mis padres que debían divorciarse. Me sorprendía que no lo hicieran. Me llevó décadas comprender que la historia de un matrimonio mal arreglado era solo un velo para algo mucho más difícil de ver.

Cicatriz

Con los años, a menudo debido a mis ruegos o a mis amenazas de cortar el contacto, mi madre comenzó a ir a terapia. Pero siempre, alrededor del cuarto mes, cuando comienza el trabajo arduo de introspección, la deja.

Hay también una razón cultural para su desconfianza. Tradicionalmente, las familias del sur de Asia consideran vergonzosos los problemas de salud mental, quizá contagiosos incluso. Cuando mi madre era adolescente, la prima más bonita de su generación comenzó a tener algo parecido a ataques psicóticos. Sus padres la llevaron al extranjero para darle tratamiento, pero cuando nada pareció funcionar, regresaron a Sri Lanka y la encerraron en la casa de la familia. La gente sabía que ella estaba en la casa, incluso podían escucharla gritar en el piso de arriba, pero a nadie se le permitía verla. Este internamiento duró tres décadas. En ciertas comunidades del sur de Asia, la loca en el ático no es solo una historia gótica de horror, sino una posibilidad real para una mujer que sufre problemas psicológicos. A raíz de sus propias furias, cuando se había enemistado con sus seres queridos o destruido sus bienes, mi madre solía llamarme llorando. Me decía una y otra vez: «No estoy loca». Eso se traduce como: «No me encierren. No arrojes la llave».

En lugar de terapia, mi madre pone su fe en el ritual. Cuando éramos niñas, nos llevaba repetidamente al templo donde un sacerdote hindú sostenía cien limones, uno por uno, en nuestras frentes, y los cortaba con una navaja. Se suponía que el jugo debía chorrear el mal de ojo de aquellos enemigos desconocidos que nos causaban la infelicidad. Hasta el día de hoy, mi madre nos sigue enviando correos electrónicos para preguntarnos si puede enviarnos amuletos de la buena suerte bendecidos por hombres santos. Nos dice que le han leído nuestros horóscopos y que debo usar algo color rosa, mientras mi hermana debe usar algo dorado, a fin de mantenernos a salvo de las influencias malignas. Ella tiene la esperanza perpetua de que si nos limitáramos a cumplir con estas reglas en constante cambio, seríamos una familia feliz.

Cuando yo tenía diecisiete años, mis padres nos llevaron a la India rural, al enorme *ashram* de su gurú, Sai Baba, un hombre santo que tiene millones de devotos en todo el mundo. Vivimos en un cobertizo familiar, una enorme estructura abarrotada. Dormimos sobre esteras en el piso y comimos en una cafetería gigante. Nos despertábamos a las 3:30 a. m. y mi madre, mi hermana y yo nos sentábamos en el suelo, en el lado femenino, con cientos de miles de mujeres a nuestro alrededor en la oscuridad antes del amanecer, esperando que saliera el gurú. Cuando salía, las mujeres se ponían a cantar. Cuando pasó junto a nosotras, mi madre le entregó una carta en la que detallaba todos sus problemas. Lloró con devoción cuando él la tomó.

Me importaba una mierda el gurú. Odiaba el lugar, las reglas, la comida. Odiaba la segregación de hombres y mujeres.

Tenía un novio en Estados Unidos, pero otros chicos lindos vivían en nuestro cobertizo, incluidos dos hermanos de Sudáfrica. Mientras mis padres dormían la siesta en el calor del mediodía, fui a su rincón y nos sentamos en el suelo a cortar mangos. Cuando uno de ellós lanzó el cuchillo al aire, extendí por instinto la mano para atraparlo y la hoja se hundió profundamente en la carne de los dos dedos centrales en mi mano derecha, casi hasta el hueso. La sangre vino rápido y veloz.

En lo único que podía pensar era en lo enojada que estaría mi madre. Les rogué a los chicos y a sus padres que no se lo dijeran. Agarré un rollo de papel higiénico y luego otro, pero pronto estuvieron empapados. La sangre comenzó a correr por la parte delantera de mi salwar amarillo. La gente se reunió a mi alrededor; las ancianas susurraban que había sido castigada por hablar con los chicos. Alguien le dijo a mi madre. Cuando ella vino, su rostro estaba frío y enojado. No me dijo nada. Se dio la vuelta y se alejó. Alguien me envolvió la mano y mi padre me acompañó al hospital. En la puerta de ese lugar abarrotado y caótico nos dimos cuenta de que no podía entrar conmigo porque el edificio estaba dividido por género, así que caminé sola por los pasillos de ese hospital donde no hablaba el idioma. Finalmente encontré una doctora para coserme. Ella era cirujana y solo tenía un gran hilo negro de medicina interna, así que una vez que terminó, mis dos dedos parecían una hilera de enormes arañas que mantenían mi piel unida.

Cuando regresé del hospital, mi madre me ignoró. Había desafiado a la reina y, por lo tanto, no existía. Su enojado silencio se prolongó durante días. Veintiocho años después, todavía tengo la cicatriz de ese corte. Me recuerda cómo se siente necesitar consuelo y, en su lugar, encontrar ira. Me recuerda que en momentos de dolor nunca recurriré a ella para que me consuele porque ella, herida como está, nunca podrá darme consuelo.

Sobreviviente

Así sobreviví a mi infancia: desaparecí. Cuando era niña, me metía en los libros, y todo a mi alrededor, incluido mi propio cuerpo, se desvanecía. Era un acto muy consciente. Tengo mucha suerte de que temprano y sin saberlo, encontré libros en lugar de cualquier otra droga. Nunca he regresado por completo de esa temprana disociación. Mi vida más profunda la he pasado dentro de los libros, tanto en el consumo como, más tarde, en la creación de ellos. Y en este sentido, tal vez la condición de mi madre ha sido la principal fuerza moldeadora en mi vida.

Cuando era adolescente vi que nuestra comunidad de inmigrantes de Sri Lanka en Los Ángeles parecía la minoría modelo perfecta, pero detrás de los jardines bien cuidados, los autos de lujo y los múltiples grados académicos había varios niveles de podredumbre. Hijas que conocía susurraban que sus padres las habían tocado y todos las hacían callar. Chicas que conocía estaban casadas con hombres veinticinco años mayores que sus madres y nadie intervenía. Mientras lograras el sueño prometido por Estados Unidos de América, nada de lo que sucediera al interior de estas casas importaba.

En esta atmósfera aprendí a mentir. Me sorprende lo rápido que sucedió esto. A los doce años ella me limpiaba el trasero, y cinco años después me escabullía de la casa para tener sexo con mi primer novio. Según los estándares estadounidenses, mi comportamiento era normal. Según los estándares de Sri Lanka, yo estaba fuera de control. Algunas madres les dijeron a sus hijas que no me hablaran. Un tío llamó a mis padres y les dijo que me habían visto con un chico. Mis padres trataron de reafirmar su control, pero ya era demasiado tarde y, poco después, me fui de casa para ir a la universidad.

En los años posteriores, elegí de manera consistente parejas que eran menos saludables emocionalmente que yo. Conocía muy de cerca el papel de la salvadora. Aunque me fui de casa y me mudé al Área de la Bahía, visitaba la casa de mis padres a menudo. Cuando mi madre se iba de vacaciones a Sri Lanka, yo iba a Los Ángeles y administraba su negocio durante meses. Vivía en su casa, vestía su ropa, esencialmente *me convertía* en ella. Cuando regresaba a la Bahía, hablaba con ella por teléfono casi a diario. Ella me contaba sus problemas, a menudo entre sollozos. Modulaba mi voz en un tono apaciguador que no usaba con nadie más. Hablaba tranquila y gentilmente. A menudo me dolía todo el cuerpo antes de llamarla, pero ignoraba eso. Si no hablaba con ella y la calmaba, podrían suceder cosas terribles. Yo estaba segura de que si encontraba la herramienta adecuada para ella (meditación, un libro, un consejero que le gustara) sería feliz. Yo la salvaría. Todo dependía de mí. Había escapado de los muros de la prisión de mi infancia, pero llevé esa prisión dentro de mí hasta la edad adulta.

Salvar mi propia vida

Conocí al hombre que tiempo después se convertiría en mi esposo en 2007. Whit fue la primera persona en decirme que mi infancia sonaba disfuncional, que casi siempre lloraba después de hablar con mi madre, que de los viajes a casa regresaba destrozada emocionalmente y con dolor físico, y que cada vez que él y yo planeábamos un viaje, tenía que cancelar o casi cancelar porque mis padres habían tenido una pelea violenta o uno de ellos había amenazado con suicidarse. Apenas había registrado estos eventos como inusuales. Sí, mi familia era caótica, pero ¿qué podía hacer? Respondí a sus preocupaciones: «No lo entiendes. Eres blanco. Así es como funciona en las familias del sur de Asia».

Amaba a este hombre, pero no lo entendía. Él quería un amor profundo y pacífico. Pero si no había furia, ¿no era esa una señal de que no había amor? Pasé la primera parte de nuestra relación esperando que me gritara. Pasaron alrededor de cuatro años antes de que me diera cuenta de que él nunca iba a hacer eso. Me sorprendió darme cuenta. Tomó muchos años más relajarme en esta seguridad.

En esos primeros años de nuestra relación, yo era una niña salvaje en la arena del amor. Lloraba, gritaba, era locamente celosa. Si él pasaba tiempo con amigos, y ni qué decir si era con una chica, todo mi cuerpo entraba en pánico y dolor. Sentía que iba a morir. Un día pasamos la mañana juntos y él dijo que iría a ver el futbol con sus amigos y que me vería para cenar.

Después de que se fue, me senté en mi auto y lloré durante tres horas. Estaba histérica, pero para el momento en que él estuvo disponible otra vez, yo ya estaba perfectamente bien. Me asusté de mí ese día. Sabía que algo andaba muy mal. Sabía que si no hacía algo romperíamos, pero mucho peor que eso: llevaría estos comportamientos a cada relación futura. Pasaría mi vida gobernada por un dolor y una ira incontrolables. Desperdiciaría mi única vida salvaje y preciosa.

Reconectar mi cerebro

Lo que ocurrió en los siguientes cinco años fue un viaje hacia la sanación que continúa hasta el presente. Implicó romper las redes neuronales que se habían establecido en mi cerebro en la infancia y que habían permanecido allí durante más de treinta años, y reemplazarlas, una por una, con algo nuevo. Como con cualquier ruptura, era una tortura insoportable.

El compromiso de largos años con tres herramientas me ayudó a salvar mi propia vida: la meditación Vipassana, que me permitía acceder a mi propio cuerpo; Co-Dependientes Anónimos, que me mostraba que los comportamientos que me permitieron sobrevivir a la infancia ya no me servían, y la guía de un terapeuta experto que me reparó en la edad adulta.

La otra cosa que me salvó fue estar en una relación romántica a largo plazo. Hice berrinches durante años y cuando terminé, Whit todavía estaba allí. Con él tuve todas las emociones que no me habían permitido tener de niña, porque, por primera

vez, sabía que estaba a salvo. Una parte profunda de mí recono-
ció que podía confiar en él, a pesar de que no lo creí consciente-
mente sino hasta años después. Él entró en nuestra relación con
la comprensión y compasión que eran parte de su ascendencia, y
yo no habría podido tener una mejor pareja en la obra del amor.

Otra explicación

Mi terapeuta y yo habíamos trabajado juntos durante años antes de que él dijera: «Tu madre podría tener un trastorno límite
de la personalidad», y una puerta se abrió. ¿Qué pasaría si sus
«estados de ánimo» no fueran solo problemas matrimoniales,
sino un trastorno de personalidad diagnosticable, algo que podría calificarse y discutirse? Sé que no puedo diagnosticar a mi
madre. Sé que es extremadamente complicado llegar a un diag-
nóstico, incluso cuando uno trabaja en estrecha colaboración
con un terapeuta. Pero lo que puedo decir es que cuando leí
sobre este trastorno, las piezas dispares de mi infancia se aco-
modaron por primera vez en mi vida. Y por primera vez, sentí a
un tiempo esperanza por mí misma y compasión por mi madre.

El sitio web borderlinepersonalitytreatment.com enumera
los siguientes síntomas básicos del trastorno límite de la personalidad (una condición contraída en la infancia por abandono,
abuso o muerte): negligencia, control excesivo, ira, crítica, cul-
par a los demás, atadura sentimental, alienación parental.

Trastorno límite de la personalidad

Aprender sobre este trastorno fue una revelación. El libro más iluminador para mí fue *Understanding the Borderline Mother: Helping Her Children Transcend the Intense, Unpredictable, and Volatile Relationship* (Comprender a la madre con trastorno límite de la personalidad: ayudar a sus hijos a trascender la relación intensa, impredecible y volátil), de Christine Ann Lawson. En cada página encontré a mi familia. El libro describía el comportamiento a menudo extraño de mi madre con una precisión casi imposible. Explicaba cómo trabajábamos juntos como familia para manejar, disculpar e ignorar lo que estaba sucediendo dentro de nuestra casa. Explicaba cómo mi padre lo permitía. Explicaba cómo mi hermana y yo fuimos elegidas, respectivamente, como la niña «todo-bien» y la niña «todo-mal», y ambas etiquetas tienen repercusiones peligrosas.

Más que cualquier otro, este libro me dio una mejor visión de mi propia vida. Por primera vez sentí que lo que había experimentado en la infancia no era un fragmento de mi imaginación. Este párrafo está subrayado en mis dos copias del libro: «Los hijos de mamás con trastorno límite han estado en la madriguera del conejo. Han escuchado a la Reina de Corazones ordenar que todos sean decapitados. Han asistido a la loca fiesta del té y discutido con la Duquesa por el derecho a pensar sus propios pensamientos. Se cansan de sentirse grandes un minuto y pequeños al siguiente».[1]

Lo más importante es que aprendí que, como la hija primogénita «todo-mal» de una madre con trastorno bipolar, yo había estado en riesgo de desarrollar la enfermedad. Solo tomando como modelo a otros adultos y haciendo una inmersión en la literatura fue como me escapé con síntomas menos graves y reversibles.

Mientras leía, me angustiaba pensar en si debía hablar de esto con mi madre. Era como saber que alguien es diabético y luego ocultar esa información. Sentía que era injusto no decirle, pero era aterrador hacerlo. Entonces, un día en el teléfono con ella, las palabras salieron de mi boca de manera espontánea. Le dije que había aprendido sobre este padecimiento y que no era su culpa, pero pensaba que podría tenerlo. Ella no se enojó, estaba receptiva. Le pregunté si podía leerle la lista de síntomas y dijo que sí. Le leí una lista de treinta. En repetidas ocasiones dijo: «No, no tengo ese». Entonces yo le recordaba algún evento en el que ella había exhibido ese comportamiento hasta que marcamos casi todas las casillas.

Le pregunté si podía enviarle información y ella dijo que sí, así que le envié una caja de libros sobre la enfermedad. Confirmó que los había recibido; traté de hablar con ella sobre ellos, le preguntaba si los había leído, pero ignoraba las

---

[1] Christine Ann Larson, *Understanding the Borderline Mother: Helping Her Children Transcend the Intense, Unpredictable, and Volatile Relationship*, Nueva York, Rowan & Littlefield, 2004, p. 278.

preguntas. Dejé de preguntar y ella nunca más volvió a mencionar los libros, ni una sola vez en la década que siguió. Cuando visito a mis padres —en estos días, lo hago en muy raras ocasiones—, veo estos libros en el librero de la sala junto a nuestros libros de la infancia y los de texto de la universidad, solo otra capa de detritus acumulándose en la casa. Ella debe de sentir cierta reticencia a tirarlos porque yo se los di. Sin embargo, nunca ha sido capaz de lidiar con el hecho de que muchos de los comportamientos que le parecen inexplicables podrían tener un nombre.

Creo que ahora entiendo mucho mejor a mi madre. Sé que incluso cuando lastima a las personas, ella sufre más de manera exponencial. He visto videos de personas con trastorno límite de la personalidad en recuperación en YouTube que explican cómo se siente tener un cerebro que se ataca sin piedad a sí mismo. Las personas con este trastorno a menudo padecen un insoportable autodesprecio y desesperación. Reconozco que cuando mi madre se encerró en la ducha durante horas, cuando crecíamos, estaba tratando desesperadamente de controlar su violento dolor psíquico.

Vi a una persona con trastorno bipolar en recuperación decir: «Yo era tan cruel. Hacía daño a las personas que amaba. Les arrojaba veneno y veía cómo les lastimaban mis palabras y eso me lastimaba, pero no podía parar. Era como si quisiera seguir haciéndome daño a través de ellos».[2] Mi madre tampoco

---

[2] Recovery Mum, «I Felt Like a Child All the Time», video de YouTube, 10:52, diciembre de 2016, https://youtube.com/watch?v=eoqy3WM7YO0.

podía parar. Al parecer, ella también se lastimaba al lastimar a sus seres queridos. Estaba aterrorizada de alejar a la gente, pero no podía evitar hacer justo esas cosas que hacían que la gente se fuera. La única manera de protegernos de este ataque era alejarnos de su presencia. Como *Understanding the Borderline Mother* lo dice: «La mayor protección que tiene el hijo adulto de una madre con trastorno límite es la capacidad de irse».[3]

El trastorno límite de la personalidad no es curable. Ningún medicamento ha probado ser efectivo. Sin embargo, la terapia a largo plazo con un profesional calificado y dedicado, enfocada en aprender a manejar los síntomas, puede conducir a una mejor calidad de vida, en particular en el ámbito de las relaciones interpersonales. Mi madre nunca ha buscado terapia continua a largo plazo.

Memoria

En una de mis visitas a la casa de mis padres, encontré una larga lista pegada al microondas. Mi padre había enumerado todas las veces que mi madre lo había humillado en público, se había autolesionado, había abusado verbalmente de su familia y le había gritado a alguien más en el último mes. Los incidentes tenían fechas. Él estaba intentando de manera intuitiva controlar su

---

[3] Christine Ann Larson, *Understanding the Borderline Mother: Helping Her Children Transcend the Intense, Unpredictable, and Volatile Relationship*, Nueva York, Rowan & Littlefield, 2004, p. 278.

enfermedad y hacerla recordar esos momentos en que lo había lastimado profundamente, con la esperanza de que lo tratara mejor.

Los incidentes grabados en mi mente, así como los de mi hermana y mi padre, a menudo se perdieron por completo en la memoria de mi madre. No entendía esta discrepancia hasta que leí lo siguiente: «Los estudios muestran que las emociones crónicamente intensas dañan la parte del cerebro responsable de la memoria... Debido a que la madre con trastorno límite de la personalidad no puede recordar eventos emocionalmente intensos, *no puede aprender de la experiencia* [las cursivas son mías]. Puede repetir comportamientos destructivos sin recordar las consecuencias anteriores».[4]

Esta es la parte más triste de nuestra historia. Mi madre recuerda una vida diferente a la que hemos vivido con ella. El abismo entre nosotras es insalvable porque a menudo, aunque no siempre, ella es incapaz de recordar por qué un ser querido puede sentirse herido y, por lo tanto, necesita retirarse emocional y físicamente de ella.

Mi propia memoria también está manchada y rota. El día antes de su boda, mi hermana Namal y yo nos sentamos en la cocina de su mejor amiga y hablamos de nuestra infancia. Yo decía: «¿Recuerdas esto?». Y mi hermana decía: «Oh, sí, lo había olvidado». Entonces ella decía: «¿Recuerdas cuando sucedió

---

[4] Christine Ann Larson, *Understanding the Borderline Mother: Helping Her Children Transcend the Intense, Unpredictable, and Volatile Relationship*, Nueva York, Rowan & Littlefield, 2004, p. 278.

esto?». Y un recuerdo saltaba como una llama al frente de mi mente. Su amiga se había quedado en silencio y al final dijo: «Ustedes están hablando de eso como si no fuera la gran cosa. Esto es una locura absoluta». La miramos sorprendidas, no lo habíamos considerado particularmente disfuncional. Había sucedido tantas veces que para nosotros era normal lo que otros no harían, y olvidamos lo que la mayoría de las personas no olvidaría. En este ensayo solo he hablado de algunos de los recuerdos que son tan claros como el cristal. Hay niebla en otros. Ha sido una de las mayores bendiciones de mi vida que mi hermana pueda reflejar mi experiencia.

Ruptura

Con el tiempo, me di cuenta de que para recuperar mi vida necesitaba separarme emocionalmente de mis padres. Hace seis años les dije que me relacionaría menos con ellos, y si alguno de ellos hablaba del otro, les pediría que dejaran de hacerlo y, si continuaban, colgaría el teléfono.

Hubo meses de lucha mientras intentaba separarme. Mi padre llamaba y me decía que mi madre estaba tan molesta de que yo no hablara con ella que se había encerrado con llave en el baño y que temía que se lesionara. Le pasó el teléfono por la rendija y la escuché sollozando y balbuceando con la voz de una niña. En algún momento dijo: «Te amo», una y otra vez, cientos de veces, en la pequeña voz de niña. No sé si me lo estaba diciendo a mí, a sí misma o a otra persona. Hablé con la vieja voz apaciguadora hasta que ella fue coherente y luego, cuando por fin colgué, estaba exhausta, me dolía todo el cuerpo y estaba furiosa conmigo misma por no poder ser firme con mis decisiones.

Meses después, mi padre llamó y dijo con voz quebrada: «No puedo soportarlo más. Voy a hacer algo malo». Le rogué que aguantara mientras yo estaba en las montañas con mala recepción telefónica. Colgué y luego conduje como un alma en pena por la montaña, llamando una y otra vez, sin obtener respuesta. Imágenes del cuerpo ensangrentado de mi padre en el piso de la cocina o boca abajo en su cama compartida pasaron por mi mente. Llamé a mi primo Dinesh, quien vive en Sri Lanka y ha sido mi confidente de toda la vida. «Llama a la policía», dijo. Llamé a Whit. «Llama a la policía», dijo. Entonces, a pesar de mis propios temores acerca de cómo la policía trata con cuerpos de color, llamé a la policía y hablé con un oficial que dijo: «Oh, sí. Conozco esa casa. Ya he estado ahí antes». Colgué y llamé a papá otra vez. Él respondió y dijo que había salido a caminar para aclararse la cabeza después de una gran pelea. Estaba bien ahora. Me preguntó por qué sonaba molesta, luego dijo: «Espera, hay alguien en la puerta», y enseguida: «Es la policía». Le dije: «Sí, los llamé porque no sabía si te habías suicidado». Él preguntó: «¿Por qué hiciste eso? Los vecinos lo verán».

Lo mantuvieron en una institución durante tres días. Cuando salió, dijo que había hablado con un terapeuta y que era lo mejor que le había pasado porque alguien lo había escuchado en verdad. Le pregunté si continuaría. Dijo que no, porque todos saben que los terapeutas son delincuentes. Si sus pacientes mejoran, dejan de ganar dinero.

Ese fue mi punto de ruptura. Si ellos no estaban dispuestos a salvar sus propias vidas, no me iba a ahogar junto con ellos.

Amor

No sé si los comportamientos que vi cuando era niña continúan en la casa en la que crecí. Espero que a medida que envejecen, mis padres hayan encontrado una convivencia pacífica. Creo que han podido reinventarse como abuelos realmente buenos para los hijos de mi hermana. Como dije antes, los veo con muy poca frecuencia en estos días. Más de unas pocas horas en su compañía y me asalta la montaña insuperable de aquello de lo que no podemos hablar. En su compañía me encuentro muda, hosca, grosera. Me convierto en una persona diferente de la que sé que soy, una persona diferente de la que mis seres queridos saben que soy. La carga de lo no dicho convierte mi corazón en un puño cerrado.

Es importante que también diga esto: en muchos sentidos, mi madre y mi padre fueron muy buenos padres. En los diversos momentos en que me negué a cumplir el papel de una hija tradicional del sur de Asia, me apoyaron de una manera en que la mayoría de los padres del sur de Asia no lo hubieran hecho. Siempre fueron financieramente generosos. A diferencia de la mayoría de mis amigos, yo nunca tuve que trabajar en la universidad. Y pude graduarme sin deudas, un gran regalo en estos días en que las deudas de los estudiantes paralizan vidas. Nos llevaron de viaje a lugares que mis compañeros nunca habían imaginado. En un increíble acto de generosidad, hace poco mi padre nos ayudó a Whit y a mí a comprar una casa. Cuando estaba luchando por vender mi primer libro, mi madre me enviaba cheques cada vez que podía y me dejaba quedarme en su casa en Sri Lanka cuando estaba allí. En todos estos sentidos, son dulces y generosos. Sé esto y lo sostengo como parte de nuestra verdad colectiva. Estoy segura de que romper el silencio en torno a mi infancia les resultará un profundo acto de ingratitud. Necesito decir que estoy muy agradecida por sus muchos regalos.

Cuando hago una rara visita a la casa en la que crecí, veo docenas de fotos de mi hermana y mías, casi todas de la infancia o la adolescencia. Como si los relojes se hubieran detenido en ese entonces. Sé que mis padres me aman y me extrañan. Yo también lamento profundamente todo lo que perdimos. Pero he llegado al fondo de mi pozo particular. Aquí hay compasión, pero no muchas esperanzas de conexión más allá de eso.

Cuando salgo de la casa de mi infancia, mis padres están afuera para despedirme. Ella en los escalones delanteros, él en el borde del jardín. Agitan y agitan las manos mientras me alejo. No entrarán en la casa hasta que me pierdan de vista. Siguen ondeando la mano hasta que son unas figuras muy pequeñas, como niños pequeños, en mi espejo retrovisor, y después ya no están.

Luego, lentamente, puedo recordar que he hecho un camino diferente para mí. He encontrado a quienes conocen mi corazón y lo mantienen a salvo. Me he creado como alguien que, la mayor parte de los días, me agrada, respeto y amo. Me abrí paso y descubrí que *el amor también es contagioso*. He aprendido que la sanación es posible. Que podemos hacer vidas que ni siquiera podríamos haber imaginado cuando éramos pequeñas y que podemos llevar a las pequeñas que fuimos a estas nuevas y luminosas vidas.

Postdata: Seis meses antes de la publicación de este ensayo, se lo envié a mi madre. Este es el correo electrónico que envió:

¡Duwa, estoy muy orgullosa de ti por tener la fuerza para publicar este ensayo! Ayudará a muchas otras personas. Lamento mucho lo que sucedió en nuestra vida. Asumo toda la responsabilidad. ¡No puedo cambiar el pasado! Te quiero mucho y espero que podamos avanzar para construir una mejor relación en el futuro. Estoy orgullosa de todos tus increíbles logros. Te amo, Ammi.

Todo sobre mi madre

POR BRANDON TAYLOR

Mi madre no compartía mucho de ella con nadie. Existe la idea de que las familias del sur están llenas de historias, pero la mía no. O, supongo, mi familia estaba llena de historias, pero no las compartían, o si lo hicieron, las historias tenían un precio tan alto que a menudo no hablábamos durante días después de que se habían divulgado.

Una vez mi madre me dijo que cuando yo era muy pequeño no quería dejar mi chupón. Ella intentó quitármelo cuando yo tenía un año y luego otra vez cuando tenía dos, pero no cedí. Dijo que lo llevaba conmigo a todas partes y lo chupaba y lo chupaba, y no lo dejaba salir de mi boca ni a la hora de dormir. Dijo que trató de quitármelo cuando tomaba el biberón, pero que lo sostenía con fuerza en mi mano. Ella podría haberlo arrebatado fácilmente de mis dedos. Yo era un bebé, después de todo, por lo que no podría haber opuesto mucha resistencia, pero su fuerza le fallaba una y otra vez en el momento crucial.

Ella lo jalaba, yo lo sostenía con fuerza en mi boca o en mi mano y mis ojos se llenaban de lágrimas, y comenzaba a hacer un sonido como de hipo, como si estuviera tragando algo demasiado grande para mi cuerpo. Ella jalaba y yo resistía, y ella no era capaz de quitármelo.

Pero un día tuve dolor de estómago. Siempre he tenido problemas de estómago. Algo en mí siempre estaba caliente y febril, algo que siempre me alteraba el vientre. Pero ese día entré solo al baño y vomité, y ella vino detrás de mí porque me abalancé al interior de la taza del escusado. Miró hacia abajo y vio que estaba tratando de sacar mi chupete de en medio del vómito. Vio su oportunidad y le bajó a la palanca.

Creo que me contó esa historia por primera vez en mi cumpleaños, cuando cumplí cinco. Todos en la habitación se reían de mí —del niño que yo era o del niño que había sido, no estaba seguro—; ella estaba parada junto a la barra de la cocina del viejo remolque en el que vivíamos juntos. Se puso la mano en la cadera y sacudió la cabeza. Luego dijo: «Siempre has sido así. Goloso». Me sentí aguijoneado por ese comentario. Había empezado a engordar. Ya usaba ropa para niños fornidos. Lo dijo de nuevo y por si acaso lo repitió: «Goloso, goloso». Su voz se montó en el oleaje de la risa en la habitación y yo me senté en el suelo a jugar con el juguete que el padre de un primo me había comprado. Empecé a sentir el rostro caliente. Y ella volvió a sacudir la cabeza. «Estás mimado», dijo. Mimado. Goloso. Alguien me llamó el Gordo Albert, y el nombre se quedó porque el nombre de mi padre era Alvin, y a veces lo llamaban Albert. Y yo era robusto. El Gordo Albert. Ese fue el regalo que ella me dio en mi cumpleaños. Eso y los *hot dogs* que se habían hervido durante demasiado tiempo y se partían por la mitad sobre las rebanadas de pan blanco.

La historia me parece notable por muchas razones, entre las cuales se encuentra el hecho de que mi madre no se atrevió a quitarme el chupón. Me sorprende este acto de gracia y caridad. En ese momento me pregunté qué había pasado que la había convertido de alguien que no le quitaría un chupón a un bebé que lloraba a alguien que me llamaba goloso en mi cumpleaños por comer dulces y pasteles. A menudo repitió la historia, y la segunda cosa que encuentro notable al respecto es cuán consistente era al contarla. Cuando mi madre contaba otras historias, siempre cambiaban, influenciadas por su estado de ánimo o por cualquier punto que tratara de probar.

Cuando era muy joven, mi madre trabajaba como ama de llaves en un motel local. Ninguno de mis padres conducía —mi madre porque una vez se salió de la carretera y desarrolló un complejo al respecto, y mi padre porque estaba legalmente ciego—, por lo que no teníamos automóvil. Para ir a trabajar, mi madre se iba con una de mis tías o le pagaba a su cuñado cinco dólares para que la llevara y cinco dólares para que la recogiera. En ese tiempo vivíamos en seis mil metros cuadrados de terreno que antes era pantano y maleza y que había sido limpiado; se encontraba en la parte posterior de la tierra de mis abuelos. Mis padres nunca fueron dueños de su propia tierra, y el remolque lo habían heredado de la hermana de mi abuela, que se había mudado al otro extremo de la propiedad para vivir al pie de una colina de arcilla roja, en la tierra de mi bisabuela. Es extraño pensar en eso ahora, cómo todos mis parientes se habían agrupado de esa manera, cómo los hijos nunca compraron sus propias tierras y se quedaron con sus padres hasta que eran demasiado viejos o sus familias eran demasiado grandes, y caían como fruta podrida en el patio. Pero eso resultaba conveniente para mis padres, quienes, como dije, no conducían.

Mi madre trabajaba porque mi padre no podía hacerlo. Nunca le he preguntado qué es lo que puede ver, aunque he probado los límites de su vista indirectamente, de esa manera en que los niños a menudo prueban el alcance del amor de sus padres. Esperaba hasta que se quedara quieto o se sentara a solas en una habitación. Era importante que estuviera solo porque no quería que alguien más gritara mi nombre o arruinara el juego. Me paraba a un lado, o lo suficientemente lejos en el pasillo, esperando que él se girara hacia mí. Me quedaba completamente quieto, pensando que si no respiraba, no me movía o evitaba que el piso debajo de mí crujiera, él no podría usar sus oídos para encontrarme. A veces entraba a mi habitación y miraba, por un instante, pero incluso si me miraba directamente, no me veía. Entraba a mi recámara y me llamaba, pero no de la forma en que llamas a alguien a quien estás mirando, para llamar su atención. Era la voz que usas cuando buscas a alguien, cuando te enfrentas a una pared de árboles que oculta de tu vista algo que necesitas, y tienes que llamarlo, esperando que venga a ti, esperando que se levante de cualquier lugar donde se encuentre dormido y se mueva hacia ti como el viento.

Entraba a mi habitación y decía mi nombre, y luego, al no verme, salía de nuevo. Y yo estaba justo allí, en la cama o en el piso,
justo frente a su cara. Mi madre trabajaba, así que pasábamos
mucho tiempo solos. Otro juego que me gustaba era esperar
hasta que su voz se escuchara ronca y cansada de repetir mi
nombre, entonces llegaba detrás de él y presionaba mi rostro
contra su espalda baja húmeda y apretaba sus costados y le decía: «Estoy aquí, ¿me extrañabas?».

Y él gruñía y gruñía y se agachaba y me pellizcaba y decía:
«Claro que te extrañaba».

Cuando mi madre regresaba a casa, a última hora de la tarde, no tenía la misma paciencia. Ella me llamaba por mi nombre una sola vez, y yo sentía que algo duro y frío me bajaba por
la espalda. Corría a la habitación donde ella se encontrara, y ya
me estaba mirando como si estuviera enojada por algo. Sus
ojos eran excepcionalmente oscuros y estrechos. Su cabello era
negro, y antes de que se rapara en mi adolescencia, tenía un
permanente y algo así como una melena. No usó joyas la mayor
parte de su vida. Había en ella una especie de misterio brutal,
como si nada en ella pudiera soportar esa cercanía sin ser ras-
gado o hecho pedazos.

Recuerdo cómo el aire se volvía oscuro y frío cada vez que
ella estaba cerca, y cómo temía que me golpeara por algo de lo
que yo no me había dado cuenta, algo que ella olía en el aire.
Mi madre no era el tipo de persona que juega con niños. Incluso cuando trataba de reírse con nosotros, yo siempre sentía que
el filo de su burla apuñalaba mis costados. En cuanto escuchaba su peso en la escalera de afuera, me levantaba de la cama y

presionaba mi rostro contra la ventana, y veía cómo subía los escalones, uno a la vez, con su solidez polvorienta temblando debajo de su cuerpo mientras ella se movía pesadamente para entrar en nuestro hogar.

A veces llegaba con bolsas de plástico, llenas de cosas extraviadas y descartadas de la vida de otras personas. Traía almohadas del hotel donde trabajaba. Traía una serie de cargadores y cables. Traía, ocasionalmente, juguetes o camisas. En otro momento de mi vida, trabajó en un hotel junto a un campo de golf en mi ciudad natal. Y traía todo tipo de cosas a casa, cosas más caras: reproductores de MP3, cámaras, camisetas polo de marca para el golf, jabones y champús, cosas que parecían fuera de lugar en el remolque donde vivíamos. Era como si ella tratara de sacarnos de ese lugar, una cosa a la vez, como si uno pudiera mejorar de esa manera, en lugar de ser más agudamente consciente del lugar de uno por la curiosa gravedad que ejercían los objetos atraídos a nuestra órbita.

Tengo un hermano, aunque mis primeros recuerdos no lo incluyen. Siempre ha estado al aire libre, deambula, golpetea debajo de la casa o desaparece en el bosque. Debido a la forma en que resultaron las cosas, estoy sorprendido por la notable ternura contenida en estos recuerdos tempranos, con sus tonos grises, pero supongo que lo que encuentro más notable es algo que otras personas podrían encontrar ordinario: mis padres me mantuvieron en casa durante los primeros años de mi vida. Esa es la razón por la que su memoria parece estar vallada. No me permitían ir más allá del patio.

Cuando cumplí cinco o seis años, esta limitación se extendió a la calle. Es decir, me permitían salir del patio y deambular por el patio de mis abuelos. Tenía permiso de zambullirme en los zarzales y los árboles, saltar sobre los bancos de arcilla del barranco o deslizarme por sus bordes resbaladizos hacia el valle de kudzus, que crecían sobre los pedazos de autos en la zanja. Pero no me permitían cruzar la calle para visitar a la hermana de mi padre, a quien yo veía como alguien que me daba juguetes y regalos, jugaba conmigo y me dejaba peinarla. Solo podía visitarla cuando mi papá me tomaba de la mano y me ayudaba a cruzar. Otra cosa que sobresale de este momento es que nunca intenté soltar su mano y correr delante de él. Nunca jalé mi mano hacia abajo ni me retorcí o luché contra él en el camino. Nunca intenté dañar a mi padre en absoluto. Cuando miro a los niños en las calles, los veo probar su independencia, tratando de huir de sus padres. Veo cómo deslizan sus dedos y salen disparados aquí o allá hacia la calle, al mundo tan vacío de peligro hasta el momento en que un auto sale de la nada y de repente el mundo es mucho más pequeño y más vasto, todo al mismo tiempo.

Pero yo no. Me aferraba a la mano de mi padre cuando cruzábamos la calle. O le pedía a mi abuela que me llevara a buscar a mi padre. La única vez que crucé la calle sin permiso, mi madre había ido al pueblo a comprarme zapatos para la escuela de niños grandes. Comenzaría el primer grado en unas cuantas semanas. Me sentí envalentonado por esto y crucé la calle para ir a ver a mi tía. Me quedé allí, al pie de su colina; después subí resoplando y la saludé con un gesto de la mano cuando salió de su auto, al regresar del trabajo. Ella me dio un bocadillo, me dio de comer uvas, me dejó ver caricaturas. Luego me acompañó de regreso a casa. Mi madre me estaba esperando. O, más bien, me dijeron que me había comprado algo y que lo encontraría en una de las habitaciones traseras de la casa de mi abuela. Recogí la caja de zapatos de la cama, y de detrás de la cortina que colgaba frente al armario salió mi madre, de repente, allí, feroz y gigante, y me tomó del brazo con fuerza y me golpeó una y otra vez. Luego me quitó los zapatos y dijo que tendría que ir a la escuela descalzo si pensaba que era tan grande.

Pero me parece extraordinario que antes de eso, cuando era pequeño, un bebé, en realidad, un niño pequeño, me mantenían en la casa. Parece el tipo de gesto que es insondablemente tierno. El tipo de cosas que haces cuando amas a alguien. Y eso es con lo que tengo dificultades. Me amaban lo suficiente para mantenerme en casa cuando tenía cuatro años. Me amaban lo suficiente para no dejarme bajar las escaleras solo. Me tomaban de la mano y bajábamos.

Lo primero que me dijo mi padre cuando murió mi madre fue que ella me había amado. Y en ese momento pensé: «Qué cosa más ridícula». No porque el amor de ella hubiera sido evidente para mí —no lo fue y no es una cosa evidente, en realidad—, sino porque él pensaba que eso significaba mucho para mí y yo sentí en ese momento que no lo era. Me burlé y bromeé, y él lo dijo de nuevo: «Ella te amaba. Lo sabes, ¿cierto? Ella te amaba».

No era el tipo de cosas que decíamos en mi familia. Mi familia era una serie de furias silenciosas a puertas cerradas. No decíamos «Te amo» o «Buenas noches» o «Buenos días». El mismo acto de hablar se sentía tenso y duro. Decir algo era como poner la parte más vulnerable de ti sobre la mesa. Pero yo hablaba de cualquier manera. No por valentía ni nada de eso, sino por estupidez, que es como hablan los niños. Hacemos ruido que no tiene sentido. Pero mi padre comenzó a decirlo después de la muerte de mi madre, y yo hice un gran espectáculo de no devolver las palabras. Pensé: «Hemos jugado el juego durante tanto tiempo de acuerdo con un conjunto de reglas y no veo que tenga sentido cambiarlas ahora».

Pero últimamente he comenzado a preguntarme si esto no es solo mi sentimiento como el bebé de la familia, el mocoso, el dolor de cabeza. Todos esos años pensé que le estaba jugando una broma a mi padre, fingiendo que yo no estaba allí, manteniéndome atrás, creyéndome invisible.

Qué característico del niño egoísta pensar que él está a cargo, mientras se le escapa por completo que un padre podría fingir no verte si sabe que te dará alegría acercarte sigilosamente a él.

Se te escapan muchas cosas a primera vista.

Mi madre murió en 2014, cuatro años antes de que me sentara a escribir este texto. Tuvo cáncer por un periodo corto e intenso. Tratar de describirlo fue una lucha. No quería decir *batalla* porque no fue exactamente una batalla. Ella tuvo cáncer. Y luego murió a causa de ello. Pero no tenemos una palabra para eso, el tiempo que pasamos con una enfermedad sabiendo que tal vez nos matará. Tenía cáncer de pulmón, creció de un tumor esofágico, o esa es la historia. Nunca sé qué hacer con las historias de mi familia, cuántas de ellas son verdaderas o inventadas para resolver una nota discordante. Pero sí sé que ella tenía cáncer y que ahora está muerta, ha estado muerta durante varios años.

Antes de que mi madre muriera, no escribía mucha no ficción. Incluso los ensayos que entregué para la escuela eran poco entusiastas. Llegas a ser así cuando te crías en una familia con una irritable relación con los hechos. No me refiero a la verdad exactamente porque creo que ellos decían la verdad de la mejor manera que podían hacerlo. Me refiero a los hechos, las cosas que asumimos que conforman la verdad. Un ejemplo: cuando era muy pequeño, le pregunté a mi abuelo si había pollitos en los huevos recolectados en el gallinero. Él me dijo que no, que los huevos que comemos provienen de gallos, que son niños, y por lo tanto ellos no pueden poner huevos con pollitos adentro. Lo creí por mucho tiempo. Y cuando descubrí que no era cierto, le pregunté al respecto. Él se encogió de hombros. «Bueno, ¿no es increíble?», dijo.

Aquí hay otro ejemplo: cuando le diagnosticaron cáncer a mi madre, ella me dijo que el médico le dio la posibilidad de elegir entre la quimioterapia y un hospital para enfermos terminales; se demoró en la palabra *terminales* y se echó a reír. Ella dijo: «Yo soy una luchadora. Yo lucho». Cuando mi abuela me contó la historia más tarde, dijo que había sido difícil convencer a mi madre de que no ingresara en un hospital para enfermos terminales, que ella ya había firmado todo el papeleo para esperar su muerte. Otra historia: la última conversación que tuve con mi madre fue sobre lo molesto que era mi hermano, cómo la llamaba y la llamaba, no la dejaba descansar porque quería molestarla, irritarla desde lo profundo. Mi hermano me dijo que estaba hablando por teléfono con ella cuando mi madre le dijo que lo amaba y que ella comenzó a llorar y llorar. No hablaron de mí en absoluto.

Me resulta difícil discutir los hechos. Me resulta difícil saber qué hacer con ellos, cómo organizarlos para que tengan sentido y cuenten algún tipo de historia. La verdad es lo que emerge de la cuidadosa disposición de los detalles. *Hecho* es la palabra que usamos para describir un detalle que tiene una relación particular con la verdad. Pero cualquier grupo de detalles puede organizarse para que parezca coherente en una verdad, y cuando hemos discernido esa verdad, llamamos a esos detalles *hechos*, incluso si previamente no eran ciertos. Tuve un momento difícil con los ensayos porque los hechos siempre me parecieron muy resbaladizos. Mi familia creía en fantasmas y apariciones: que si dormías boca arriba una bruja se te subía encima y te estrangulaba o te maldecía; que si te acostabas después de comer demasiado cerdo o sal, el diablo entraba en tu habitación, hacía una rendija en tus sueños y entraba en ellos. ¿Qué tenía yo que ver con los ensayos y su orden, su pulcritud, su carácter directo, cuando lo único que sabía tenía que ver con la oscuridad y lo indirecto? Tomemos el amor, en otro ejemplo, que para algunas personas se expresa mediante el tacto, las palabras o algún otro medio de afecto. En mi familia, el amor fue la lenta acumulación de momentos en los que no fui sometido a grandes daños.

¿Qué es el amor si lo obtienes de segunda mano? ¿Es un hecho o tan solo un detalle?

Me siento más cómodo en la ficción que en la no ficción. En la ficción puedes decidir qué es real y qué no qué es verdadero y qué no, qué detalles son hechos y cuáles son meros detalles. En la ficción soy el ojo que discierne, la única fuente de verdad. Pero cuando intentaba escribir sobre mi madre, todas mis historias eran planas. Parecía que no podía llevarla al lenguaje ficticio. De hecho, mis diarios sobre los días de su muerte están llenos de detalles sobre el clima y la sensación de que se había abierto un abismo en mí. En esos primeros días estaba tratando de encontrar algo, de reunir un conjunto de detalles que pudieran darme algún indicio, alguna pista sobre cómo continuar. También sentía que no tenía derecho a sentirme así, tan triste por ella, después de todas las cosas odiosas que había pensado sobre ella o a las que me había visto sometido por sus manos.

Aquí hay algunos detalles sobre mi madre: una vez me obligó a limpiarme debajo de los brazos delante de otras personas porque dijo que olía mal, a rancio; en otra ocasión abrió un diario que guardaba debajo de la cama y lo leyó en una fiesta; me decía niño quejica y niño mariquita y se burlaba de mi forma de hablar; una vez intentó vaciar mi cuenta bancaria utilizando los cheques en blanco que había encontrado en mi clóset, me dijo que necesitaba doscientos dólares para comprar útiles escolares para mi sobrina, pero usó el dinero para comprar cerveza; otra, entró en tal frenesí mientras me azotaba, que rompió el foco del techo y luego me hizo recoger los pedazos de vidrio de mis sábanas en la oscuridad. Ella era universalmente amada por sus amigos. Tenía el tipo de personalidad por el que la gente se siente atraída: podía escuchar durante horas, tenía un conocimiento enciclopédico de los chismes del vecindario y era divertida, podía ensartarte con una observación tan aguda y verdadera que, incluso si se trataba de ti, no tenías más opción que reírte. Era generosa con su tiempo. Quería mucho del mundo, pero este tenía muy poco que ofrecerle. Ella quería morir, pero mi abuela no la dejaba.

Lo que me impedía escribir sobre ella, sobre el dolor, en la ficción, era que carecía de un sentimiento genuino y humano por mi madre. O no, eso no es del todo cierto. Lo que me faltaba era empatía por ella. Estaba tan interesado en mis propios sentimientos hacia ella que no podía dejar espacio para sus sentimientos o para lo que ella quería de la vida. No podía dejar un lugar para que ella fuera una persona. Creo que, en última instancia, otras personas no son reales para nosotros sino hasta que están sufriendo o se van. Ahí es cuando la imaginación comienza a funcionar, trata de resolver las cosas, de hacerlas bien, de entenderlas. No podía escribir ficción porque todavía no había dominado mis propios sentimientos. No podía escribir ficción porque aún no había llegado a comprenderla a ella o lo que su vida había significado para ella. El solipsismo y el engreimiento permeaban mi ira, mi miedo, mi tristeza. Pasaba por alto todas las misteriosas simetrías entre nosotros: su trauma, mi trauma, su violación, mi violación, su ira, mi ira. Realmente no logré amarla. Pero aprendí a otorgarle el mismo beneficio que mis amigos me otorgaron a mí. Esa es una de las cosas hermosas acerca de escribir, la forma en que aprendemos sobre los demás y lo que eso nos dice sobre nosotros mismos.

Creo que una de las cosas más difíciles de hacer cuando se escribe es dejar de lado la inteligencia selectiva que gobierna un texto y dejar que otra se haga cargo. Cuando escribes sobre el sufrimiento de los demás, en particular sobre el sufrimiento de las personas cercanas a ti, debes subyugarte, dejarte llevar por ellos. No puedes esperar a que ellos terminen para entonces poder decir rápidamente lo mucho que concuerdas con eso y enseguida agregar tu propio giro o vuelco. Es extraño, en realidad, que para comprender lo que te ha lastimado, debas confiar en que no te lastimará cuando dejes que te habite.

¿Sabes algo sobre el bautismo? ¿Cómo te sostienen y te sumergen en el agua? Es así. Tienes que confiar en que te sacarán de allí.

Su nombre es Mary Jean Speigner. Murió joven. Trabajaba tan duro que las puntas de sus pies estaban agrietadas y grises. Masticaba tabaco Skoal y lo escupía en latas de cerveza. Veía todas las telenovelas religiosamente. Su pescado favorito era el merlán. No comía sal. No comía azúcar. Freía el pollo hasta que quedaba negro. Revisaba su nivel de azúcar en la sangre por la mañana y por la tarde, para lo cual presionaba su sangre de color rojo púrpura contra los papelitos de prueba. Tenía un temblor en la mano izquierda. Tenía la nariz respingona, ojos oscuros y los párpados colgados. Su color favorito era el verde. Su programa favorito era *Beverly Hills, 90210.* Amaba a Hugh Grant. Le encantaba reír. Su música favorita era el blues. Aunque tenía una voz terrible para cantar, le encantaba hacerlo. Un hombre la violó cuando era joven y nadie dijo nada al respecto. Nadie hizo nada al respecto. Ella lo veía todos los días. Ella bebía todos los días. A veces no comía porque le dolía tanto el estómago que quería llorar. Pero no lloraba. Nunca lloraba. Solo una vez, cuando su hermana le dijo que era una fea mentirosa cuando eran adultas, se fue a su casa y lloró en la cama durante horas. Odiaba los insectos. Su voz era ronca. Odiaba que la tocaran. Odiaba que le hablaran como si fuera estúpida. Odiaba los secretos. Nunca decía la verdad. Bailaba todo el tiempo. Dormía hasta tarde. Se quedaba despierta hasta tarde. Tenía problemas para dormir. Tenía miedo de escuchar sobre los sueños de otras personas; era como un sonido chirriante para ella escuchar lo que otras personas habían soñado. Podía hacer una broma de cualquier cosa. Le encantaba contar historias. Creía en la magia. Nadie la defendió, así que tuvo que defenderse por sí misma y, después de un tiempo, se cansó de levantarse.

Desearía haberla conocido mejor.

Creo que habríamos sido grandes amigos.

Ojalá hubiera hecho más esfuerzos. Antes.

Esto no es suficiente. Nunca será suficiente.

Pero tengo que parar por ahora.

Encontré el miedo
en la colina

POR LESLIE JAMISON

Es el verano de 1966, y Sheila y Peter son una joven pareja casada que vive en Berkeley. Están muy enamorados y también muy drogados; en un viaje con ácido por primera vez en sus vidas, en Tilden Park, caminan en una corriente poco profunda llena de monstruos primordiales, o al menos salamandras. Las hojas son esmeraldas. El mundo entero es una ameba. Son Adán y Eva, y han encontrado el camino de regreso al jardín.

Rentan una habitación en una casa comunal a un abogado convertido en vendedor de drogas; un personaje local llamado Wild Bill pintó sus paredes durante un viaje con ácido: «Oh, Señor, podría estar encerrado en una cáscara de nuez y considerarme un rey del espacio infinito, si no fuera porque tengo *malos sueños*». Comen espagueti cocinado con pesto de marihuana y galletas horneadas con mantequilla de marihuana. Las drogas hacen que sus mentes se sientan envueltas en piel de conejo. Van a cenas que se convierten en orgías. Practican intercambio de esposas con un distinguido poeta y su pareja. Creen que el amor se debe liberar de la posesión, pero su matrimonio abierto comienza a tambalearse cuando Sheila se enamora de otra persona.

Esta es la trama, más o menos, de *The Parting of the Ways* (La separación de los caminos), una novela inédita escrita por un hombre llamado Peter Bergel en 1968. Es la historia de dos personas que son jóvenes y apasionadas, y están rotas y vulnerables, y es la historia, en última instancia, de la disolución de su futuro compartido. También es la historia de mi madre.

Mi madre, antes de ser madre, ha vivido por siempre en mi mente como una colección de mitos, medio inventada, apenas posible. Leer una novela en la que ella es un personaje simplemente vuelve literal lo que ya se sentía verdadero: los años de su juventud parecían algo fuera de este mundo.

El nombre de mi madre no es Sheila. Ella odia ese nombre. Se llama Joanne. Se enamoró de Peter, que en la vida real sí se llama Peter, cuando ella era estudiante de segundo año en la Universidad de Reed. Se casaron después de que él se graduó, un año antes que ella lo hiciera, y se divorciaron dos años después. Su tiempo juntos me fascinó —sobre todo cuando vivieron como hippies en Berkeley, tratando de hacer que su matrimonio abierto funcionara—, porque solo conocía a mi madre en el contexto de los días ordinarios de mi infancia, con la radio pública en la autopista y las cazuelas en el horno. Mi mejor amiga decía que nuestro refrigerador siempre estaba lleno de sobras que involucraban frijoles.

¿Qué puedo decirte sobre mi relación con mi madre? Durante muchos años de mi infancia, solo éramos nosotras dos. Hacíamos sándwiches vegetarianos para la cena. Veíamos *La reportera del crimen* los domingos por la noche, mientras comíamos nuestros respectivos tazones de helado una al lado de la otra. Hacíamos un ritual el día de Año Nuevo que incluía escribir nuestros deseos y quemarlos con la llama de una vela. En muchas fotos de mi infancia ella me está abrazando: un brazo envuelto alrededor de mi estómago, el otro señalando algo, diciendo: «Mira eso», dirigiendo mi mirada hacia las maravillas ordinarias. Hablar de su amor por mí, o del mío por ella, se sentiría casi como una tautología; ella siempre ha definido mi noción de lo que es el amor. De igual forma, no tiene sentido decir que nuestros días ordinarios lo eran todo para mí, porque *eran* yo. Ellos me conformaron. Todavía lo hacen. No conozco ningún yo que exista aparte de ellos.

¿Cuántas veces mi madre ha respondido el teléfono para escuchar mi voz quebrada por las lágrimas, esa voz que solo permito que se quiebre una vez que sé que ella está allí? Cuando llegó al hospital después de que nació mi hija, me senté en las sábanas almidonadas con mi bebé en brazos, y ella me abrazó, y lloré sin control, porque finalmente podía entender cuánto me amaba y apenas podía soportar esa bendición.

Cuando mi madre me dijo que su primer esposo había escrito una novela sobre su matrimonio, yo tenía treinta años y una tremenda curiosidad. Peter y yo no nos conocíamos bien. Él había sido una figura benevolente que rondaba los bordes de mi infancia, vagamente mítico, que vivía en los bosques de Oregón. Yo sabía que mantenía sus ingresos por debajo del mínimo para evitar pagar impuestos federales y con ello financiar las guerras de nuestra nación. Sabía que había sido arrestado por bloquear el acceso a las centrales nucleares. Sabía que me había regalado un atrapasueños cuando era niña.

Al crecer tuve un retrato cinematográfico de su matrimonio juvenil, pintado con amplias pinceladas —llenas de ácido, música popular y desamor—, y me emocionaba que parte del pasado de mi madre estuviera más allá de mi alcance, mucho más allá del familiar paisaje de nuestra vida compartida de salidas de autopistas y discusiones durante el desayuno. Pero incluso si sentía cierta emoción por el hecho de que su juventud estuviera más allá de mi visión, también quería verla. Esto es una parte de la razón por la cual la convertí en mito: la reclamé convirtiéndola en algo pequeño y vívido que podría sostener en mi mano como una joya.

Durante mi infancia y adolescencia, me formé una vaga visión de mi madre y Peter como una joven pareja a partir de fotografías y migajas de anécdotas: mi madre era una mujer de piernas largas con cabello café, ojos color avellana ahumada y pómulos esculturales, una de esas irritantes mujeres que son hermosas sin que deban preocuparse particularmente por serlo; por su parte, Peter era un tipo alto con barba y una nariz dramática y regia, hijo de intelectuales judíos europeos, que siempre se había identificado como extranjero, pero que había encontrado a su gente en la universidad, que tocaba canciones populares en la guitarra y rompía las reglas del profesor de teatro al hacer cambios en el personaje, como un humilde limpiabotas con un diente ennegrecido. Mi mamá me dijo que había algo primigenio en cómo se sentía atraída por él, como si sintiera que él era el líder de la tribu.

Cuando le escribí a Peter para preguntarle si estaría dispuesto a compartir su novela conmigo, en realidad pareció emocionado de enviarla, a pesar de que solo existían unas pocas copias del manuscrito. Esperé con ansia su llegada, quería confirmar mis ideas míticas sobre el pasado de mi madre, pero también estaba ávida de otorgarle a ese mito el aliento y los huesos de la particularidad.

La novela llegó como páginas sueltas metidas en una carpeta morada, fotocopias descoloridas de un manuscrito original de máquina de escribir. La paginación retrocedía a mitad del camino, un vestigio del proceso de revisión, y las páginas estaban salpicadas de pequeñas correcciones escritas a mano. En una escena que involucraba a unos amigos que fumaban marihuana y metían los dedos de los pies en detergente líquido para la ropa, se había tachado cuidadosamente un apóstrofo.

La novela se sentía como un valioso contrabando en mis manos, como si estuviera leyendo cartas que no debía ver. La leí en un solo día. Me permitió posarme en el hombro de mi madre mientras los misteriosos, elusivos y desconocidos días de su vida temprana se desarrollaban frente a mí, comenzando con ese primer viaje en Tilden Park. Yo había sido una pequeña polizona escondida en sus ovarios, una todavía-no-persona lista para el viaje.

Los primeros capítulos de la novela evocan el paraíso: Sheila y Peter conducen una camioneta pintada con motivos psicodélicos a través de las planicies lodosas de Emeryville; beben jugo de naranja mezclado con ácido. Van al Fillmore, en San Francisco, para ver tocar a Jefferson Airplane con una banda llamada Grateful Dead, que aún no ha grabado un álbum. California les ofrece una alternativa emocionante a su existencia en Portland, donde Peter trabajaba en una fundición de acero inoxidable, rodeado de compañeros de trabajo que se hurgaban la nariz por encima del desengrasante y escondían sus donas con azúcar glas en la sala de descanso. En California, su vida gira en torno a lo que Peter llama la «ética de lo genial», algo inefable pero inconfundible: es un tazón de madera con hierba limpia en el centro de la mesa del comedor. Son personas que con frecuencia y sin ironía llaman a las cosas «fantásticas». Es una chica hermosa llamada Darlene, que habla dulcemente con el policía que quiere reportarla por allanamiento en una playa estatal. Incluso si Peter no entiende completamente lo que es «genial», lo sabe cuando lo ve. «Tal vez no sepa mucho acerca de un sitar», observa en una de las fiestas, «pero SIN DUDA puedo afirmar que este tipo sabe lo que hace».

Su Shangri-La es una playa nudista en la costa, donde van a acampar un fin de semana. El único problema es el hombre con una escopeta que vigila el camino privado. («El paraíso se encuentra allá abajo y no podemos llegar a él. Estamos bloqueados por un ególatra infranqueable que no nos deja descender por su piojoso acantilado»). Para su buena suerte, un hombre desnudo parado entre las olas dibuja para ellos un mapa en la arena que los lleva hasta un camino secreto. Hacen una fogata y pasan ahí la noche; ahí emprenden otro tipo de viaje en el que disfrutan el anochecer cerca de las brillantes algas fosforescentes. Celebran un simulacro de funeral por «los buenos tiempos pasados». No se dan cuenta de que están viviendo los buenos tiempos pasados, los que algún día verán en retrospectiva, los que una hija podría mirar en retrospectiva también, como si estuviera asomándose por encima de los hombros de sus fantasmas, ávida por conocer las vidas que ellos alguna vez vivieron.

Intentar escribir sobre mi madre es como mirar fijamente al sol. Parece que el lenguaje solo puede empañar esto que ella me ha dado a lo largo de toda mi vida: este amor. Durante años me he resistido a escribir sobre ella. Las buenas relaciones crean malas historias. La expresión naturalmente gravita hacia las dificultades. La narrativa exige fricción, y mi madre y yo vivimos, cada día, cada semana, cada década, en cercanía. Además, no soy tonta. En cualquier caso, ¿quién querría escuchar demasiado sobre las relaciones parentales funcionales de otra persona?

Una vez, un amigo me dijo con toda franqueza que era un poco agotador escucharme hablar de cuánto amaba a mi madre. Pero ¿qué puedo decir? Mi hambre por ella se siente interminable. Quiero amarla más plenamente al amar a la mujer que alguna vez fue. Quizá la búsqueda de estas historias de ella, de antes de que yo naciera, sea un camino de regreso al útero, más allá del útero.

El matrimonio de Sheila y Peter comienza a desmoronarse a la mitad de *The Parting of the Ways*, después de que Sheila se enamora de un ingeniero llamado Earl. Él es presentado como un hombre desesperadamente recto, que lee el boletín de exalumnos de Stanford encorvado, mientras que todos los demás en un radio de quince kilómetros se drogan hasta los niveles más altos. Pero él y Sheila tienen una historia, en la medida en que es posible tener una historia con alguien cuando tienes veintidós años. Cuando los tres van de mochileros juntos a las Sierras, como parte del intento de Peter de no estar celoso, este se ve perseguido por las imágenes de Sheila y Earl juntos: «mi subconsciente abrió una trampilla para mostrarme una pequeña y extraña película en 3D, construida con mis miedos e inseguridades». A pesar de que Sheila y Peter tienen un matrimonio abierto, se supone que no deben enamorarse de otras personas.

La grieta que causó la relación de Sheila con Earl se convierte en una fisura que se abre a descontentos más profundos: ella y Peter no pueden hacer que su vida juntos funcione y no pueden ponerse de acuerdo sobre la vida que quieren llevar. Están en bancarrota e intentan averiguar qué hacer al respecto. ¿Peter conseguirá un trabajo? ¿Conseguirá un empleo que requiera cortarse el cabello largo? Los capítulos dejan de tener títulos como «Consentimiento para volar tu mente» y «La segunda venida», y comienzan otros como «Discusiones». Podrían haber sido reyes del espacio infinito, pero no hay escapatoria de sus malos sueños.

Sus tensiones alcanzan un punto de ebullición en la casa de la madre de Sheila en los suburbios. «Madre Jean» les había pedido a Sheila y a Peter que la llevaran a un viaje con ácido. «¿La abuela Pat?», pensé mientras leía, pero luego asentí al reconocerla en el intercambio que sostiene con Peter. Cuando él le advierte: «El ácido no es todo corazones y flores», ella responde: «Yo tampoco». Ella está lista para cualquier cosa… solo se decepciona cuando su primera alucinación es de un jamón hervido.

Durante ese viaje, Peter habla con Madre Jean sobre sus temores de que Sheila quiera terminar su matrimonio y la misma Sheila tiene una confrontación con el miedo detrás de la casa de su madre. «Miedo y yo tuvimos una pequeña discusión en la cima de la colina», le dice Sheila a Peter, justo antes de preguntarle, al fin, explícitamente: «¿Crees que podamos permanecer juntos?».

Como lectora, seguí el desenredo de su matrimonio con una sensación de tierna tristeza mezclada con un alivio egoísta. Después de todo, su matrimonio tenía que desmoronarse para que yo pudiera existir.

El epígrafe de la novela es de ese famoso poema de Robert Frost, a quien se identifica como «un poeta estadounidense directo»:

Dos caminos se bifurcaban en un bosque, y yo…
Yo tomé el menos transitado

Siempre he pensado que la parte más conmovedora de ese poema es la pausa vacilante creada por el salto de línea, la repetición del pronombre *yo / yo*, como si el hablante tratara de asegurarse de que su camino era el correcto. Pero hay una ruptura en su propia voz que revela su incertidumbre.

La bifurcación en este camino es totalmente asimétrica: Sheila está decidida a terminar el matrimonio y Peter está devastado. El dolor de Peter es operístico y está ansioso por expresarlo. Él escribe un poema llamado «Momento difícil», lleno de imágenes áridas: «La extraña lluvia ocular / No consigue a nadie / Embarazada». Él asiste a fiestas de la Liga de Libertad Sexual, en las que puedes tener sexo con extraños, pero no son muy divertidas. Durante su separación, una noche se pone a tocar la guitarra en una fiesta: «Me acerco a la herida abierta y saco el dolor como una anguila que se retuerce en el extremo de un gancho, la sostengo en lo alto, gloria en ello».

Sheila, por su parte, es retratada como imperturbable: dueña de sí misma y ávida de independencia. Cuando ella le dice a Peter que quiere tener su propio espacio, él ve que la determinación se endurece en un «firme pequeño rincón de su boca». Ese firme rincón de su boca, su determinación, su deseo de autonomía, contrasta con la herida abierta de él. Sin embargo, al leer *The Parting of the Ways*, ya sabía lo que sus personajes no podían saber: que incluso después de haberse divorciado, mi madre y Peter seguirían siendo importantes el uno para la otra durante más de cincuenta años. El final de su matrimonio era solo el comienzo de su historia.

Para Peter, fue un acto de confianza enviarme su novela. No solo soy la hija de su exesposa —y por lo tanto, tal vez, una lectora con prejuicios—, sino que también soy escritora, esa especie particular de vampiro: en parte lapa, en parte crítica; siempre capaz de traicionar. Alguien comprometida con sus propias historias.

Pero no creo que Peter alguna vez haya pensado en mí como la «hija de su exesposa», porque él no piensa en mi madre como su «exesposa». En algún momento, cuando Peter me preguntó de qué trataría este ensayo, le dije que quería explorar las formas en que su matrimonio con mi madre había influido en el resto de sus vidas, así como las formas en que sus vidas se habían bifurcado después de que su relación terminó. Me interrumpió a media frase para decir: «La relación nunca terminó. Yo nunca la caracterizaría de esa manera».

Fue un alivio que su novela me haya fascinado de tal manera. Me encantaron sus detalles, cómo evocaba el mundo de ese verano con nítida ternura, con toda su maravilla de sueño febril: amigos que dejan que su bebé duerma en un cajón de la cómoda a modo de moisés, compañeros de habitación que mantienen a dos ratones mascotas que dejan excrementos por todo el departamento, un tipo que escribe un cómic sobre un héroe cuyo superpoder es que puede darle a cualquiera un viaje con ácido (¡incluso a los miembros del jurado que podrían condenarlo por posesión de drogas!). Me encantó cómo la novela se daba cuenta de las pequeñas cosas, cómo reconocía el ácido como pretexto y catalizador para la generosa atención al mundo ordinario, a la placentera sensación agresiva, por ejemplo, de beber refrescos Diet Rite: «Las burbujas ruedan en mi boca como la marea que se acerca, cada una tiene una pequeña horquilla que conduce hacia mi lengua». Me encantó la sensación de asombro de la novela —la forma sorprendente en que describe escuchar a Coltrane «como si la música fuera concreto, que se endurece a mitad del camino en un puente sobre el que puedo caminar hacia arriba y hacia afuera de mi propia cabeza»—, y su sentido de lo absurdo, como cuando un personaje sugiere curar un caso de ladillas severo: «Afeita la mitad de tu pubis, vierte queroseno en la otra mitad, enciéndelo y apuñala a las pequeñas hijas de su madre mientras huyen de las llamas».

Pero el libro es mucho más que un simple gabinete de curiosidades de artefactos contraculturales hippies; es, en última instancia, una articulación sincera y sin disculpas de la esperanza y la sensación de posibilidad que florece en el intento de construir una vida con alguien, y la desesperación de ver cómo se desmorona esa vida, de ver cómo esa persona se aleja. Ya había visto a mi madre enfrentarse al divorcio —de mi padre, cuando yo tenía once años—, pero leer sobre el final de su primer matrimonio no solo me obligó a enfrentarla como alguien capaz de causar dolor, sino que también me obligó a enfrentar que su experiencia de divorciarse de mi padre, por mucho que lo habíamos discutido, contenía capas de dolor que yacían más allá de mi vista… y que nunca podría comprender por completo.

En cierto sentido, leer *The Parting of the Ways* fue como leer una pila de cartas privadas —cargada por la misma emoción invasiva que curiosear en los cajones de tus padres cuando estás enferma en casa, sola—, pero en otro sentido se sentía como leer una conmovedora obra de arte. Se presenta menos como un informe de autopsia —¿cómo murió este matrimonio?—, y más como un intento de tomar una ruptura entre dos personas y construir una historia en torno a esa ruptura que pueda recuperarla. La historia permite que su separación se convierta en una parte indeleble de ambos: el mito fundacional de su relación en curso.

Después de leer la novela, decidí entrevistar a Peter y a mi madre sobre cómo cada uno recordaba el final de su matrimonio. Fue en parte porque tenía curiosidad de ver cómo la perspectiva de Peter había cambiado con el paso del tiempo, pero era principalmente porque también quería escuchar el lado de la historia de mi madre. Peter y yo hablábamos por teléfono, siempre por la tarde. («No soy una persona matutina», me dijo, «como tu mamá seguramente recuerda»). Mi mamá y yo hablamos cada una al extremo de la mesa de mi cocina y a menudo con mi bebé durmiendo la siesta en la habitación contigua —mi extractor de leche jadea al lado de la taza de té de mi mamá y las bolsas de leche congelada están entre nosotras—, mientras me contaba sobre la mujer que había sido antes de ser mi madre.

Mientras que la novela de Peter retrata a Sheila como estoica al final de su matrimonio, determinada en su resolución de salir de él, con esa firmeza en la esquina de su boca, mi mamá me dice que los meses posteriores a su separación de Peter fueron lo peor de su vida. Se separaron en noviembre de 1966 y ella pasó ese invierno trabajando en un centro de llamadas, conectando llamadas por todo el Pacífico. Muchas de las personas que llamaron eran esposas y madres que intentaban comunicarse con los soldados en Saigon o Da Nang, y lloraban por teléfono. No recuerda que alguna de esas llamadas haya pasado. Comenzó a fumar y dormía catorce horas al día. Una noche la atacaron en la calle y casi la violan. Su abuela le envió una copia de su propio programa de bodas con ciertas frases subrayadas de los votos impresos: «Hasta que la muerte nos separe».

El verano siguiente, mi mamá regresó a Portland y tuvo una breve aventura con su asesor de tesis de la universidad, por la sensación de que ya había roto tanto en su vida, así que ¿por qué no romper algo más? Ahora mira hacia atrás y ve el melodrama de la juventud en ese sentimiento, pero en ese momento parecía claro que había arruinado su vida.

Si bien fue un poco desorientador imaginar a mi madre como la fuente del dolor de Peter, fue mucho más desorientador imaginarla como alguien con una descomunal narrativa propia. Nunca la había conocido como alguien propensa al melodrama. Siempre la había experimentado, por el contrario, como una fuerza que me apartaba de los lejanos bordes de mi propio melodrama. Después de cada ruptura, escucharla decir que ese no era el fin del mundo había sido al mismo tiempo reconfortante y desmoralizante. Ahora me doy cuenta de que la sabiduría no había sido solo intuitiva; había sido también una especie de memoria muscular, algo que ella podría haber querido contar a esa versión de sí misma, del pasado, la que pensó que lo había arruinado todo.

Mientras tanto, poco después del final de su divorcio, Peter se casó con otra mujer en una hermosa ceremonia junto a la playa (mi madre se enteró por su madre y se sintió traicionada de que ella hubiera asistido) y tuvieron un bebé, Shanti. Mi madre los visitó unas semanas después del nacimiento y recuerda haber visto a los tres acostados sobre un colchón desnudo en un pequeño departamento. Ella recuerda que fue la primera vez que sintió no solo de manera abstracta, sino en sus entrañas, el deseo de tener un hijo.

Si bien a mi madre le pareció que Peter estaba viviendo precisamente la vida que él había imaginado para sí mismo, él lo percibía de otra manera. Recuerda que pasó gran parte de los dieciocho meses después de su separación tratando de «recuperar» su matrimonio, empujaba repetidamente los límites de la amistad que ella había aceptado mantener. Pero eso no estaba destinado a funcionar, me dice él. «Solo puedes dejar de ser tú mismo hasta cierto punto para ser lo que otra persona quiere que seas».

Peter escribió el primer borrador de *The Parting of the Ways* dos años después de su divorcio, como una forma de reconciliarse con la pérdida. Al principio, en gran medida fue un ejercicio terapéutico. También se asesoraba con un consejero, tomaba LSD regularmente como una «sustancia sagrada» y participaba en un grupo de encuentros desnudos (se reunían en la casa de alguien para quitarse la ropa y profundizar en la vida de los demás). En algún momento, este grupo se convenció de que la creciente participación de Peter en la no violencia estaba relacionada con la sublimación de su propia ira, e hicieron un experimento: sujetaron sus brazos y piernas y susurraron insultos en sus oídos a fin de sacar esta ira. «Falló», me dice él.

En un inicio escribió la novela en primera persona, para mantener su autoanálisis explícito e inmediato. Comprimió y exageró ciertos eventos para transmitir la intensidad que había sentido al vivirlos, pero sobre todo trató de mantenerse fiel a lo que había sucedido. Cuando le pregunto por qué la escribió, cita a Nietzsche: «La memoria dice que lo hiciste. El orgullo dice que no podrías haberlo hecho. La memoria cede y se desliza a un segundo plano». Él no quiso permitir que la memoria se quedara en un segundo plano. No quiso dejar que su propio orgullo reescribiera la verdad. «Agarra todo esto con tanta sinceridad como puedas», recuerda haberse dicho a sí mismo. «Bájalo para que puedas atraparlo». Era una forma de aferrarse a mi madre, para que pudiera dejarla ir en vida.

Al final, Peter se decidió por una narrativa en tercera persona, con la esperanza de que un poco más de distancia le permitiera convertirlo en algo más parecido al arte, pero luego decidió que la tercera persona se sentía cobarde y evasiva, por lo que la volvió a cambiar. Reescribió el libro en medio del bosque de Oregón, al oeste de Salem, donde ayudaba a establecer una comuna. Se sentaba en un escritorio en la sala de trabajo común, rodeado de niños y baldosas triangulares de repuesto destinadas a una cúpula elipsoide inconclusa, e intentaba traer perspectivas imaginarias en primera persona de los otros personajes, sobre todo de mi madre. Si él estaba tomando la experiencia de ella, sentía que lo justo era incluir su punto de vista.

Cuando le pregunto si estaba preocupado de que la ira influyera en su retrato de mi madre, insiste: «No estaba enojado, sino terriblemente triste».

El nombre de Sheila se siente tan ajeno a mi madre que ella a veces se ha preguntado si nombrarla así fue un acto de agresión por parte de Peter. Veo a qué se refiere: el nombre se siente demasiado rubio, demasiado cachondo, como si perteneciera a una animada mujer con shorts recortados. Pero su personaje en la novela me pareció un retrato reconocible y claramente nacido de la fascinación… Tal vez era reconocible porque nacía de la fascinación. Como la mía, la visión de Peter de mi madre está torcida y distorsionada por una especie de amor reverencial.

Sheila es competente, cariñosa y solidaria, en extrema sintonía con el estado de ánimo de otras personas, sobre todo cuando están molestas o necesitan salir de sí mismas. Pero también es una experta en saber de dónde provienen estos estados de ánimo. En determinado momento, ella deduce correctamente que Peter tan solo está enmarcando su mal humor como si estuviera relacionado con su frustración por el «autoritarismo», cuando en realidad está molesto porque ella no le presta más atención. Este es Peter, como autor, quien años después reconoce que mi madre a veces lo conocía mejor que él mismo.

Pero a pesar de lo mucho que cuida a los demás, Sheila también se muestra apabullantemente retraída en sí misma. Busca su espacio de manera constante. De ahí proviene el rictus en la esquina de su boca. En cierto modo, su personaje es una fantasía de como siempre quise ser: anhelante y creando límites, en lugar de tratar de disolverlos o pasar por encima de ellos. Eso es parte de lo que Peter amaba más de mi madre, me dice que estaban «muy juntos, pero no fusionados». Eso también fue lo que a ella le permitió dejarlo.

Cuando le pregunto a mi madre qué recuerda de ese verano lleno de viajes con ácidos, lujuria e intriga, largas noches de hierba y discos rayados, ella dice: «Recuerdo haber ido a la biblioteca».

Me explica sobre el Cuerpo de Paz: ella y Peter habían sido asignados a Liberia en aquel septiembre, y ella quería leer todo lo que pudiera al respecto antes de irse. En un inicio, se les había programado para que partieran a Bechuanalandia a principios del verano, pero Peter quiso pasar un tiempo en Berkeley, viviendo como hippies, de manera que fueron reasignados a Liberia para septiembre. En agosto, él dijo que no quería ir a Liberia, así que no fueron a ningún lado. En retrospectiva, mi madre se da cuenta ahora de que Peter nunca quiso ir a África. Era algo que le había dicho a ella que estaba dispuesto a hacer, o se había dicho a sí mismo que estaba dispuesto a hacer, solo para convencerla de que se casara con él.

Cuando hablamos de cómo siempre hay dos lados para cada historia, a menudo imaginamos relatos conflictivos de lo que sucedió. Pero más a menudo, creo, el desacuerdo es sobre lo que pertenece a la historia. Para mi madre, el Cuerpo de Paz fue una parte central de ese verano. Eso era de lo primero que quería hablar. En el caso de Peter, ni siquiera apareció en su novela. No era el punto crucial de lo que importaba. Su matrimonio murió por completo en otra colina.

Además de ir a la biblioteca, ¿qué más recuerda mi madre del verano de 1966? Un montón de fiestas. Un montón de hierba. Un montón de ácido. Un montón de vino tinto en verdad barato, gran parte bebido en la casa comunal donde ella y Peter dormían en un rincón separado por cortinas dentro de la sala. «¡Ese rincón!», exclama ella. Definitivamente recuerda ese rincón. «Es donde Rob y yo estuvimos la primera noche que dormimos juntos, mientras Peter estaba en la habitación justo al lado de nosotros». El Earl de la novela en realidad se llamaba Rob. Él, mi madre y Peter viajaron de mochileros, tratando de probar los límites de la apertura, tomaron ácido en lo alto de las montañas y treparon desnudos sobre las brillantes rocas de granito bajo el sol alpino. Todos terminaron con terribles quemaduras solares. (En la novela, las quemaduras solares de Earl de ese viaje se describen de color «rojo chino-comunista»).

Mi madre dice que se sintió atraída por el riesgo de llevar a Rob a ese rincón, con su esposo tan cerca. Tenían un matrimonio abierto, pero seguía habiendo algo eléctrico en la transgresión. En retrospectiva, puede ver que estaba tratando de romper algo que sentía que ya estaba roto.

Cuando describe ese culminante viaje ácido en la casa de su madre, dice que terminó en un aterrador ataque de claustrofobia. «Tiene sentido que haya encontrado el miedo en la colina», me dice. «Estaba atrapada en este lugar donde no podía controlarlo… No podía creer que esto iba a terminar y que yo saldría del otro lado».

Unos meses después de leer *The Parting of the Ways*, vuelo a Portland para una conferencia en Reed, donde mi madre y Peter se enamoraron por primera vez, a principios de la década de 1960. Invité a mi mamá a que tomara un avión desde Los Ángeles y a Peter a que condujera desde Salem, para poder escuchar la historia de sus inicios en boca de ambos, juntos, con el paisaje de su pasado compartido como telón de fondo.

Es un día soleado en pleno invierno. Peter llega con una boina de cuero y un cárdigan color avena con un broche de SAFE PLACE. Cuando nos sentamos en la cafetería del campus de Reed, junto a una chica con un copete de falso mohicano que lee a Foucault y a un chico de cabello largo que lee *La Odisea*, Peter me dice que los estudiantes le recuerdan a las personas con las que fue a la escuela. Mientras caminamos hacia el dormitorio de primer año de mi madre, pasamos junto a un letrero en una cartulina que invita a las personas a enviar grabaciones de audio de sus propios orgasmos a algo llamado Galería de la Sexualidad. Al mirar la ventana de la habitación de mi madre en el tercer piso de Ladd Hall, Peter me cuenta sobre su propio compañero de cuarto de primer año, un musulmán de Zanzíbar, que sacaba su alfombra de oración cinco veces al día, y su vecino del cuarto de al lado, quien solía escuchar el mismo álbum de Joan Baez una y otra vez durante semanas. Peter conocía cada nota.

En el centro me llevan a Pioneer Courthouse, donde hicieron su primera protesta juntos, contra el Comité de Actividades

Antiestadounidenses. El Portland cursi a nuestro alrededor —lleno de patios traseros con colmenas, talleres de reparación de bicicletas y heladerías artesanales que sirven sabores como hinojo y calabacín— no es el Portland que conocieron, que consideraban profundamente conservador y parroquial. Peter me cuenta acerca de la mujer que hizo bolita uno de sus volantes y escupió sobre el papel. Otra mujer le dijo a mi madre: «Espero que tus hijos crezcan para odiarte».

Peter suena protector cuando describe a la mujer que maldijo a mi madre, y mi madre recuerda que le gustaba esa actitud protectora. Una vez, cuando un extraño la acosó en una marcha, notó que los tendones del cuello de Peter se tensaban de ira porque quería golpear al tipo, pero estaba luchando por mantenerse comprometido con la no violencia. Cuando mi madre recuerda que quería impresionar a Peter con su conciencia política, él sonríe y se inclina para tocar su pierna… con tanta ternura y satisfacción. Cuando él me cuenta acerca de su primera impresión de mi madre como «un dulce para los ojos», siento que hemos aterrizado dentro de un extraño y benevolente modo de coqueteo triangulado: es como si Peter todavía estuviera coqueteando con mi madre, después de todos estos años, y de alguna manera es importante que yo sea su testigo.

Mi madre y Peter me llevan a un lote baldío en la calle Lambert donde alguna vez estuvo su primera casa. Fue donde él preparó cerveza casera en un gran cubo de basura en la cocina y enterró tres barriles debajo de las tablas del piso. Uno explotó. Una pareja llegó a cenar una noche y después de la comida, la esposa dijo: «Si no hay problema, mi marido tomará postre», y entonces comenzó a amamantarlo allí mismo, en la mesa. Suena como el remate de una broma: ¿cómo haces que dos aspirantes a hippie se sientan como mojigatos?

Mi madre apunta hacia el edificio donde consiguió sus primeras píldoras anticonceptivas y el médico la avergonzó por tomarlas. Me llevan a su casa en la calle Knapp, donde vivieron después de casarse, con un ciruelo en el patio trasero y un nogal en el frente. Mi madre cocinaba lentejas con ciruela pasa y Peter recorría las páginas de cupones para comprar papas fritas a granel. Mi madre escribió su tesis sobre *Havelok the Dane* (Havelok el danés), una epopeya medieval francesa, y Peter consiguió un trabajo como vendedor de aspiradoras de puerta en puerta, pero luego renunció, después de verse obligado a recuperar una máquina de una madre soltera con seis hijos que no había podido hacer sus pagos. Mi madre lo amaba por eso.

Tanto Peter como mi madre están de acuerdo en que ella no estaba lista para casarse. «Tuve que convencer a tu madre», me dice Peter. «Me quedé sin razones para decir que no», dice ella.

Él respondió a cada una de sus objeciones —ella quería viajar, unirse al Cuerpo de Paz, ir a la universidad— con una promesa: podían hacer estas cosas juntos. Fue como tratar de ganar un debate en una clase de humanidades, dice Peter. «No debí haberla convencido».

Mi madre dice que estaba profundamente enamorada de Peter, pero que no estaba lista para casarse con nadie. Me dice: «Me habría gustado entenderlo mejor en aquel momento».

Peter describe el final de su matrimonio como el colapso de cierta fe juvenil. «Crecí pensando que podía hacer lo que quisiera», dice, «y aquí había algo que *en verdad* quería y no conseguía hacer que funcionara».

Mientras lo escucho, siento un destello de orgullo ante el hecho de que Peter quisiera estar con mi madre más de lo que ella quería estar con él. Este orgullo proviene del mismo lugar interior que esa falsa idea en la que creí durante una gran parte de mi juventud: que es mejor ser el más deseado, en lugar de ser el que más desea. Como si el amor fuera un concurso; como si el deseo fuera fijo o absoluto; como si cualquiera de estas posiciones pudiera evitar resultar dañado o causar daño; como si el hecho de tener el control pudiera evitar algo.

No es del todo melodramático decir que el mundo se vino abajo después del divorcio de Peter y mi madre. A finales de los años sesenta se produjeron los asesinatos de Martin Luther King Jr. y Bobby Kennedy, disturbios raciales en todo el país, macanas en la Convención Nacional Democrática de 1968 y la traición secreta de Nixon… Todo esto frente a la implacable angustia por el derramamiento de sangre en Vietnam.

En medio de esto, *debido* a esto, Peter decidió comprometerse por completo a un entrenamiento formal en resistencia no violenta. Fundó su comuna en el bosque de Oregón. Estaba destinado a ser un lugar adonde los activistas urbanos pudieran asistir durante unos meses para relajarse a la luz de acciones fundamentales.

274 I LESLIE JAMISON

Después de que mi madre salió de su depresión, conoció a Lucy, su próximo romance serio, y luego viajó a Londres para estar con mi tía, que estaba embarazada a los diecinueve años. Finalmente, mi madre y Lucy fueron a seguir la temporada de cosecha en el sur de Francia, e incluso organizaron una huelga entre sus compañeros recolectores de aceitunas para protestar por las largas jornadas de trabajo en el frío. De regreso a Estados Unidos, una vez que su relación terminó, mi madre se enamoró de un joven profesor de Economía en Stanford: mi padre. Se mudaron a una casa en el campus, y en los siguientes dos años ella tendría dos hijos: mis hermanos mayores.

Dos caminos se separaron en un bosque: uno conducía a una comuna y el otro, a las viviendas para profesores.

Mi madre se ha casado tres veces. Después de Peter, su matrimonio con mi padre duró veintitrés años y terminó cuando yo tenía once años. Él era fascinante, exitoso y, como ella siempre me dijo, «nunca aburrido». También fue infiel de manera crónica y viajaba con frecuencia. Después de que me fui a la universidad, ella conoció a Walter, un vendedor de cátsup retirado, a través del trabajo de justicia social en la Iglesia episcopal. Se convirtieron en abuelos juntos y marcharon por las calles para protestar por la segunda guerra en Irak.

Las historias que me conté sobre estos tres matrimonios finalmente se destilaron en tres arquetipos masculinos primarios: el joven soñador idealista e impetuoso; el alma gemela inquieta, intoxicante y difícil, y el compañero estable para asentarse después de todo el drama. Me aferré a este resumen.

Quizá no sea una sorpresa, entonces, que parte de lo que encontré fascinante sobre *The Parting of the Ways* haya sido su caracterización de Peter como un personaje que navega por varios arquetipos de masculinidad: el hombre «recto», el hombre genial, el amante, el protector, el proveedor, el manifestante... e intenta encontrar su lugar entre ellos. Él construye su personaje con una conciencia entrañable de su propia torpeza, sus contradicciones: él es el tipo que se droga en una cena y juega a ser el rey Arturo al sacar un cuchillo de una barra de mantequilla; pero también es el tipo que susurra a dos desconocidos que comparten una aguja para inyectarse *speed*: «¿Nunca han oído hablar de la hepatitis?». Mientras Peter, el personaje, cae en monólogos interminables sobre su búsqueda para descubrirse a sí mismo, Peter, el autor, se burla con gentileza de sus pretensiones: hace que otro personaje, en determinado momento, se quede dormido durante una de sus diatribas. Pero la obsesión de Peter con la *buena onda*, y más tarde, su interrogatorio de esa obsesión, son en realidad expresiones de un hambre más profunda y universal: la fantasía de un yo completamente auténtico, sin restricciones impuestas por las normas, absolutamente libre.

Mi madre recuerda haber sentido frustración porque Peter no quería ir a la universidad y haberle dicho que no creía que él tuviera el rigor para lograrlo. «Por supuesto que lo tenía», me dice. «Y es injusto para cualquiera arremeterlo así. Fue una expresión de mi frustración porque él no estuviera usando sus dones para vivir el tipo de vida que yo quería llevar».

Es extraño escuchar a mi madre hablar de su decepción por las formas en que Peter no estuvo a la altura de las ambiciones que ella había proyectado sobre él, porque me recuerda por completo a la manera en la que yo misma he proyectado ambiciones sobre mis parejas durante años. No ha sido tanto una extensión del ego como el deseo de vivir en estados de asombro —sentirme inspirada y de alguna manera llevada a ser mejor—, pero también puede parecer insensibilidad o distanciamiento. Me siento acompañada cuando escucho a mi madre articular su propia versión del tema.

Mi mamá me dice que espera que Peter no recuerde su dura conversación sobre la universidad. Le recuerdo que hay una versión de esta en la novela. Pero mientras mi mamá lamenta sobre todo la crueldad de sus comentarios, la versión de Peter de esta conversación se centra más en su propio enojo al responder: «Aunque no le estuviera gritando, hay tanta violencia en lo que le digo que Sheila se queda estupefacta por un momento. Y yo hago una pausa de varios segundos para saborear el drama de la situación, la sensación de poder». Tanto Peter como mi madre recuerdan haber sido quienes infligieron dolor.

Cuando mi madre me cuenta acerca de una revelación que tuvo durante uno de sus viajes de ácido ese verano —al darse cuenta de que su padre nunca sería un ingeniero de fama mundial, que el desproporcionado sentido de la importancia que ella le daba a él no coincidía con su posición en el mundo—, no puedo evitar pensar que sus sentimientos sobre su padre moldearon su deseo de que Peter persiguiera una especie de éxito mundano y más tarde su matrimonio con mi padre, de la misma manera en que mis sentimientos sobre mi padre han moldeado mis propias ambiciones y las formas en que he buscado la ambición en mis parejas o proyectado mis ambiciones sobre ellos.

Peter nunca fue a la universidad. «La comuna era mi universidad», me dice. Aprendió a cuidar lo que era necesario cuidar. En un momento, cuando necesitaban dinero desesperadamente, un granjero cercano se ofreció a pagarle a Peter para que lo ayudara a matar a sus gallinas. Eran miles. Al principio, Peter imaginó que acunaría cuidadosamente a cada una entre sus palmas, que las trataría con dignidad y compasión. Pero al final, las trató más como alborotadoras. Entendió cómo podían sentirse los guardias de una prisión. A pesar de cuánto tratemos de luchar contra las estructuras en las que nos encontramos inmersos, ellas nos siguen formando. En cierto momento, en medio de todos los cacareos, comenzó a escuchar que los animales lo llamaban por su propio nombre.

Mi madre y Peter finalmente se volvieron a ver poco antes de cumplir treinta años. Él vino a visitarla a Stanford, en su camino de la comuna al sur de California, para visitar a sus padres. Mi madre no la recuerda como una reunión feliz. Peter dejó claro que creía que ella había traicionado todos los valores que habían compartido en su juventud. ¿Un *profesor de la escuela de negocios*? Cuando le pregunto si Peter hizo explícito su juicio, o si ella solo lo había sentido así, mi mamá responde: «Lo hizo bastante explícito». La hizo pasar un mal rato por tener un lavavajillas. ¿Qué podría ser más burgués que eso?

Mientras me cuenta esto, pienso en cómo Sheila siempre está en la cocina de su casa comunal en la novela de Peter, haciendo un estofado de carne, un postre de gelatina o *dream bars*. Incluso durante sus años de amor libre, *alguien* lavaba los platos. Ahora simplemente tenía un lavaplatos. Me siento a la defensiva en el nombre de mi madre.

Cuando le pregunto si se sintió incomprendida por Peter, sacude la cabeza. «No me sentí incomprendida. Solo lastimada. En aquel entonces no tenía un plan para todo lo que sucedería después».

No era que ella envidiara la vida de Peter en la comuna. De hecho, él tenía la costumbre de decirle a la gente qué hacer, y cómo hacerlo, y ella imaginaba que podría ser un poco agotador vivir en una comuna que él había fundado. Pero al menos la vida de Peter tenía una cierta claridad, una urgencia moral inconfundible. Tal vez el espectro de las vidas no vividas —la vida con Peter, o la que él estaba viviendo sin ella—, tenía aún más fuerza porque la suya apenas empezaba a tomar forma. Quizá yo proyectaba una falsa confianza en mi madre más joven porque me resulta incómodo imaginarla en términos de incertidumbre. Para mí, ella siempre ha sido la fuente del amor inviolable, la definición de devoción, la falta de contingencia.

¿Cómo recuerda Peter aquella visita a Palo Alto? Al principio, tan solo hace eco de los sentimientos de mi madre. Fue incómoda. No le agradó mi padre, pero era difícil para él saber si en realidad tenía que ver con él o con el hecho de que estaba con mi madre. Pero cuando le pregunto si recuerda haber juzgado a mi madre, si en verdad había pensado que ella había traicionado los ideales compartidos de su juventud, se queda en silencio por un largo rato. «De acuerdo», dice finalmente. «Ella hizo algo muy extraño en esa reunión. Nunca hablamos al respecto y es algo que todavía me desconcierta».

Me dice que ella salió en un camisón muy transparente cuando le presentó a su nuevo esposo. Peter no podía entender lo que estaba tratando de comunicar. Durante años habría matado por verla salir con ese camisón. Durante años había estado esperando alguna señal de ella para creer que tal vez había esperanza para ellos. Pero en ese momento no supo qué hacer. Mi madre no recuerda haber usado ese camisón. No recuerda haber intentado enviarle ningún mensaje, aunque también es cierto que no siempre recordamos los mensajes que alguna vez intentamos enviar, o que ni siquiera nos damos cuenta de que estamos intentando enviarlos en ese momento.

«¿La vi traicionando nuestros valores?», dice él. «Tal vez un poco».

Observó a su nuevo esposo, mi padre, y pensó: es un profesor de Stanford, tiene dos doctorados, es guapo. Mi papá solo tiene un doctorado, pero tiene sentido que Peter exagerara su nivel en la memoria. Peter sintió que mi madre le decía: «Mira cómo me va mucho mejor ahora; he ascendido mucho más que tú». Peter se encontró a sí mismo pensando: ¿qué tengo yo que él no tenga? La respuesta fue convicción: fidelidad al conjunto de valores que él y mi madre habían compartido.

Aunque tanto Peter como mi madre siguen comprometidos con los ideales que los unieron alguna vez, el compromiso de Peter ha significado trabajar fuera de las instituciones, o en contra de ellas, mientras que mi madre ha trabajado desde el interior: la academia, las organizaciones sin fines de lucro, la Iglesia. Peter ha pasado los últimos cincuenta años de su vida como un opositor no violento y un detractor de los impuestos, toca la guitarra en una banda de sátira política llamada Dr. Atomic's Medicine Show. Su hijo, Shanti, el bebé que mi madre vio en el colchón, años atrás, y que se crio en la comuna, se ha convertido en un ejecutivo corporativo.

Durante esos mismos cincuenta años, mi madre no solo se casó con un profesor de Economía, sino que también se convirtió en profesora de Salud Pública, además de que crio a tres hijos mientras realizaba un trabajo de campo de doctorado sobre desnutrición infantil en las zonas rurales de Brasil; se fue con sus dos hijos pequeños a las aldeas rurales, donde pesaba bebés desnutridos en básculas de hamaca, y luego pasó décadas investigando la salud materna en África occidental. Su versión de la jubilación implicó convertirse en diácono episcopal y ejecutar programas de nutrición para niños fuera del horario escolar en comunidades de bajos ingresos a través de la iglesia.

Ambas vidas pueden hacerte sentir agotado y más que un poco culpable, pensando «¿qué he hecho para salvar al mundo hoy?». Ambos han sido arrestados muchas veces por protestar contra las guerras y las brechas salariales y el uso de la fuerza nuclear, pero mi madre lo ha hecho con sus vestiduras clericales;

y por lo general, al regresar de la cárcel encuentra un mensaje de texto de su hija en su teléfono celular.

Después de cincuenta años, su intimidad tiene mucha fricción, ruptura y juventud. La intimidad después de un divorcio puede no resultar barata, pero es profunda. Corre más profundo por su costo. Se trata de saber quién era alguien y cómo cambió, y llevar todas esas versiones pasadas de ellos dentro. Más de una vez, Peter me dice: «A pesar de todas mis otras relaciones, nunca dejé de amar a tu madre».

En Portland, después de nuestra visita a la casa en la calle Knapp, nos dirigimos a una protesta contra el Cuerpo de Ingenieros del Ejército. Peter lleva dos banderas: una de la paz y una de la Tierra. Es febrero, al final de la protesta de Standing Rock contra un oleoducto propuesto para que corra bajo el río Misuri, cerca de tierras nativas. En este punto, la mayoría de los protectores del agua ya se han ido, y el resto será retirado más adelante ese mes. El Cuerpo de Ingenieros del Ejército ha otorgado permiso para que se instale la tubería. Por esa razón protestamos.

Resulta que las oficinas del Cuerpo de Ingenieros del Ejército están ubicadas en un edificio muy sobrio detrás de un centro comercial, frente a un pequeño campamento para personas sin hogar. Pero no vemos una protesta en ningún lado: ni en el estacionamiento afuera de las oficinas, ni en el vestíbulo. Solo vemos a un único guardia de seguridad detrás de un escritorio. Nos pregunta cortésmente:

—¿Puedo ayudarles?

Estoy avergonzada. Me siento absurda. Pero Peter le pregunta al guardia de seguridad dónde podemos encontrar el Cuerpo de Ingenieros del Ejército. Nos dirige al cuarto piso.

Parte de mí espera encontrar una protesta muy pequeña en el cuarto piso, pero no hay una protesta muy pequeña en el cuarto piso; o más bien, *nosotros* somos la protesta muy pequeña en el cuarto piso. Solo hay una recepcionista amable detrás de un escritorio. Cuando se abre el otro ascensor, vemos al guardia de seguridad del vestíbulo.

—Decidí seguirlos hasta acá arriba —dice—. Parecían confundidos.

—Estamos confundidos —le dice Peter—. Y también tenemos un mensaje para el Cuerpo de Ingenieros del Ejército.

Si por mí fuera, ya habría salido por la puerta, tal vez con una sensación de alivio de que la protesta no ocurriera y de que, en su lugar, pudiéramos pasar las siguientes horas hablando. Quizá sugeriría que tomáramos un café. Pero Peter le dice a la recepcionista:

—Nos gustaría hablar con alguien sobre lo que está sucediendo en Standing Rock.

Ella nos pide que esperemos y luego desaparece en un laberinto de cubículos. Unos momentos más tarde, para mi enorme sorpresa, un coronel con su uniforme completo sale a la recepción y nos invita a partir. Nos dice que estamos alardeando. Pero esa es la cuestión: Peter no está alardeando. Este es él en acción: sin torpezas, toda persistencia.

El coronel termina llevándonos a una sala de conferencias con paredes de vidrio, donde se sienta a la cabeza de una larga mesa ovalada. Peter se sienta a su lado y apoya la bandera de la paz y la bandera de la Tierra en el asiento giratorio de piel a su lado, como si fueran dos niños obedientes. Más tarde, internet me dirá que este coronel pasó un tiempo tanto en Irak como en Afganistán. De cerca, su uniforme es impresionante, los pliegues son nítidos e imponentes.

Nos acompaña un hombre mucho más joven que lleva un chaleco de lana verde salvia.

—Este es Jason —dice el coronel—. Es uno de nuestros abogados. —Jason nos brinda una sonrisa tímida.

Peter se lanza en un relato articulado, apasionado y sorprendentemente específico de lo que le preocupa sobre el oleoducto que se está colocando cerca de la reserva de Standing Rock. Cuando Jason comienza su respuesta técnica, el coronel lo interrumpe.

—¡Demasiados acrónimos! —le dice—. Suena como una sopa de letras.

Entonces, el coronel toma un trozo de papel en blanco y comienza a dibujar un mapa: el río Misuri, el «usufructo existente», las tierras tribales de Standing Rock. No es que el Cuerpo de Ingenieros del Ejército esté *construyendo* el oleoducto, nos recuerda. Solo están otorgando el permiso. Mi madre menciona una orden emitida por Obama que fue revocada. Peter la respalda. Él parece estar al tanto de todas las órdenes judiciales que están en juego. Permanezco callada. Estoy impresionada por el conocimiento de Peter y de mi madre, y también aliviada por ello. Había esperado una protesta regular, en la que podría cantar en relativa ignorancia, autosatisfacción y anonimato, pero esto es algo más: una especie de examen sorpresa. En realidad, ¿qué sé yo sobre Standing Rock? No lo suficiente para hablar con un coronel durante una hora.

A medida que la conversación continúa, está claro que el abogado y el coronel vienen de diferentes lugares: mientras el coronel es un hombre de la compañía y sigue las reglas al pie de la letra, Jason se encuentra profundamente preocupado. Fue a la escuela de Derecho para estudiar Derecho tribal. Tal vez comenzó a trabajar aquí para poder reformar el sistema de adentro hacia afuera. O al menos, esa es la historia que he escrito para él en mi cabeza. Ahora está sentado en una oficina corporativa con un chaleco de lana y defiende un oleoducto que pasa por tierras tribales. Parece silenciosamente desconsolado. La postura del coronel es más como: «¿Y qué quieres que haga yo al respecto?». Parece exasperado por nuestras constantes preguntas sobre «su tierra».

Llega un punto en el que levanta la voz:

—¡Todos estamos en su tierra, aquí mismo! ¡Todo es tierra de ellos!

Ante esto, Peter y yo compartimos una mirada de complicidad: «Exactamente».

El coronel nos dice que el Cuerpo del Ejército ha ido «más allá de lo imaginable» en sus consultas a la tribu. Ellos han hecho el debido trabajo. Y aquí es cuando finalmente me armo de valor para decir algo.

—Bueno, la tribu parece no estar de acuerdo.

Peter interviene:

—¡Junto con otras trescientas tribus!

Jason sigue llevándonos de vuelta al Tratado de Sioux de 1868 y al precedente que estableció.

—Tal vez ustedes tengan sus propias ideas con respecto al Tratado de 1868 —dice—, y tal vez yo tenga algún sentimiento con respecto al Tratado de 1868…

—¿Qué sentimientos tiene con respecto al Tratado de 1868? —lo interrumpo.

—Fue una tragedia —responde.

Pasan unos cuantos segundos en silencio. Todos sostenemos esa verdad. Sigo esperando que Jason y el coronel revisen sus relojes. El coronel repite que han actuado conforme a todas las leyes.

—No creo que ustedes estén quebrantando ninguna ley —le digo—. Creo que las leyes están quebrantadas.

Suena presumido y farisaico en el momento en que lo digo, como si estuviera plagiando un documental sobre el activismo de los años sesenta, pero cuando Peter dice: «¡Sí!», me sonrojo de orgullo. Me complace haberlo impresionado a él, el activista radical, y estoy también consciente de que represento y reproduzco los deseos de mi madre de hace años: ser lo suficientemente buena para él.

En resumidas cuentas, mantenemos el encuentro con Jason y el coronel durante casi hora y media en la sala de conferencias con paredes de cristal en «la tierra de las tribus». Paso la mayor parte del tiempo confundida acerca de por qué no nos han escoltado cortésmente hasta la puerta. ¿Es esto una cuestión

286 | LESLIE JAMISON

de relaciones públicas? ¿Una cuestión de Portland? ¿No tienen trabajo que hacer?

Justo antes de irnos, Peter exhorta a ambos hombres a que examinen profundamente en su interior y piensen en lo que creen que es correcto. Tal vez sea cursi, pero una voz en mí también dice: «¡Amén!».

Mientras salimos de la oficina, escucho a mi madre invitar a Jason a mi conferencia de esa tarde. Las madres seguirán siendo madres, incluso en las oficinas del Cuerpo de Ingenieros del Ejército.

Cuando llegamos al estacionamiento, ya estoy fantaseando con cómo esta conversación podría cambiar todo el curso de la carrera de Jason, y una vez que llegamos al auto, mi madre confiesa que tiene exactamente el mismo sueño: cinco años a partir de ahora, él recordará este día como el que cambió su vida. Mi ego y el de mi madre están construidos de manera similar. Una vez más, busco los bordes entre nosotras, intento recordar que están allí. Pero hay una especie de placer amniótico en tener problemas para localizar estos bordes, en sentir esta simetría en lugar de esta unión. ¿Cómo lo había dicho Peter? «Muy juntos, pero no fusionados». Algunas veces se siente bien fusionarse, decir —irracional, febril, obstinadamente—: «Yo soy mi madre y ella es yo».

Jason y el coronel deben de haber asumido que éramos una familia: dos exhippies altos de alrededor de setenta años y su hija alta. Y hoy, de una manera extraña, somos la manifestación de una realidad alternativa, el camino no recorrido, en el que

Peter y mi madre tuvieron una hija juntos, y la llevaron con ellos —tres décadas después—, para seguir protestando por el mundo.

Cada vez que localizo las diferencias entre mi madre y yo, las construyo sobre todo como díadas que se autocastigan: ella estudió a los niños desnutridos. Yo tuve un desorden alimenticio. Ella dejó su matrimonio con estoica fortaleza. Mi exnovio una vez me dijo que me encantaba vivir en las heridas. Mientras yo estoy preocupada por mi propio dolor, ella está preocupada por el dolor de los demás. O tal vez no está preocupada por el dolor en absoluto, sino por estrategias de subsistencia y supervivencia.

Durante años, aunque nunca lo expresé explícitamente para mí, sospeché que mis únicas opciones eran identificarme con mi madre por completo o fallarle de alguna manera. Cuando leí *The Parting of the Ways*, me proyecté sobre su personaje o me avergoncé por las brechas entre nosotras: su estoicismo, mi herida; su exterioridad, mi interés personal. Ella era infeliz con su relación porque quería presentarse para su misión del Cuerpo de Paz. Yo no estaba contenta con mi última relación porque quería mensajes de texto más frecuentes. Me conecté más con la «anguila que se retorcía de dolor» de Peter que con su boca firme.

Sin embargo, también es cierto que fui yo quien abandonó casi todas las relaciones en las que he estado —a menudo, no siempre—, porque sentí un cierto tipo de claustrofobia, que no es para patologizar tanto mi pasado como para sugerir que tal vez comparta el apego de mi madre a las distancias y límites más de lo que he reconocido, que su hambre de independencia no es tan ajena a mí.

Cuando le dije a Peter que este ensayo sería sobre la evolución de su relación con mi madre, era la verdad. Pero no toda la verdad. Porque este ensayo también trata de la evolución de *mi* relación con mi madre; cómo una parte de mí quería humanizar su mito, y cómo encontré, en el retrato que hizo Peter de ella, otra mirada saturada de adoración, pero también el pinchazo de esa adoración con la admisión de su ser real y matizado.

No le pedí a la novela de Peter que perturbara las historias que me contaba sobre mi madre y yo, pero así fue. Me permitió ver que tanto ella como yo siempre hemos sido más complicadas que las díadas que construí para que habitáramos, en las que somos o idénticas u opuestas. Nos acostumbramos demasiado a las historias que nos contamos sobre nosotras mismas. Esa es la razón por la que a veces necesitamos encontrarnos en las historias de los otros.

Esa noche, en Portland, en la capilla de arriba en el campus de Reed, donde mi madre y Peter tomaron alguna vez su clase de Humanidades de primer año, leí en un ensayo sobre la marcha masiva de mujeres que ocurrió después de la toma de posesión de Trump. Era un ensayo sobre la protesta y por qué todavía importaba, incluso, o especialmente, ahora que el presidente parecía amenazar cada valor por el que mi madre y Peter habían luchado durante las últimas cinco décadas.

Jason, el abogado, no asistió a mi conferencia, pero mi madre y Peter estaban sentados uno al lado del otro en primera fila, tal como se habían sentado en esos bancos años antes. Sentí como si les hablara a las personas que alguna vez fueron, cuando protestaban en el juzgado del centro y esa mujer le dijo a mi madre que esperaba que sus hijos crecieran para odiarla, y luego cuando Peter visitó a mi madre en Palo Alto años después y ella estaba preocupada por haberlo decepcionado. Esta conferencia era una forma de decirle: «No decepcionaste a nadie». Era una forma de decir: «Tus hijos crecerán para amarte». Era como si tratara de proyectar mi admiración a través del tiempo para tranquilizar a la mujer que había sido mi madre, esa mujer que solo sentía que de alguna manera le había fallado al hombre que la amó por primera vez..., esa mujer que no conocía, no podía conocer el camino por delante.

Y la sangre fue mía

POR ORLY BEIGEL

Los ruidos —aciagos, desgarradores— no paran. Son las...
¿4? ¿Las 5? En todo caso, es muy temprano. Demasiado.
¿Por qué no cierran la puerta del baño? (¿*Cierran*, en plural?
¿O es *cierra*, en singular? ¿Quién está ahí? Ni mi hermana ni mi
hermano están en casa. ¿Papá?, ¿mamá? Ojalá no sea ella). ¡Por
favor, cierren la puerta! Así tienen un poco de privacidad y yo
puedo dormir. (A estas alturas, mi mamá no es la única que
tiene problemas para dormir en esta casa).

No tiene remedio. Me obligo a abrir los ojos, a desasirme
de las sábanas. Me pongo en pie. Recorro a oscuras —en más de
un sentido— el pasillo que separa mi habitación del baño.

Sangre. Mucha sangre. Toda la sangre.

Sangre de mi sangre.

Sangre de *Mitteleuropa*, del Sinaí, del Nuevo Mundo. Sangre judía. Sangre del Holocausto. Sangre derramada por la bru-

talidad nazi, lanzada a fluir por el Rin, por el Elba, por el Danubio, por el Sena, por el Támesis, por el Volga, por el Oiza.

La sangre mancha todas las superficies del baño: el lavabo y las paredes, el piso y la tina. Es —lo veo ahora y lo seguiré viendo el resto de mi vida— sangre de mi madre, ahora recostada semiinconsciente sobre las piernas de mi padre, que llora desconsolado en el suelo. Sé que es de ella porque, pese al noble intento de mi querido padre por cubrirle la muñeca izquierda con una toalla —ahora también ensangrentada—, alcanzo a ver la cortada autoinfligida, surcada con la navaja de acero de la rasuradora paterna. Es por esa herida por la que se le va la vida cuando llego al baño.

Por fortuna, mi madre se arrepintió a tiempo. (Me contará poco después mi papá que terminó por despertar al escucharla llamarlo con voz muy baja, casi en un susurro: «¡Jossef! ¡Jossef!». Un decibel menos, unos segundos más y no habría alcanzado a salvarle la vida). Improvisamos un torniquete. Él la toma por el torso y yo por las piernas. La subimos a su cama. Alguien llama a mi primo, que vive a unas cuadras. Mi padre me pide bajar al estacionamiento del edificio para sacar nuestro auto —un Dodge Dart de un rojo particularmente insolente en esas circunstancias— y entregárselo. Alguien la baja a la calle. El auto parte como un dardo, con ella a bordo, rumbo al hospital.

Yo no los acompaño. Mi padre me instruye quedarme en casa a limpiar el baño: «Hay que borrar toda evidencia de esto», me dice. «No le digas a nadie». Me pregunto a quién querrá ocultar la realidad. («Se quedó allí / como tantas veces, / como simplemente / tratando de apagar el sol / con su dedo transparente», escribí años después en un poema; era para mi madre, pero ahora que lo releo supongo que aplica a mi padre también). Pese a mí, lleno de agua jabonosa una cubeta, empuño una esponja y paso más de una hora fregando el piso, las paredes, los muebles, incluso el techo: tan pequeño es ese baño de un departamento de los años cincuenta en la colonia Condesa de la Ciudad de México; tanta y tan perniciosa es la sangre que todo lo tiñe, que todo lo mancha, que todo lo ahoga.

Ahoga incluso mis lágrimas. Ahoga incluso mis recuerdos. Por ejemplo: hasta donde tengo memoria —y tengo a un tiempo menos de la que debiera y más de la que quisiera—, yo no sabía manejar a los quince años que entonces tenía. Pero debo estar confundida —«ahogados mis recuerdos en su sangre»—, porque no solo tengo memoria de llegar a verla al hospital al volante de nuestro auto rojo, sino también de haberme detenido en el camino a comprar dos cajetillas de cigarros Winston *rojos* y haber encendido uno, dos, no sé cuántos, mientras manejaba. Fue entonces cuando comencé a fumar.

(Fumar, se pensaba en aquellos tempranos e inconscientes años setenta, lo hacía a uno adulto. Y, a partir de ese día, yo tenía que ser adulta a toda costa).

Entré a la habitación donde mamá yacía con un vendaje en un brazo y un catéter conectado al otro. No bien me vio, prorrumpió en un llanto desgarrador pidiéndome perdón. Nuestro abrazo —cargado de dolor vivo, de tristeza infinita, de amor— hubo de durar solo un instante. Mi padre y mi tía me apartaron de su lado, me condujeron con fuerza sutil pero certera al pasillo. «No debes regresar, Orly. Le haces mal, Orly. La deprimes,

Orly. Imagina la culpa que siente cuando te ve después de que tú la hayas visto como la viste».

No volví a verla hasta que regresó a casa.

Fue entonces cuando me asumí su salvadora, de guardia 24 horas por 24, 7 días a la semana, 365 días al año, un año tras otro tras otro, a lo largo de los siguientes doce. (¿Cómo podía ser de otro modo? No podía darme el lujo de relajarme. ¿Y si volvía intentarlo? ¿Y si ahora lo lograba?).

¿Por qué yo? Porque ahí estaba. Porque sabía escucharla. Porque no la agobiaba con reproches. (Al menos así quiero recordarlo. *Al menos así quiero recordarme*). O por *default*. (No bien mi madre exangüe partió al hospital en ese Dart rojo, llamé a su psiquiatra a casa —no eran todavía horas de oficina—, como ella misma me lo había pedido con medias palabras mientras la subían al auto.

—*El doctor está ocupado.*

—Dígale que es urgente.

—*Lo lamento, pero el doctor no puede atenderla.*

—Por favor dígale que se reporte conmigo a la brevedad: mi madre tiene una emergencia.

Una hora. Dos. Tres. Suena ¡al fin! el teléfono.

—¡Doctor! ¿Por qué tardó tanto en reportarse?

—*Es que estaba tomando un baño.*

—¡Mi madre está en el hospital! ¡Intentó suicidarse!

—*Ah, ya sabía que lo iba a hacer. Luego me doy una vuelta.* Clic).

O, como dicen ahora los que creen que saben, por codependiente.

Dormí durante un año en el piso, al lado de su cama. (Aquejada por un insomnio recurrente, mi madre había decidido hacía tiempo mantener una recámara separada de la de mi padre). No bien apagaba la luz, sin que se diera cuenta (¿o acaso se percataba?), entraba sigilosamente a su habitación, me tendía en el suelo, en la esperanza de que pudiera conciliar el sueño.

Esa fue una de las tantas cosas de las que nunca hablamos.

Mi madre, Yetty, era apenas una adolescente en ciernes cuando estalló la Segunda Guerra Mundial. Nació en el seno de una familia judía pobre en un pueblo llamado Cieszyn, en la frontera entre Polonia y lo que entonces era Checoslovaquia, donde su familia —sus padres y diez hijos, la menor de los cuales era ella— tenía un expendio de lácteos kosher.[1]

A mi madre y a su hermana Gisela las separaron del resto de la familia tras la invasión nazi a Polonia. Primero las trasladaron al gueto Bochnia, donde durmieron en el piso de una cocina durante dos años, en los que mi madre trabajó en una fábrica que producía uniformes para el ejército alemán. En 1943 las llevaron al campo de concentración de Bergen-Belsen —conocido también como «el campo del horror»—, donde lograron sobrevivir otros dos años, pese a condiciones que incluían trabajo forzado, hambre, suciedad y enfermedades, y que propiciaron la muerte de más de cuarenta mil prisioneros.

---

[1] Alimentos producidos y preparados de acuerdo a los preceptos de la religión judía.

Alrededor de una semana antes de que los británicos liberaran Bergen-Belsen, los nazis metieron a dos mil de sus prisioneros —entre ellos mi madre y su hermana— en un tren que parecía conducirlos a una muerte segura. Sin embargo, tras cuatro o cinco días encerrados en un vagón sin agua ni comida, los abandonaron: los alemanes huyeron al enterarse de la llegada inminente de las tropas estadounidenses. Fue así como lograron sobrevivir para que la Trigésima División Armada del Ejército de los Estados Unidos los libertara y los llevara al campo ya liberado de Buchenwald —donde les dieron medicinas y alimentos— y, de ahí, a Francia, donde abordaron un barco rumbo a Palestina.

Fue ahí donde mi madre conoció a mi padre, Jossef. Fue ahí donde mis hermanos mayores, Shulamith y Michael, nacieron. Y fue ahí donde decidieron volver a empezar en México, donde mi madre tenía parientes que habían logrado escapar del Holocausto y donde, al tiempo, nací yo.

Crecer como hija de una sobreviviente del Holocausto afectó mi vida de manera profunda. Dejó cicatrices en mi alma. Llevo ya más de sesenta años de existir «a la sombra de una guerra que no viví», como lo ha puesto en palabras perturbadoras la escritora Helen Epstein, ella misma hija del Holocausto.

De niña, oí de mi madre historias que se me figuraban insondables e inhumanas. Sin embargo, me regaló también episodios de esfuerzo y de lucha, de resiliencia. Aprendí de ella lecciones de vida, de fortaleza, de amor. Pero también hube de abrevar de su depresión constante, de su tristeza crónica y a fin de cuentas incurable. No es que experimentara dolor: ella *era* dolor. A todo lo largo de mi infancia y de mi juventud, resistí sus constantes intentos de suicidio —el que he relatado no fue el primero, sino solo el primero que recuerdo más o menos a detalle—, que culminaron con el que puso fin a su sufrimiento y me arrojó al silencio y a la angustia. Cuánto me he dolido de su muerte, de su pérdida, de su culpa, de la mía. Cuánto he pensado en las tantas historias silenciadas, en las tantas preguntas sin respuesta.

En lo que nunca hablamos.

«Ustedes me han puesto una etiqueta», nos dijo una vez a mi padre y a nosotros, sus hijos: «una etiqueta de suicida, pegada en la frente, y no me la quitan». En lo que a mí respecta, se equivocaba. Cierto es que lo intentó en México y en Israel, en casa y en cuartos de hotel, con psiquiatra y sin psiquiatra, con pastillas, con navajas y —al final— con el peso de su propio cuerpo en vuelo y su impacto contra el asfalto duro, inerte, indolente. (Nunca sabré si ese golpe, el último, también dolió). Fue víctima del Holocausto y, por lo tanto, también de esos monstruos que nunca la dejaron. También es cierto que fue mucho más que su dolor.

Fue, de hecho, una persona maravillosa: alegre, brillante, vital. *A mensch*, como se llama en yiddish a las personas a un tiempo íntegras, honorables y entrañables. Fue, en efecto, una *yidishe mame,* una madre judía, en todos los sentidos del estereotipo. La que hacía el mejor *guefilte fish*[2] y la mejor —la más reconstituyente y apapachadora— sopa de *matze ball*. La que horneaba pastel de naranja y de nuez y polvorones para regalar en cada visita, y a cada persona que tenía una gentileza con nosotros, como don Hilario, el señor que rentaba las bicicletas en el Parque México y que me ofreció a los cinco años mi primer trabajo, como ayudante de limpieza. La que, cuando entró a la moda naturista, nos hacía para cenar unos tacos de zanahoria que yo recuerdo riquísimos y por los que mi padre protestaba entre risas, clamando por su acostumbrado pollo o pescado. La que consintió a nuestra afición por el salami polaco y lo servía en una hoja de papel de estraza dispuesta de manera directa sobre el mantel, para poder seguir presumiendo —sobre todo a las tías ortodoxas que nos visitaban— de un hogar perfectamente kosher.

Ya inmersa en el naturismo, se convirtió en Madre Tierra sanadora, incluso para una sobrina que, buscando ser madre ella misma, había tenido múltiples abortos espontáneos. Yetty se dio a la tarea de remediar sus problemas ginecobstétricos preparándole unos jugos gigantescos durante todos los días de una semana y llevándoselos en persona a su hogar. (Ignoro si fue el poder fertilizador del apio y las espinacas o la fuerza inagotable del cariño lo que lo logró, pero al poco mi prima quedó embarazada de una bebé que llegó a buen término).

---

[2] Albóndigas de pescado blanco condimentadas con azúcar, cebolla, especies y vegetales que se sirven en frío y que forman parte de la gastronomía judía europea.

Imitaba a Stan Laurel —el Flaco de El Gordo y el Flaco—
como nadie. Le gustaban *Madame Butterfly*, las mazurcas y el
mariachi, Beethoven y Chopin, los himnos rusos del coro del
ejército soviético y el flamenco, al punto de arrastrarnos a ver
a las bailaoras zapatear y a los cantaores cantejondear en un
local que todavía existe, llamado Gitanerías. Nos animaba a ir
a Xochimilco y a Acapulco y a Cuernavaca, a Tijuana y a Los
Ángeles y a Nueva York. Y con enorme frecuencia íbamos ella
y yo solas a Liverpool —no el puerto británico: la tienda de-
partamental— a comprar esos patrones de McCall's, de los
cuales se servía para, con su habilidad para la costura, hacer de
mí la niña mejor vestida no solo del colegio sino de cualquier
sitio. (Recuerdo especialmente una capa de tela escocesa que
ella me confeccionó y que me encantaba: yo quería dormir con
mi capa, llevarla puesta a todas partes. Buena decisión, pues
era mágica: si llegábamos tarde al cine, con solo verme con la
capa puesta la taquillera me pasaba al frente de la fila para comprar los boletos, ante el azoro de la concurrencia y mi orgullo
egoísta e infantil).

Lo que más recuerdo de esas visitas a Liverpool es verla
caminar feliz entre los pasillos del departamento de telas, flan-
queados —como si de las columnas de un gran hotel o de un
templo se tratara— por géneros textiles de toda índole enrolla-
dos en soportes verticales de madera. Avanzaba sonriente y
majestuosa, como una reina —ella, que tantos años se había sentido menos, soñaba con ser reina: por eso me llevaba a ver las
películas de *Sissi* con Romy Schneider—, tocando las telas como

Catalina la Grande revisaba a sus tropas, experimentando su suavidad en las manos, en el rostro.

La vida le debía caricias.

A mí la vida no me debe caricias —muchos me han dado muchas, literales y metafóricas, empezando por mi madre—, pero me debe respuestas, sobre todo de mi madre. ¿Cómo se sintió al no conocer el paradero de sus padres? ¿Dónde terminaron los álbumes de fotos que me dijo que escondió en aquella casa del gueto Bochnia? ¿Qué vivió en Bergen-Belsen más allá de lo que sí me contó? ¿Qué hubo de hacer ahí para sobrevivir, además de limpiar letrinas y pagar con pan para aprender francés e inglés? ¿En realidad ese nazi cuya caricia la despertó una noche en el campo se limitó solo a tocarle la cara? ¿Por qué no permitía que nadie salvo yo —siempre yo— la abrazara? ¿Por qué llegó a rentar una habitación en un hotel —dijo que para poder dormir— y por qué tuve que recibir, en pleno examen en la preparatoria, una instrucción de mi padre de ir a salvarla porque no respondía al teléfono de la habitación y temía que hubiera vuelto a intentar suicidarse? ¿Por qué, cuando logré que me abrieran la puerta de ese cuarto de hotel, lo encontré vacío? ¿Cómo decidió regresar a casa? Antes: ¿por qué me eligió a mí como su custodio? ¿O es que me elegí yo misma?

Esa respuesta, cuando menos, resulta irrelevante ante la pregunta final: ¿por qué esperó a mi ausencia para cumplir su propósito último? (Vivía ya ella en Tel Aviv, a donde hube de trasladarme desde mi nueva morada en Jerusalén, otra vez para cuidarla tras la muerte de mi padre. Su partida final aconteció en los dos días que tomé para atender diligencias en mi ciudad de residencia). ¿Por qué entonces, si antes de partir le había pedido expresamente que no lo hiciera? ¿Por qué justo dos días antes de mi cumpleaños? ¿Por qué me dejó una compra de súper hecha, un regalo y un pastel, como si hubieran podido compensar su ausencia? ¿Es verdad que intentó llamarme —como una tía, acaso cruel, me dijo tras su muerte— y no me encontró? ¿Habría servido de algo? ¿Para detener su suicidio («no me maté porque escuché amor en tu voz») o para culpabilizarme todavía más («me maté de todos modos; el amor en tu voz no bastó para detenerme»)?

(Agradezco a la vida no tener esta última respuesta. No sé si podría vivir con ella, aun cuando tanto trabajo me ha costado vivir ignorándola).

¿Terminó por aceptar que yo, su hija queridísima, fuera gay? Nunca con esas palabras. Se quejaba constantemente de ello. De que no me casaría. De que no le daría los nietos que tanto quería. De su posible culpa —¡como si hubiera culpa en ello! — de haberme hecho *así*.

Un mes después de morir mi padre, mi pareja de entonces y yo la llevamos en auto a la estación donde debía abordar un autobús de regreso a Tel Aviv. Al despedirse de ella le dijo en tono cariñoso «Por favor, cuida de Orly». Nunca volvieron a verse.

¿Fue esa su manera de despedirse de ella? ¿De mí? ¿De ambas? ¿Fue su manera de anunciar que aceptaba que mi pareja fuera una mujer? ¿O es ese un cuento que me cuento a mí misma para encontrar la respuesta que me falta? Para comprender por qué no podía aceptarme tal cual soy, cuando yo la amaba profundamente tal cual era.

Cada secreto oculta un nuevo dolor. Y cada dolor es el mensajero de nuevos secretos.

Tras aquel sangriento intento de suicidio de mis quince años, fui yo (por supuesto) quien la acompañó al médico para que le retiraran los vendajes. Casi me desmayo. Se había cortado todos los nervios de la muñeca izquierda y su mano aparecía prácticamente destruida, negra o morada por segmentos. Pese a mis esfuerzos por parecer imperturbable, estoy segura de que pudo percatarse de mi horror y de que lo sufrió.

Ese día, el médico le colocó en la mano un aparato provisto de ligas que pretendía ayudarla a recobrar el movimiento. Con el tiempo, las marcas y los moretones terminaron por desaparecer, pero la flexibilidad de la mano nunca regresó del todo. Pudo seguir sirviéndose de ella para coser, para tejer, para cocinar, para acariciar. Pero nunca pudo volver a abrirla por completo: pese a sus esfuerzos, al poco se replegaba sobre sí misma, como si ocultara algo en ella.

Acaso la navaja con que se cortó, para que nadie pudiera ver qué hizo.

Acaso un mensaje escrito en un papel microscópico, embutido en una botella diminuta y arrojado al mar de su sangre, que es la mía.

Acaso el silencio, que se cubre de presencia, que cubre toda existencia. Y, en el silencio, mi existencia.

Acaso la luz, que también me prodigó.

Necesito regresar a mi madre y a las cosas que no hablé con ella. Necesito encontrar en mi alma su voz, que me guía desde su sufrimiento indecible, pero también desde la magnificencia de su fortaleza. Ella me dio todo el amor que sus fuerzas le permitieron. Logró sacar luz de ese pozo de terrores oscuro y húmedo en el que injustamente le tocó vivir y que la hizo marchitarse de manera prematura. Se lo agradeceré siempre.

Pero he vivido con muchos miedos, que acaso no sean míos, sino prestados. Miedo a viajar en tren por Europa. Miedo a desconectar el teléfono, por si pasara algo. Miedo a la noche, cuando alguien podría entrar con sigilo a mi recámara y hacerme daño. Miedo a perder la estabilidad. Miedo durante años a comprar bienes raíces —incluso a sabiendas de estar en el lugar y el momento correctos—, por no poder llevarme una casa a cuestas en caso de tener que huir de súbito. Miedo a la persecución. Miedo a la violencia.

También he vivido con culpa. Culpa de no haber vivido lo que ella vivió. Culpa de existir en una época mejor. Culpa de cada travesura infantil. Culpa de dejar comida en el plato cuando a ella le daban un huevo al año en el campo de concentración. Culpa de haberme ido a vivir a Israel y dejarla en México. Culpa de no haber logrado compensar su desgracia pese a mis afanes. Culpa de lo mucho que sufría yo —a pesar de su profundo amor— por lo mucho que la veía sufrir. Culpa de no ser tan fuerte como ella. O de tratar de serlo. O de fracasar en el intento. Culpa de hacerla sufrir por cualquier cosa. Culpa de enojarme con ella por lo que (¿me?) hacía. Culpa de no haber logrado salvarla. Culpa de cada momento feliz. Culpa de poder experimentar alegría cuando ella había pasado por tanto. Culpa de mi tendencia a sabotear, por ello mismo, todo momento de dicha. Culpa de haberme escudado en su autodestrucción para urdir la mía, de involucrarme con personas tocadas por el mal para que tuvieran la gentileza de hacerme objeto de ese mal y destruirme.

(Los académicos le llaman el Síndrome de la Segunda Generación. Los que lo vivimos nos limitamos a identificarlo como nuestra vida en familia).

Pero me salvé. Dejé de renunciar a mi vida —a mis prioridades, a mis intereses, a mis amores, a mis placeres— para salvarla. Nunca encontré quién me quisiera como ella, pero encontré a personas que me quisieron y me quieren, de manera diferente, acaso más sana. Tengo amigos entrañables. Formé con Claudia una pareja cuyo amor ha durado décadas, desde 2001. Gracias a la fe de mi madre en mi capacidad —fue la primera que creyó que podía ser empresaria artística–, llevo más de cuarenta años dedicada a presentar a algunos de los mejores artistas del mundo en tres continentes. Me legó su música y yo la hice mía. Creo en el poder de la música para transformar nuestras vidas y permitirnos mirar el mundo de nuevas maneras. Creo en la fuerza del arte para desafiar la contundencia de la muerte, para crear memoria donde la muerte impone olvido, para ofrecer abundancia cuando el dolor parece despojarnos de todo.

O me salvó ella. En una de nuestras últimas conversaciones, le prometí que no viviría sin ella. En la última, ella prometió que no se quitaría la vida. Ella fue la primera en romper su promesa. En ese acto me liberó acaso de la mía para poder seguir viva.

Hoy ya no custodio a mi madre, sino atesoro su recuerdo entrañable y honro su memoria como sobreviviente del Holocausto. Hoy ya no pago su melancolía. Hoy ya no me debe ni le debo disculpas porque sé que cada una está sola y que solas estamos juntas, con independencia pero lado a lado.

Hoy no es tiempo ya de hablar desde el dolor, sino solo desde el amor.

Hoy soy yo.

Cuidado con el silencio

—∼—

POR MELISSA DE HAENE

Imagina a una niña curiosa, sentada en el sofá de su casa, viendo unos libros con atención. Soy yo, tengo diez años y estoy revisando los álbumes familiares. Papá. Mamá. Estamos todos juntos, felices. De pronto hay algo que me extraña. En una de las fotos, una de las caras está recortada, como cuando en las docuseries quieren proteger la identidad de un testigo. En la siguiente imagen, lo mismo. Y así en varias. Fotos donde algo hace falta. Donde hay huecos. Claro, es que mi mamá decidió cortar las fotos de nuestros álbumes… En donde debería estar la cara de mi papá hay solamente vacíos. Las recortó y se quedaron así, incompletas. Como nuestras vidas, en cierto modo.

Recortar a papá del álbum. Negarlo. Desaparecerlo. Hoy comprendo que seguramente mi mamá estaba enojada al momento de decidirlo. Tal vez no lo pensó demasiado, fue un impulso. Quizá fue intencional, no lo sé. Pero a nosotros, los hijos, nos hizo daño. Sus acciones, esta, por ejemplo, pero aún más su silencio. Rara vez podíamos hablar con ella sobre lo que había pasado, el porqué de su divorcio. Y eso afectó la idea que teníamos del amor, el lente con el que lo veíamos.

Ahora que lo recuerdo, me doy cuenta del gran peso que un pequeño gesto como ese representó a lo largo de mi vida. Tal vez si se hubiera comportado de otro modo, yo no habría necesitado años de psicoanálisis. Si tan solo ella me hubiera explicado tantas y tantas cosas de chiquita, cuando apenas estaba formando mi visión del mundo…

Quizá no valga la pena pensar así. De nada sirve repartir culpas, ni aun llamándolas responsabilidades. Lo único que queda es narrar la historia para dotarla de sentido. Hablarla. Entender mejor a los personajes involucrados y de esta manera entenderme mejor a mí misma.

Recuerdo perfectamente el día en el que empezó todo. Mis papás nos llamaron a mi hermano y a mí para que fuéramos a su recámara. Nos sentaron y nos dieron la noticia: «Nos vamos a divorciar. La decisión no fue nada fácil, pero estamos seguros de que es lo mejor para la familia, tanto para nosotros como para ustedes».

Mi hermano tenía seis años y yo tenía ocho; mi hermana chiquita acababa de cumplir un año, pero ella no estaba en el cuarto de mis papás en ese momento. Esa escena es de las más nítidas de mi vida, guardo cada detalle en mi memoria como si fuera una fotografía. En psicoanálisis aprendes que una escena relevante genera una impronta que puede durar muchos años.

Una escena de cinco minutos se convierte en cinco lustros de trabajo emocional.

Al pensar en ese momento, es como si reviviera la escena. Recuerdo que subí mis pies al sillón en el que estaba sentada. Hacía frío, era la hora de irnos a dormir. Abracé mis piernas y apoyé la cabeza en mis rodillas. Vinieron a mí mil pensamientos, pero solo alcancé a decir uno en voz alta: «No, por favor no, yo no quiero esto». Esos minutos me parecieron eternos; mi cabeza daba vueltas. No entendía, en verdad no entendía. «¿Qué hicimos? ¿Por qué ya no quieren estar juntos?».

¿Mencioné que mi hermano estaba sentado a mi lado? Él también hizo un comentario. Su cabeza revolucionaba igual que la mía… bueno, no exactamente igual: «¿Eso significa que vamos a tener dos casas? ¿Me puedo llevar mi Nintendo?».

Hoy entiendo que cada quien tiene sus propios mecanismos para lidiar con el dolor y con las noticias inesperadas, pero en ese momento la respuesta de mi hermano me sorprendió. ¿Acaso no se daba cuenta de que en ese segundo dejábamos de ser una familia? Esa familia con la que siempre habíamos contado y a la que luego íbamos a anhelar con todas las fuerzas. La familia que soñamos, unida, juntos, equipo, mamá y papá, en casa.

Me encerré en mi cuarto y lloré desconsolada. Pasé mucho tiempo buscando las respuestas que me hacían falta. Sabía que mis papás a veces discutían y tenían sus diferencias, como cualquier pareja, pero no entendía qué había podido motivarlos a decidir algo así. En ese momento todavía no tenía ninguna amiga con papás divorciados, no tenía referentes. Estaba sola en esto. Me sentí absolutamente destrozada.

Lo peor del divorcio era la idea de vivir lejos de mi papá. Ese era mi temor más grande. Mi papá era mi persona favorita, mi superhéroe. Mi amor por él era inmenso, nada se le comparaba. Además, él se encargaba de que así fuera: yo siempre fui su consentida y amaba serlo. Desde el divorcio, viajábamos él y yo solos los veranos, veinte días completos en alguna parte del mundo. Mi complejo de Edipo estaba desarrolladísimo, tanto que, cuando murió mi padre, a mis 22 años, mi psicoanalista me dijo: «No te imaginas tu vida sin él porque era todo para ti; es como si hubieras enviudado, en vez de perder a papá», pero esa es otra historia.

¿Cómo querría alguien separarse de él, si era el hombre más simpático, espléndido, divertido, honesto, encantador? No sé. Tal vez a mi mamá no le parecía tan encantador. Jamás se lo pregunté.

En resumen, pasé de ser la niña más afortunada a… corte: mudanza, cambios, nueva vida desde cero y todo lo que conllevaba en cuanto a tristeza, furia y confusión. Me enojé muchísimo con mi mamá. A mis ojos, ella tenía la culpa de todo. Había decidido separarse de mi papá (ella pidió el divorcio) y nunca me explicó por qué.

Mi mamá fue la única mujer en una familia de siete hijos: seis hermanos celosos jugando al futbol, mientras que su mamá, mi abuela, dividía el tiempo entre sus hijos y su esposo. Hasta el año pasado, cuando mi abuelo se fue al cielo, la vida entera de mi abuela era atenderlo y desvivirse por él.

No es metáfora cuando digo que mi mamá salió corriendo de su casa, huyendo de su familia. Soñaba con irse de ahí y empezar una familia propia. Ser la primera de sus amigas en casarse era una de sus metas, por supuesto. Sentía que así, y solo así, podría comenzar a ser la protagonista de su historia.

Por su parte, mi papá soñaba con la mujer porrista, y aquí la historia se vuelve literal. Él pasaba a recogerla a la prepa y ella salía en su uniforme de clase de porras. Su sueño cumplido. Él tenía 34 años; ella, 18. Los padres de ambos, mis abuelos, eran mejores amigos de toda la vida. Así fue como él la conoció, la enamoró, la conquistó y se casaron. No por nada ambos juraban que estaban viviendo el sueño máximo del amor romántico. Eran el uno para el otro, o al menos eso creían. Mi mamá estaba convencida de que su historia de amor estaba a la altura de Hollywood; sin embargo, terminó por asfixiarla. Más bien, al final no resultó como ella quería.

¿Y vivieron felices para siempre?

Pues no. Aquí el cine nos mintió.

La realidad es que mi mamá se casó sin tener la menor idea de quién era ella como persona ni de lo que quería hacer de su vida. Lo único que sabía era que no quería convertirse en mi abuela, aunque buscar el polo opuesto no basta para autodefinirse. Quería sentirse libre, no tener que dar explicaciones, dormirse hasta las tres de la mañana pintando con la música puesta. ¿Esperar a que su esposo llegara de trabajar para atenderlo y al final irse a dormir temprano? Para nada.

Era infeliz en su matrimonio, pero tuvo la suerte de darse cuenta y decidió hacer algo al respecto. Entendió que, si ella no se sentía plena, nosotros tampoco. Estaba enojada con sus decisiones, lamentaba haberse cortado las alas antes de haber aprendido a volar. «Quiso correr antes de gatear», me dice mi psicoanalista cuando tocamos estos temas.

Lo cierto es que mi mamá venía de un lugar con valores diferentes a los míos. Mi abuela era el ejemplo máximo de la abnegación femenina, y eso mi mamá lo aprendió también, aunque al final rompió con ello. Mi abuela la crio en la prudencia, en la mesura. Todas sus acciones eran recatadas; cuidaban lo que dijera la sociedad, la familia. De donde ellas venían, había cosas que no se hablaban: tabús, secretos. Y aunque quiso liberarse —y en gran parte lo hizo—, no pudo evitar reproducir algunas de esas máximas.

Para ella, por ejemplo, hablar de educación sexual estaba completamente fuera de lugar. Eso no le correspondía a una mamá, sino a las amigas o a las primas mayores; incluso, era inadecuado. Para mí, no educar en la sexualidad es una irresponsabilidad gravísima: mis hijos apenas van a cumplir uno y tres años, y yo llevo mucho tiempo preparándome para hablar del tema.

Mi mamá guardó silencio para cuidarnos y como una forma de amor hacia nosotros. Y sin quererlo, nos hizo daño.

Los niños aprenden los valores que les inculcamos, esto es obvio. Lo que no es tan obvio es que la mitad de estos valores los enseñamos de manera consciente, apalabrándolos, explicándoselos, y la otra mitad con ejemplos y comportamientos.

Yo crecí soñando con tener mi familia. Fantaseaba con que viviría al lado de mis papás, que seguirían juntos y enamorados hasta el día que me casara. Tenía clarísima la escena en la que mi papá me entregaría en mi boda. Incluso, teníamos nuestra canción planeada y a Mijares apalabrado para ese día. También quería que mi mamá fuera la típica abuela mexicana que corre a ayudarte cada vez que lo necesitas, que resuelve tus crisis, que es feliz cuidando a tus hijos y que siempre quiere convivir contigo.

Nada de eso pasó. A los 57 años, mi papá enfermó de melanoma y murió meses después. No conoció a mi esposo, no me entregó en mi boda ni bailó conmigo, mucho menos conoció a mis hijos ni los llevó a Disney como tanto soñaba. Por su parte, mi mamá hasta la fecha sigue evitando convivir. Ella podría vernos una vez cada tres meses sin problema; jamás planea viajes familiares y no, no corre a ayudarme con mis hijos. Es una abuela joven con muchas cosas que hacer, eso dice cuando siente que «está invadiendo un espacio». Qué ironía, pues así me sentía yo en mi propia casa desde chiquita, fuera de lugar. Por eso, en cuanto pude, me fui.

Después del divorcio, mi mamá habló poco con nosotros sobre el tema. La escena que relaté, esa en la que mi hermano y yo estamos sentados recibiendo la noticia, fue tan impactante por dos razones: primero, porque la familia se estaba resquebrajando; segundo, porque fue la única vez que recibimos información clara, contundente y sin lugar a errores, de lo que estaba sucediendo en nuestra familia.

El resto del tiempo, silencio. Ese silencio en el que a ella la habían educado y que consideraba que sería la mejor manera de educarnos a nosotros. Haciendo como que no pasaba nada y que era más padre tener dos casas. Excusas para convencernos, o convencerse ella misma, de que había hecho lo mejor para todos.

Como resultado, yo pasé mi infancia y adolescencia viendo a mi mamá como la mala del cuento. Siempre fui muy dura con ella; a mis ojos era la culpable de todo. Otra consecuencia: mi idea del amor se distorsionó, más siendo tan chiquita. Recuerdo que cuando veía películas románticas en esa época pensaba: «Ni se emocionen, el matrimonio no dura para siempre».

Mis hermanos y yo fuimos creciendo. Nos hicimos mayores, pero aún éramos inmaduros. Tratábamos de boicotear cada relación de pareja que tanto mamá como papá intentaban establecer, fuimos muy groseros. En mi defensa diré esto: éramos niños. Y nadie se había sentado a explicarnos cómo eran las cosas y por qué eran como eran, y mucho menos desde el amor. Simplemente empezaban con la típica estrategia de: «Les quiero presentar a una amiga». O: «Miren, él es mi amigo Juan, tiene tres hijas, muy divertidas; los invité a comer».

«Amigos». Ajá. ¿Y entonces por qué, mamá, te estás comportando más encantadora que nunca? ¿Por qué tú, papá, de pronto te desvives en ser caballeroso y atento con la amiga? ¿Por qué están planeando viajes juntos?

Dice la escritora Ursula K. LeGuin que cada vez que una mujer cuenta su historia, los mapas se reconfiguran. Sí lo creo. Por lo menos a mí me sucede. Ahora que soy adulta todo me queda más claro. Además, también soy mamá y me permito opinar desde un conocimiento fundado. Lo que a mis papás les hizo falta fue comunicación real hacia nosotros, sin letras chiquitas, sin estrategias chafas. Debieron tratarnos como adultos, como personas capaces de entender lo que ocurría, así como hicieron el día que nos informaron que se divorciaban. Ante la falta de respuestas concretas, yo fabriqué imágenes en mi cabeza. Supongo que así les pasa a todos los hijos de divorciados, pero solo puedo hablar por mi experiencia.

Mi primer amor de chavita. Dos semanas de intercambiar cartitas en el recreo y de ir al cine, y yo ya sentía que no podía vivir sin él. Incluso, recuerdo que pensaba: «Qué mala onda que mis papás no tuvieron un amor como el nuestro». Así fue como pasé de estar enojada con mi familia a ser una experta en relaciones que ya lo había entendido todo y que había descubierto que el amor del bueno, el que dura para siempre, el de verdad, no es para cualquiera.

Uno de esos días mi abuela me dijo algo que se me grabó hasta la fecha: «M'ijita, el matrimonio no es fácil; hay mujeres como yo que no pueden vivir sin su viejito y para las que lo más importante es su familia, y hay mujeres como tu mamá, a las que les entra la locura y deciden acabar con su familia». Mi abuela llevaba cincuenta años de casada, ¿mencioné esto? Al final, también me dijo: «Tú vas a ser de las mías, no vas a ser una divorciada».

Esas eran las frases que escuché de mi familia, ideas que yo introyecté. «Nunca le digas al esposo cuánto ganas». La pronunciaban mi abuela y mis tías. «El chiste es ir guardando de a poquito lo que te dan para los gastos y así te compras tus cosas».

O: «Tu esposo siempre tiene que estar más enamorado que tú o te va a dejar». Otras máximas: «No trabajes, se va a acostumbrar» y «Lo tuyo es para tus chicles».

Desde mi primera relación hasta la edad adulta, crecí pensando justo eso, que el amor era así, con estrategia, con plan de escape, con cuenta de banco secreta, cada quien sus cosas. Ah, pero eso sí: al hombre le toca mantenernos, y a nosotras estar bonitas, tener la cena lista, la casa y los niños perfectos. Como si ese fuera el cuento completo.

Aquella plática con mi abuela fue importante porque confirmé quién era yo y todo lo que lograría. Cambié el chip. Descubrí que era totalmente distinta a mi mamá, casi su versión opuesta, y decidí ser como mi abuela. Lo que no sabía entonces es que gracias a esa conversación también había entendido una verdad oculta, pero más trascendental. Una pista para entender un poco mejor el contexto del que provenía mi mamá, algo que me tomaría años descifrar. En aquella época yo simplemente estaba demasiado enojada con ella. El rencor no me permitía ver con claridad, incluso llegué a comportarme en formas que hoy me avergüenzan. Estaba lejos de ser mi mejor versión. Pero supongo que era algo que tenía que vivir para poder, por fin, crecer.

Una vez nos quedamos con una hermana de mi papá porque mi mamá se fue a Florencia a unos cursos de pintura. Yo no lograba comprender que una mamá pudiera hacer algo así. El arte no era trabajo ni algo importante. Cómo es que mi mamá había podido dejar a sus hijos durante dos meses ¡por unas clases de pintura! Conservé esa imagen y durante años me generó mucha tristeza. ¿Por qué mi mamá no podía acercarse más al rol tradicional de «buena mamá»?

«Buena mamá». Ese concepto. Viene a mi mente la pregunta que se hace la escritora Celeste Ng en uno de sus libros: «Todo se resume a esto: ¿Qué hace a alguien una madre? ¿Es la biología… o es el amor?».

Mi mamá estaba presente, sí. Siempre y sin falta. Lo acepto y lo agradezco. Nos llevaba a la escuela, al ballet, al karate; nos cocinaba… Sin embargo, su ausencia era mucho más profunda y por eso más dolorosa.

¿Por qué «fallaba» mi mamá, entonces? Creo que sus propias cargas la inmovilizaron. Necesitábamos mucho a nuestra mamá y ella simplemente no podía estar presente. Porque estaba dolida, porque era infeliz, porque estaba en un proceso de reconstrucción de sí misma.

Mi mamá no tomaba esas lecciones de pintura en Italia para descansar de sus hijos. Anhelaba su crecimiento profesional y espiritual. Tenía que realizarse y elevar esas alas que hasta entonces había tenido amarradas. Necesitaba encontrarse a sí misma para poder cuidarnos mejor a nosotros. Eso no lo entendí en ese momento y hoy es una piedrita en mi zapato.

Dice la escritora Gillian Flynn que algunas mujeres no nacen para ser mamás, pero que, sobre todo, algunas mujeres no nacen para ser hijas. Yo diría que nadie lo hace. Ser hija es un trabajo complicado que nadie pidió. Yo toda la vida necesité una mamá que se sentara a hablar conmigo de cualquier cosa, desde calificaciones hasta cuando sentía el corazón roto, alguien que no minimizara lo que yo sintiera: «En seis meses ni te vas a acordar de este niño, no sufras por tonterías». Pero no eran tonterías, ma; eran mi mundo entero. Tenía 18 años y sentía mi corazón en pedacitos.

Tal vez yo no habría logrado entender el verdadero significado de sus respuestas siempre, pero me hubiera gustado que por lo menos me diera el beneficio de la duda. Quién sabe, a lo mejor algunos años más tarde lo habría comprendido y estaría resonando en mí hasta la fecha, en vez de quedarme acumulando rencores viejos durante años. Me resulta increíble pensar que hasta hace poco todavía recordaba con mucha frustración, por ejemplo, aquella vez que volví a casa, a muy poco tiempo de mudarme, para encontrar que mi cuarto se había convertido en un estudio de pintura. ¿Es que no me quería de vuelta? ¿Tanto le comían las ganas de que yo me fuera de esa, su casa?

Qué tonterías pensamos a veces, cegadas por la falta de empatía. Las más afortunadas tenemos la oportunidad de recalcular el camino y entonces nos caen los veintes. Por desgracia, el conocimiento a veces viene desfasado. Actuar es fácil, es un movimiento casi automático. Repensar nuestras decisiones y las consecuencias de nuestro paso por el mundo es un trabajo mucho más complicado.

Algunas de las frases más trilladas pueden esconder algo o mucho de verdad. Pienso en el famoso dicho que repiten todas las mamás incansablemente: «Cuando seas mamá, lo entenderás». Yo creía que era algo que la gente dice por llenar silencios y nada más. Error. Es absolutamente cierto. Tu mundo se amplía y te cae encima en el minuto en que te vuelves madre: todas las certezas, las respuestas a miles de preguntas, hechas o no.

Comienzan a caerte los veintes. Entiendes, por ejemplo, qué hay detrás de una foto recortada que ya no muestra a la familia completa. Entiendes por qué una mujer necesita lecciones de pintura, aun si implica alejarse de sus hijos por un tiempo. Entiendes por qué alguien renuncia a un matrimonio infeliz. Entiendes que no hay una sola manera de ser madre ni de ser mujer.

Hoy estoy llegando a mis treinta años, casada y con dos hijos que amo con toda mi alma. Yo tenía mal el enfoque en aquel entonces y la falta de comunicación intensificó todo. Cómo me habría encantado escucharla decirme que necesitaba ese tiempo como mujer, el volver a sentirse viva, guapa, capaz, ¡respirar para regresar con todas las ganas! Creo que todo se habría resuelto con una plática. Quería sentirse vista, escuchada, que su opinión fuera tan valiosa como la de él, agarrar las riendas de su vida.

Poco a poco empecé a darme cuenta de que el hecho de que mi mamá y yo seamos radicalmente distintas no significa que no haya un amor inmenso, sosteniéndolo todo desde los cimientos. Es verdad que hoy me siento culpable de haber juzgado a mi mamá como esposa y como mujer. Ese no era mi lugar. Lo único que me corresponde es mi historia con ella como hija, no como terapeuta.

En gran medida, volverme adulta representó para mí la posibilidad de conocer a mi mamá como mujer, más allá de sus roles familiares. ¡Cómo me habría gustado conocerla mejor desde antes! Hoy, finalmente, reconozco que es una persona como cualquiera: con múltiples capas y rostros. Esto ha sido un aprendizaje invaluable.

Cuanto más aferrados seamos con nosotros mismos, más lo seremos con los demás, sobre todo si no se adecuan a nuestros estándares. Pero llega el día en el que toca entender que la relación perfecta con nuestra mamá simplemente no existe y dejamos de anhelarla.

Por fortuna, algunos evolucionamos y cada día tenemos un poquito más claro qué sí queremos y qué no. Hoy, soy lo que soy gracias a mi mamá, a mi papá y a mi propio empeño por entender tantas cosas y crecer como persona, como esposa, como mamá. Decidí evolucionar y sentirme completa. Luchar por lo que quiero me permite inculcarles esta misión a mis hijos. Les enseño que mi amor por ellos es incondicional, pero que, incluso antes de ser mamá, soy mujer. Trabajo, estudio, veo a mis amigas, tengo mis ratos con su papá. Recuerdo que el presente es lo único permanente.

Te diré esto: mi meta es hacer lo que me dé paz y lo que me llene de vida. Nunca dejar de lado lo prioritario: la hora de convivir, la hora del cuento, dedicarle a cada hijo un ratito. Tratarlos como grandes y preguntarles, con la mirada fija y la atención plena: ¿cómo están?, ¿cómo están durmiendo?, ¿con qué sueñan a ojos cerrados y a ojos abiertos?, ¿necesitan algo? Hablo con ellos, les explico el mundo con peras y manzanas si es necesario. Jamás quiero que sientan que hay cosas de las que no hablamos.

Ma, hoy sé que fui injusta, porque tú estabas 24/7 con nosotros y a mi papá solo le tocaba lo divertido: los fines de semana y los viajes, las sobremesas y las carcajadas. Mientras tanto, a ti te tocaba poner límites y creo que no sabías bien cómo hacerlo. Al final, era a él a quien obedecíamos y no le dábamos la misma validez a lo que tú decías. Te sentías igual que en tu matrimonio: anulada. No era justo. Lo siento.

Tengo un concepto del amor muy distinto al tuyo, sí, pero ¿cuál es el correcto? No hay una ciencia; además, hay tantas relaciones como personas en el mundo. Para mí, el amor era tener llamadas todos los días para saber cómo estaba. Para ti, el amor es dejar al otro sentirse libre.

Debemos darnos cuenta de lo que verdaderamente importa. Hoy reconozco que ese fue un aprendizaje que nos inculcó mi mamá, puesto que luchó por ser fiel a sí misma en cada momento y por no quedarse en un lugar donde no era feliz solo para no «arruinarles la infancia a sus hijos». Ella no nos arruinó nada; al contrario, nos puso de ejemplo la congruencia para que se convirtiera en uno de nuestros valores. Hoy sé que no me quedaría, por ningún motivo, en un lugar donde me sintiera invisible o donde esperaran que me comportara como una marioneta. Ya sé que mi papá nunca quiso que ella se sintiera así, pero a veces las consecuencias de nuestras acciones escapan a nuestras intenciones.

Enseñemos a sentir, a gritar, a expresar. Enseñemos que los hombres sí lloran, que las mujeres también trabajan fuera de casa, que ir al psicólogo no es para los locos, que la terapia de pareja no es para los que no tienen solución. ¡El amor va sin estrategias, sin máscaras, sin plan b, sin plan de escape!

¡Yo amo con todo lo que soy y lo que tengo, así de transparente! Te amo, mamá, con todo mi corazón y te agradezco todo con mi alma entera. Ahora sí, no me queda nada más pendiente por decir. Y te prometo que, igual que te pido que no te guardes nada, yo tampoco lo haré. Comunicación plena.

Hablar hasta el cansancio, reírnos hasta carcajearnos, llorar hasta que se nos acabe la caja de Kleenex. De aquí para adelante seamos eso; fomentemos el decir todo sin dañar al otro, respetando siempre lo que somos y acompañándonos en el camino de las decisiones que cada una tome. Seamos porristas de nuestros seres queridos. Arriba hombros, vengan los abrazos, eligiendo con cuidado dónde marcar nuestros límites.

En palabras de la escritora Nora Ephron: «Ante todo, ser la heroína de tu propia historia, no la víctima».

Agradecimientos

Gracias a todos los escritores que forman parte de este libro por compartir historias tan personales y sinceras sobre sus propias vidas.

Una antología es un proyecto colaborativo, y no habría podido editar este libro sin la orientación de mi brillante editora Karyn Marcus, y mi fantástica agente Melissa Flashman. Gracias a Taylor Larsen por «encerrarme» en el comedor de la casa de sus padres para que pudiera terminar el ensayo que inspiró este libro y a Lauren LeBlanc por sus perspicaces comentarios y correcciones. Gracias a Sari Botton por creer en mí y publicar mi ensayo en *Longreads*.

Gracias a todo el equipo de Simon & Schuster, incluidos Molly Gregory, Kayley Hoffman, Madeline Schmitz, Elise Ringo y Max Meltzer.

Sería negligente de mi parte no agradecer a todos los que me ayudaron a dar forma a mi ensayo o me animaron a lo largo del camino, incluidos Kelly McMasters, Margot Kahn, Tobias Carroll, Jo Ann Beard y el Equipo Jo Ann Beard del taller Tin House Summer Workshop, Jennifer Pastiloff, Lidia Yuknavitch, Caroline Leavitt, Porochista Khakpour, Tom Holbrook, Julia Fierro, Julie Buntin, Brian Chait y Bethanne Patrick.

Gracias a los otros editores de la antología por sus consejos: Jennifer Baker, Brian Gresko, Sari Botton y Lilly Dancyger.

Gracias a mi familia, incluidos mis hermanos: Jennifer, Colin y Emma. Gracias a Michael Filgate y Nancy. Gracias a Leesa.

Este libro está dedicado a mis abuelas. Nana y Mimo son las mujeres más fuertes que conozco.

Gracias a Melissa Wacks por su astuta orientación durante todo el proceso de elaboración en este libro.

Y por último, pero no por ello menos importante: gracias a Sean Fitzroy por hacerme reír y por ser un ser humano tan maravilloso. Te amo.

Sobre los autores

ANDRÉ ACIMAN es profesor distinguido de Literatura Comparada en el CUNI Graduate Center. Es autor de *La huida de Egipto*, *False Papers: Essays on Exile and Memory* (Documentos falsos: ensayos sobre el exilio y la memoria), *Alibis: Essays on Elsewhere* (Alibis: ensayos sobre otros lugares) y cuatro novelas: *Llámame por tu nombre*, *Ocho noches blancas*, *Harvard Square* y *Variaciones enigma*. En la actualidad, trabaja en una novela y en una colección de ensayos. Su novela *Llámame por tu nombre* fue adaptada al cine y recibió un Óscar al Mejor Guion Adaptado en 2018.

JULIANNA BAGGOTT es autora de más de veinte novelas, publicadas con su propio nombre y bajo seudónimos. Sus novelas recientes: *Puro* (ganadora del Premio ALA Alex) y *Harriet Wolf's Seventh Book of Wonders* (El séptimo libro de las maravillas de Harriet Wolf) estuvieron en la lista de Libros del Año en *The New York Times*. Ha publicado cuatro colecciones de poesía y sus ensayos han aparecido en *The Washington Post*, *The Boston Globe*, la columna «Modern Love» en *The New York Times* y ha participado en *Talk of the Nation*, *All Things Considered* y *Here and Now*, de la Radio Pública Nacional. Da clases de escritura de guiones en la Facultad de Artes Cinematográficas de la Universidad Estatal de Florida y actualmente vive en Delaware.

SARI BOTTON es una escritora que vive en Kingston, Nueva York. Es la editora de ensayos de *Longreads* y editora de la premiada antología *Goodbye to All That: Writers on Loving and Leaving New York* (Adiós a todo eso: escritores sobre amar y marcharse de Nueva York) y su continuación, *bestseller* en *The New York Times*: *Never Can Say Goodbye: Writers on Their Unshakable Love for New York* (Nunca puedes decir adiós: escritores sobre su inquebrantable amor a Nueva York). También es la operadora del Estudio Kingston Writers.

ALEXANDER CHEE es el autor de las novelas *bestsellers Edinburgh* (Edimburgo) y *The Queen of the Night* (La reina de la noche), así como de *How to Write an Autobiographical Novel* (Cómo escribir una novela autobiográfica), una colección de ensayos. Es ganador del premio Whiting y de becas de la NEA y la MCCA. Sus ensayos y cuentos se publicaron recientemente en *The New York Times Magazine*, *The Yale Review*, la revista *T* y *Tin House*. Da clases de Escritura Creativa en la Universidad de Dartmouth.

MELISSA FEBOS es autora de la autobiografía *Whip Smart* (Muy inteligente) y de la colección de ensayos *Abandon Me* (Abandóname), que fue finalista de los premios Lambda Literary, Publishing Triangle e Indie Next Pick, y fue ampliamente reconocido como un Mejor Libro de 2017. Febos es la ganadora inaugural del galardón Jeanne Córdova para la no ficción Lesbiana / Queer de Lambda Literary y fue galardonada con el premio de escritura Sarah Verdone en 2017, del Concejo Cultural de Lower Manhattan. Ha recibido becas de la MacDowell Colony, la Bread Loaf Writers' Conference, el Virginia Center for the Creative Arts, el Vermont Studio Center, el Barbara Deming Memorial Fund, el BAU Institute y Ragdale. Sus ensayos han aparecido recientemente en *Tin House*, *Granta*, *The Believer* y *The New York Times*. Vive en Brooklyn.

MICHELE FILGATE ha colaborado en *Longreads*, *The Washington Post*, *Los Angeles Times*, *The Boston Globe*, *The Paris Review Daily*, *Tin House*, *Gulf Coast*, *O*, *The Oprah Magazine*, *Buzz-Feed*, *Refinery29* y muchas otras publicaciones. En la actualidad, estudia una maestría en Bellas Artes en la Universidad de Nueva York, donde recibe la beca Stein. Es editora colaboradora en *Literary Hub* y da clases en el taller Sackett Street Writers y Catapult. *Cosas que nunca hablé con mi madre* es su primer libro.

CATHI HANAUER es autora de *bestsellers* en *The New York Times* con sus tres novelas: *Gone* (Desaparecido), *Sweet Ruin* (Dulce ruina) y *My Sister's Bones* (Los huesos de mi hermana), así como de dos antologías: *The Bitch in the House* (La perra en la casa) y *The Bitch Is Back* (La perra está de regreso), que fue considerado uno de los mejores libros en 2016 por la radio pública estadounidense (NPR, por sus siglas en inglés). Ha escrito artículos, ensayos y críticas para *The New York Times*, *Elle*, *O, Oprah Magazine*, *Real Simple* y muchas otras publicaciones, y es la cofundadora, junto con su esposo, Daniel Jones, de la columna "Modern Love" en *The New York Times*. Su página web está disponible en: www.cathihanauer.com.

LESLIE JAMISON es autora de los títulos *bestsellers* en *The New York Times*: *The Recovering* (La recuperación) y *El anzuelo del diablo. Sobre la empatía y el dolor de los otros*, así como de una novela: *El clóset de la ginebra*, que fue finalista del Los Angeles Times Book Prize Art Seidenbaum Award for First Fiction. Colabora en *The New York Times Magazine* y su trabajo ha aparecido en *Harper's Bazaar*, *Atlantic*, *Oxford American* y *Virginia Quarterly Review*, donde es la editora general. Dirige el programa de posgrado de no ficción en la Universidad de Columbia y vive en Brooklyn con su familia.

DYLAN LANDIS es la autora de una colección de historias interconectadas: *Normal People Don't Live Like This* (La gente normal no vive así) y una novela: *Rainey Royal*. Sus relatos han aparecido en las series O. Henry Prize Stories y Best American Nonrequired Reading, mientras que sus ensayos han aparecido en *The New York Times Book Review* y *Harper's*. Recibió una beca para ficción del National Endowment for the Arts.

KIESE LAYMON es el autor de *Heavy: An American Memoir* (Pesado: una memoria estadounidense), *How to Slowly Kill Yourself and Others in America* (Cómo matarte a ti y a otros lentamente en Estados Unidos) y *Long Division* (Larga división). También es profesor de Inglés y Escritura Creativa en la Universidad de Misisipi.

CARMEN MARIA MACHADO es autora de la colección de cuentos *Su cuerpo y otras fiestas*, que fue finalista del National Book Award, el Kirkus Prize, el Los Angeles Times Book Prize Art Seidenbaum Award para Primera Ficción, el World Fantasy Award, el International Dylan Thomas Prize y el PEN / Robert W. Bingham for Debut Fiction, y fue ganadora del Bard Fiction Prize, el Lambda Literary Award for Lesbian Fiction, el Brooklyn Public Library Literary Prize, el Shirley Jackson Award y el National Book Critics Circle's John Leonard Award. En 2018, *The New York Times* enlistó *Su cuerpo y otras fiestas* como miembro de «la nueva vanguardia», uno de los «quince libros notables escritos por mujeres que están moldeando la forma en que leemos y escribimos ficción en el siglo XXI». Sus ensayos, ficciones y críticas se han publicado en *The New Yorker*, *The New York Times*, *Granta*, *Harper's Bazaar*, *Tin House*, *Virginia Quarterly Review*, *Timothy McSweeney's Quarterly Concern*, *The Believer*, *Guernica*, Best American Science Fiction and Fantasy, Best American Nonrequired Reading, y otros lugares. Es escritora residente en la Universidad de Pensilvania y vive en Filadelfia con su esposa.

BERNICE L. MCFADDEN es autora de nueve novelas aclamadas por la crítica, incluidas: *Sugar* (Azúcar), *Loving Donovan* (Amar a Donovan), *Nowhere Is a Place* (Ningún lugar es un sitio), *The Warmest December* (El diciembre más cálido), *Gathering of Waters* (Encuentro de las aguas) (que fue Editors' Choice en *The New York Times* y parte de la lista de los «100 Notable Books of 2012»), *Glorious* (Gloriosa) y *The Book of Harlan* (El libro de Harlan) (ganador del American Book Award en 2017 y el NAACP Image Award for Outstanding Literary Work, en ficción). Ha sido cuatro veces finalista del Hurston / Wright Legacy Award y ha recibido tres premios del Black Caucus of the American Library Association (BCALA). *Praise Song for the Butterflies* (Canción de elogio para las mariposas) es su novela más reciente.

NAYOMI MUNAWEERA es la autora galardonada de las novelas *Island of a Thousand Mirrors* (La isla de los mil espejos) y *What Lies Between Us* (Lo que está entre nosotros). *The Huffington Post* ha dicho sobre ella: «La prosa de Munaweera es visceral e indeleble, devastadoramente hermosa, nos recuerda los gloriosos escritos de Louise Erdrich, Amy Tan y Alice Walker, quienes también encuentran formas de decir la verdad a través de la ficción». *The New York Times Book Review* calificó su primera novela como «incandescente». Ella quiere que sepas que el ensayo de este libro es lo más difícil que ha escrito hasta ahora.

LYNN STEGER STRONG es la autora de la novela *Hold Still* (Quédate quieta). Sus textos de no ficción han aparecido en *Guernica*,

Los Angeles Review of Books, *Elle* y *Catapult*, entre otras publicaciones. Da clases de escritura en la Universidad de Columbia, la Universidad de Fairfield y el Instituto Pratt.

BRANDON TAYLOR es estudiante en el Taller de Escritores de Ficción de Iowa. Su primera novela será publicada por Riverhead Books.

MELISSA DE HAENE es psicóloga y fundadora de Mamá sin letras chiquitas, una plataforma digital dirigida a quienes están interesadas en el día a día del matrimonio, el embarazo y la vida de mamá sin filtros. Es cofundadora de la empresa Blooms and Blends for Babies y creadora de la fundación Este es tu libro A.C., que apoya a mujeres y niños. Ha sido panelista de What a Woman y The Editorial México la seleccionó como una de los 35 jóvenes más creativos del país. Su primer libro será publicado por Grupo Planeta.

ORLY BEIGEL es hija de una sobreviviente del campo de concentración Bergen-Belsen. Estudió literatura en la Universidad Hebrea de Jerusalén, y se ha dedicado desde hace cuatro décadas a la promoción cultural en México, Israel, Estados Unidos, Sudamérica, Lituania, Corea del Sur y la antigua Unión Soviética. Ha presentado a más de 200 artistas de renombre, entre los cuales figuran Laurie Anderson, Celia Cruz, Philip Glass, Ute Lemper, Yo Yo Ma, Jessye Norman, Itzhak Perlman, Mercedes Sosa, Stevie Wonder y muchos más. Adicionalmente, fue responsable de relaciones públicas y actividades especiales de jefes de Estado en la Cumbre Norte-Sur de Cancún, en 1981, lo que le valió trabajar con Indira Gandhi, Margaret Thatcher, Ronald Reagan y Pierre Trudeau, entre otros. Fue también editora de la versión en español de la novela gráfica *La segunda generación*, del autor belga-israelí Michel Kichka.

Permisos

Las siguientes historias fueron reimpresas
con permiso: